行政执法程序基础理论研究

王珺 著

吉林人民出版社

图书在版编目（CIP）数据

行政执法程序基础理论研究 / 王珺著. — 长春：
吉林人民出版社, 2021.5
ISBN 978-7-206-18124-5

Ⅰ. ①行… Ⅱ. ①王… Ⅲ. ①行政执法－司法制度－
研究－中国 Ⅳ. ①D922.114

中国版本图书馆 CIP 数据核字(2021)第 096776 号

行政执法程序基础理论研究

XINGZHENG ZHIFA CHENGXU JICHU LILUN YANJIU

著　　者：王　珺
责任编辑：孙　一　　　　　　　封面设计：吴志宇
出版发行：吉林人民出版社(长春市人民大街 7548 号　邮政编码：130022)
印　　刷：北京市兴怀印刷厂
开　　本：710mm × 1000mm　　　　1/16
印　　张：13　　　　　　　　字　　数：210 千字
标准书号：ISBN 978-7-206-18124-5
版　　次：2022 年 1 月第 1 版　　　印　　次：2022 年 1 月第 1 次印刷
定　　价：79.00 元

前　言

最先开始对程序萌生兴趣是因为拜读了孙笑侠教授的名著《程序的法理》,孙老师几次当面的指导与交流更加坚定了我学习和研究程序的信念。如果说孙笑侠老师是我程序法学的启蒙者,那么引导我进入行政程序法学知识殿堂遨游的则是我的博士生导师黄捷教授。黄老师浸淫程序法学研究二十多年,对于程序法学领域提出了很多全新和独到的观点和见解,让我对于程序法学有了全新的认识。

之所以选择行政执法程序作为我行政程序法学的研究方向,是因为行政执法是现实中涉及对象范围最广泛、发生最频繁的一种行政行为,每一个公民、法人和其他组织在现实中都是行政执法的相对人。易言之,行政执法涉及每一个公民、法人和其他组织的切身利益。正如姜明安教授说的:"行政执法关涉最广大公民、法人和其他组织的合法权益,公民、法人和其他组织最经常、最广泛、最直接与政府打交道发生关系的途径即是行政执法行为。"偏偏我国尚未实现行政执法法治化,没有完善的行政执法程序来规范和制约行政执法机关的行政执法行为。完善行政执法程序是深入贯彻和落实党的十八届四中全会公告《中共中央关于全面推进依法治国若干重大问题的决定》的必然要求。全会公告所提出的"形成完备的法律规范体系、高效的法治实施体系、严密的法治监督体系、有力的法治保障体系……坚持依法治国、依法执政、依法行政共同推进……实现科学立法、严格执法、公正司法、全民守法"证明了完善行政执法程序的重要性和必要性。因此,无论是深入贯彻党中央的指示精神,还是出于依法行政的现实需要,行政法学过去、现在和未来,均应以行政执法程序理论为重要的研究课题。

程序法由最初的限定在诉讼法意义中的程序法建设,逐步超越诉讼法的界限进入行政法领域,形成了行政程序法的理论研讨和大量单行立法实践,甚至在湖南省产生了行政程序的综合性地方规章;这使得行政程序理论也逐渐成为行政法学体系中一个独立的子体系,进化到为统一的、具有自身特点的行政程序法基本

1

行政执法程序基础理论研究

理论。法治的思想，也由单纯的实体法治理念，转化为实体法治与程序法治并重的新法治理念，程序正义思想得以在行政程序的各个领域得到普及和强化。进入新时代，作为行政程序重要组成部分的行政执法程序，也伴随着一个崭新时代的开幕，如旭日东起开始展现其自身的重要研究价值。总体而言，我国法治（实体法治）的传统思维依旧是忽略程序和程序理论的，理论界依然缺乏对于行政执法程序的重视，行政执法程序理论研究尤其是如何实现行政执法程序法治化在我国依然任重道远。本书是作者博士阶段前两年学习的重要积累，属于行政执法程序的基础理论范畴，侧重于行政执法程序基础理论中在学术界依然存在较大争议的几个重要问题的探讨，对于这些问题的现有研究成果进行了梳理和总结，在此基础上提出了自己的一些观点和评价，希望能够为进一步深入研究行政执法程序理论提供一点思路和建议。在思考本书内容时，得到了导师黄捷教授，宪法学与行政法学导师组肖北庚教授、肖燕雄教授、夏新华教授、倪洪涛教授，以及周刚志、余军、朱海龙三位教授、博导的启发和点拨，同门师弟妹和我的学生们在资料搜集方面也提供了很大帮助，爱妻繁繁和我的父母为我解决了家庭的后顾之忧，在此一并表示感谢！本书共二十余万字，第一完成单位是江苏财会职业学院，受到了江苏高校"青蓝工程"资助。

相信未来我国法治建设事业中的程序内涵会愈发清晰，行政执法程序法治理论亦会逐步获得深入发展，共和国在行政执法程序法的制定和完善道路上逐步前进，人民在行政执法过程中的权利能够得到有效的保障。

编　者

目　　录

第一章　行政执法程序概述

第一节　行政执法概述

一、行政的涵义

行政是行政法学的核心概念之一，对这一概念进行准确界定有利于对行政执法、行政执法程序等行政法学其他概念的理解和掌握。

我国学者倾向于把行政看成国家的一种专有活动，在此基础上，形成了三种不同的观点。对此，胡建淼教授进行了详细的说明：①广义的行政，认为国家的一切活动都是行政；②狭义的行政，认为国家活动可以分为国家意志的制定和表达，以及国家意志的执行和推行，只有后者才是行政；③最狭义的行政，把国家活动分为立法、行政和司法活动三部分。①

综合来看，胡建淼教授通过主体、职权和法律效果的标准来界定行政的观点，即国家行政主体依法对国家和社会事务进行组织和管理并产生行政法律效果的活动。②

二、行政执法的涵义

关于什么是行政执法，目前学术界也存在不同的认知，彼此之间的分歧甚至较大，没有形成一致的观点。对于行政执法的涵义，目前主要有以下几种见解：

第一种观点是适用场合三分法的观点，其代表人物是姜明安教授。姜明安教授对于行政执法的涵义分析得非常全面和透彻，他提出人们在下述三种场合使用"行政执法"，赋予其以相应的涵义：其一，为说明现代行政的性质和功能而使用"行政执法"，此种场合使用这一术语旨在强调：①行政是执法，是执行法律而非创制法律，因此行政从属于法律；②行政是执法，是依法办事而不是和不能惟长

① 胡建淼. 行政法学[M]. 北京：法律出版社，2015：3.
② 胡建淼. 行政法学[M]. 北京：法律出版社，2015：5.

官意志是从；③行政是执法，是基于法定职权和法定职责对社会进行管理，依法作出影响行政相对人权利义务的行为，而不能对相对人任意发号施令，对相对人实施没有法律根据的行为，在此场合，"行政执法"即等于"行政"。其二，为区别行政的不同内容而使用"行政执法"，在行政法学研究中，许多学者习惯于将行政的内容一分为二或一分为三，一分为二即将行政的内容分为两类：一类为制定规范行为（行政机关制定规范的行为在性质上不同于立法机关的立法行为，在实质上仍属行政而不属立法）；一类为直接实施法律和行政规范（包括行政法规、规章和其他规范性文件）的行为，前者谓之"行政立法"，后者谓之"行政执法"，一分为三即将行政的内容分为三类：一类仍为制定规范行为，另两类即将前述"行政执法"行为再一分为二：一类为直接处理涉及行政相对人权利义务的各种事务的行为；一类为裁决行政相对人与行政主体之间或行政相对人相互之间的与行政管理有关的纠纷的行为，在这两类行为中，前者仍谓之"行政执法"，后者则谓之"行政司法"，在这种场合，行政执法只是行政行为的一类。其三，作为行政行为的一种特定方式而使用"行政执法"，行政行为有各种各样的方式，如许可、审批、征收、给付、确认、裁决、检查、奖励、处罚、强制等，在行政实务界，人们一般习惯于将监督检查、实施行政处罚和采取行政强制措施一类行为方式称为"行政执法"。①

第二种观点则是依据行政主体不同而分类的观点，代表人物为莫于川教授、王海军教授、周佑勇教授。莫于川教授提出，行政执法，也即广义的行政处理行为，是指行政主体为维护经济与社会生活秩序，实现行政目标，按法定权限和程序实施法律、法规等法律规范的具体行政行为。②王海军教授、周佑勇教授提出，根据普通观点，行政执法按行政主体的不同可分为国家行政、公共行政和社会行政，而国家行政的主体一般被称作国家行政机关，公共行政的主体被称作公共行政组织，社会行政的主体被称作社会自治团体或地方自治组织。③显然，莫于川教

① 姜明安. 论行政执法[J]. 行政法学研究，2003（4）：7.
② 莫于川. 行政执法监督制度论要[J]. 法学评论，2000（1）：50.
③ 王海军，周佑勇. 西部地区行政执法问题探讨——贵州省麻江县行政执法状况调研[J]. 政治与法律，2001（1）：63.

授、王海军教授、周佑勇教授的观点与姜明安教授所列举的第二种场合中的"行政执法"是一致的。

第三种观点是最广义、广义和狭义三分法的观点，代表人物是鄂振辉教授。鄂振辉教授提出，在三种意义上使用"执法"的概念：第一，最广义的执法，即将执法等同于法的实施，将行政机关的执行法律与司法机关（法院）的适用法律都视为执法；第二，次广义的执法，将执法仅仅看作法的实施中的一个环节，即行政机关执行法律的活动，这是世界上通行的用法，在这种意义上使用"执法"一词，再在"执法"前面加上"行政"一词，就显得没有必要，从这种意义上说，行政机关绝大部分行为都是执法行为，行政权几乎等同于执法权；第三，最狭义的执法，即行政机关执行法律的活动中，享有强制权、处罚权的实施法律的活动，最广义的执法从法理解释上存在着不可克服的缺陷，因此不宜在这个层面上使用，所以只存在后两种意义的"执法"，我们称之为广义与狭义两种意义的"执法"。[①]鄂振辉教授的次广义的"行政执法"与姜明安教授的第一种场合的含义是一致的，狭义的"行政执法"与姜明安教授的第三种场合的含义是一致的。

第四种观点认为，可以从三个层面理解行政执法，代表人物是王万华教授和戚浩飞博士。戚浩飞博士提出，可以分别从宪法上立法与执法的角度把行政执法理解为宪法的执行活动，其实等同于"行政"；从行政立法与执法的角度把行政执法理解为具体行政行为；从行政立法、执法与司法的角度将行政司法行为排除在外；王万华教授也提出，行政执法是行政机关实施法律、法规、规章、行政规范性文件的活动。

第五种观点认为，行政执法就是行政主体执行法律，代表人物是戴小明教授。戴小明教授提出，行政执法不是一个法律概念即制定法上的术语，而是人们对国家行政机关在行政管理过程中执行法律、法规活动的统称，概括地讲，行政执法就是行政主体执行法律的行为，既包括抽象行政行为，也包括具体行政行为；行政执法的基本特征主要表现在：①行政执法主体的法定性，即行政执法主体是国

---

① 鄂振辉. 执法权若干理论问题探究——兼对当前广义执法概念的质疑[J]. 北京行政学院学报，2004（6）：62-63.

家行政机关和法律、法规授权的组织。②行政执法内容的广泛性。政府自己制定法规和规章，行使"准立法"权，政府自己裁判自己在管理中发现的纠纷争议，行使"准司法"权；从横向的方面来看，各行政执法机关都具有各自不同的执法内容，从纵向的方面来看，既有各级政府的执法，亦有各级政府职能部门（业务主管部门）的执法；③行政执法行为的职权性；④行政执法保障的强制性；⑤行政执法过程的程序性；⑥行政执法时间的经常性。[①]

第六种观点认为，行政执法是具体行政行为，这一观点是《湖南省行政程序规定》提出的。《湖南省行政程序规定》提出的行政执法的概念是这样描述的："行政执法是指行政机关依据法律、法规和规章，作出的行政许可、行政处罚、行政强制、行政给付、行政征收、行政确认等影响公民、法人或者其他组织权利和义务的具体行政行为。"

对上述几种主要的学术观点进行梳理可以发现，这些学术观点可以分为两大类：第一类，三分法的观点，代表人物是姜明安教授、鄂振辉教授和戢浩飞博士。①姜明安教授提出：其一，行政是执行法律，"行政执法"等于"行政"；其二，将行政的内容分为制定规范的行为、处理行政相对人权利义务的行为、裁决行政纠纷的行为，前两类是"行政执法"，后者是"行政司法"；其三，将行政司法行为称为"行政执法"；②鄂振辉教授提出，最广义的将行政机关执法与司法机关适用法律都视为行政执法，次广义的将行政等同于行政执法，最狭义的即行政司法行为；③戢浩飞博士提出，把行政执法等同于"行政"，把行政执法理解为具体行政行为，可以包含行政立法、执法行为，将行政司法行为排除在外。第二类，按照行政行为类型进行界定的观点，代表人物为戴小明教授和莫于川教授。①戴小明教授提出，行政执法既包括抽象行政行为，也包括具体行政行为；②莫于川教授提出，行政执法即行政主体的具体行政行为；③王万华教授提出，行政执法是行政机关实施法律、法规、规章、行政规范性文件的活动。这一观点的实质也是将行政执法视为具体行政行为。此外《湖南省行政程序规定》也将行政执法定义

[①] 戴小明. 行政执法的内涵及特点探析[J]. 中南民族大学学报（人文社会科学版），2003（4）：69-71.

为行政机关的具体行政行为。因此，现有学术观点的结论主要有五种：第一，行政执法包括行政和司法机关适用法律的行为；第二，行政执法等于行政；第三，行政执法包括行政立法和执行法律行为，但不包括行政司法行为；第四，行政执法包括抽象行政行为和具体行政行为；第五，行政执法仅指具体行政行为。行政执法探讨的主要是行政主体处理行政相对人权利义务和裁决行政纠纷的行为，同时会涉及到与之相关的行政立法行为，因此本研究所说的"行政执法"主要指的是行政机关实施法律、法规、规章、行政规范性文件的活动，同时会涉及行政执法立法等内容。综上所述，行政执法应该是相关行政立法的具体行政行为的集合。

第二节　关于行政执法程序的系统性认知

一、程序概念的分歧与溯本清源

（一）程序的概念

什么是程序？程序的概念目前依然没有定论，甚至是模糊和不甚准确的。关于程序的概念，学界的现有观点主要包括：①按时间先后或依次安排的工作步骤；[①]②程序体现为按照一定顺序、方式和手续来做出决定的相互关系；[②]③程序是指遵循法定时限和时序并按照法定的方式和关系进行法律行为；[③]④事情发展的过程和次序。[④]这些观点或多或少都存在一定的缺陷，第一种观点不符合程序的本质，第二种观点混淆了程序与程序的关系，第三种观点指向的是程序现象，第四种观点混淆了程序与程序结果的关系。简而言之，前述的程序概念普遍混淆了"程序"概念和"程序关系""程序活动""程序现象""程序结果"等程序相关概念，因此在定义"程序"一词时难免具有一定的偏颇。

针对上述问题，程序法学者黄捷教授认为有必要将"程序"概念和"程序活

---

① 辞海（缩印本）[Z]. 上海：上海辞书出版社，1990：1974.

② 季卫东. 法律程序的意义[M]. 北京：中国法制出版社，2011：6.

③ 孙笑侠. 程序的法理[M]. 北京：商务印书馆，2005：15.

④ 陈小文. 程序正义的哲学基础[J]. 比较法研究，2003（01）：26.

动""程序现象"等程序相关概念做出区分，在其著作《程序法论》和《程序法律关系论》中主要提出了如下的观点：分析了程序的定义，认为上述的各种关于"程序"的定义或解释大多指向的并不是真正的"程序"本身，而是在阐释"程序现象"或"程序活动"；传统的程序概念的错误在于混淆了程序与程序活动、程序现象，因为程序并不是"顺序""步骤"或"行为关系"，而是预置有关"顺序""步骤"或"行为关系"的规则集合体；程序现象是程序行为适应或不适应程序遵从或悖逆具体程序规则的实际表现。[①]可见,他对程序和法律程序的概念进行了界定，提出程序是指能够使一个相对独立的社会事务活动的进行过程得以有序的那些制约因素所共同组成的一套规则系统或支持体系。[②]与之相对应的，法律程序应定义为：通过立法方式，运用法律形式拟制，对应特定社会活动的、具有内在关联属性的法律规则集合体。同时提出法律程序的基本要素——法律程序规则。[③]

（二）程序概念的溯本清源

诚如黄捷教授所言，关于"程序"究竟如何下定义，自程序法研究至今，学界依然众说纷纭，没有定论。作为程序法学研究者的一员，笔者在初学时就注意到了这个问题，曾经拜读过数十本关于程序法的著作，以及数百篇公开发表于CSSCI、核心期刊的程序法方面的论文。在这些论著中，学者们关于"程序"的概念，要么就是将其实际上定义为"关系""过程""活动""现象""结果"，要么就干脆直接借用别人尤其是著名学者们所下的定义，确实没有从中看到一种能够得到学界公认的观点。在这些学术观点中，将"程序"定义为"一定的顺序、方式、时限、过程等"这一观点相对较为主流，被诸多论著认可和借用的较多。笔者在初学程序法学的时候也曾经是这一观点的拥趸，然经过深入学习和思考后又觉得这一观点值得商榷，在此谈谈自己的个人见解，谨供参考。笔者以为，"顺序、方式、时限、过程等"只是程序的外在表现形式，程序在作用于程序法律关系主体时往往通过顺序、方式、时限、过程等形式表现出来并约束其行为，然而顺序、

[①] 黄捷，刘晓广，杨立云等. 法律程序关系论[M]. 长沙：湖南师范大学出版社，2009：6-7.
[②] 黄捷，刘晓广，杨立云等. 法律程序关系论[M]. 长沙：湖南师范大学出版社，2009：7.
[③] 黄捷，刘晓广，杨立云等. 法律程序关系论[M]. 长沙：湖南师范大学出版社，2009：10.

方式、时限、过程并不是程序的内在本质，因此不能作为"程序"的概念而使用。相比较而言，黄捷教授认为"程序"的内在本质是约束社会活动的"规则"，将"程序"定义为"规则集合体"则更为科学和具有说服力。那么，"法律程序"自然也就是程序法律关系主体在特定社会活动中必须遵循的"法律规则集合体"了。试问，行为人凭什么一定要依照"顺序、方式、时限"行事呢？约束其行为的其实不是"顺序、方式、时限"，而是"顺序、方式、时限"背后所蕴含的法律规则。因此，黄捷教授关于"程序"和"法律程序"所下的定义很好地诠释了其内在本质，并说明了程序何以被遵守，笔者以为将其作为"程序"和"法律程序"的概念，更为科学、也更具说服力。

二、关于行政执法程序的系统理解

（一）行政执法程序的概念

广泛查阅有关行政执法程序的著作和教材可以发现，目前学术界关于行政执法程序概念的主流观点其实是行政程序通说的观点中引申出来的，在行政程序观点的基础上加入了执法的元素。如姜明安教授把行政执法程序定义为"行政主体按特定过程、步骤、顺序和方式执行国家法律的制度。"王万华、张春林、柳砚涛、马波、黄明健等其他研究行政执法程序的学者也持这样的观点，基本都是认为行政执法程序就是行政执法的过程、步骤、顺序和方式。

传统的"程序"概念未必合适，因此由程序概念所引申出来的行政执法程序概念也未必准确，还需要做进一步的探讨。依据前面所定义的程序概念可以发现，目前较为流行的有关程序是"顺序""步骤"或"行为关系"等观点混淆了程序与程序活动、程序现象，程序不是"顺序""步骤"或"行为关系"。而将程序视为"制度"而非"顺序""步骤"或"行为关系"显然更为合理，但依然不是最科学的定义，毕竟相比较"制度"和"规则"，规则明显是更加下位的概念，符合最大公约数的要求，更为本质。因此，上述关于行政执法程序概念的定义也是存在问题的，需要进一步归纳。行政执法程序是关于行政执法的规则，是预置有关"顺序""步骤"或"行为关系"的规则集合体，既然法律程序被定义为通过立法方式，运用法律形式拟制，对应特定社会活动的、具有内在关联属性的法律规则集合体，那么关于行政执法程序的概念也可以被定义为"行政主体执行国家法律时所必须遵循的特定过程、步骤、顺序和方式的规则集合体"。

（二）行政执法程序的理论体系

目前，关于行政执法程序理论，学术界不仅没有产生较为统一的学术观点，甚至尚没有对之进行较为全面和系统研究的著作产生，现有的论著基本都只围绕着行政执法程序的某一个领域进行专门研究，并且更像是行政执法实体理论研究的程序附属物，缺乏从程序法学角度进行深入和系统研究的理论成果。

笔者依据黄捷教授的观点在前面所提出的关于行政执法程序概念的观点，与传统观点和通说并不一致，属于一种新观点，那么围绕着这一概念，需要对行政执法程序的相关理论都做出一定的调整，结合关于行政执法程序现有的理论成果对行政执法程序理论进行进一步拓展深化，运用比较分析和实证分析的方法使得论据更为充实，从而进一步完善行政执法程序的理论体系。从体系构成来说，行政执法程序的理论体系至少要包括行政执法程序的概念、理论基础、价值、定位、基本原则、功能、立法体系构成等内容，研究行政执法程序还需要现有的行政执法程序的立法和实施进行梳理，为制定行政执法程序的国家专门立法提供借鉴和参考。

第三节　行政执法实体和程序的关系

一直以来，关于实体与程序关系的传统观点是实体为主、程序为辅，程序唯一的价值就是保障实体。近年来，随着西方程序正义思想的引入和程序法学的发展，"重实体、轻程序"这一传统认识发生了一定的变化，关于实体与程序关系出现了几种不同的观点，有其共同之处，也有相互之间的差异。

一、主要学术观点梳理

目前关于行政执法实体与程序之间的关系并没有专门的论著，但关于实体与程序关系、程序法与实体法的关系乃至行政程序与行政实体的关系有很多学者提出了自己的见解，可以为认识行政执法实体与程序之间的关系提供参考。①杨伟东教授介绍，行政程序的地位和作用至今尚没有形成较为一致的看法，可以分为四大类：第一类视行政程序为旨在保证实体结果公正的工具，强调程序保护的授予与实体结果之间的关联性，其极端就是波斯纳及法经济学理论的倡导者将正当程序的价值量化，这类看法本质上是功利主义和实证主义；第二类是视程序保护是依存或从属于实体权利的；第三类是视程序价值为其自身的目的，即程序具有自身所体现出的尊严价值；第四类观点则采取了折衷看法，视程序是一种具有融尊严和工具方法要素的事物，这种观点认为行政程序的作用独立于对结果的影响，但不必然源于个人的尊严和自主。①②施正文教授引用美国著名法学家哈罗德·伯尔曼的观点提出，法律是一种特殊的创造秩序的程序，一种恢复、维护或创造社会秩序的介于道德和武力之间的特殊程序，认为法律的实施离不开程序。②③王永杰教授提出，实体法治与程序法治并重是对法治路径认识的深化，程序法治是指通过建构和完善程序法律制度来实现国家法治目标的模式，强调法律理性主义和自由价值，尊重以自由为基础的个体之间的平等、理性以及个人的价值和尊严，以程序过程为重心，注重博弈。③④汤善鹏副教授提出，程序法治将形式法治从法律规则的封闭中开放出来，将实质法治从价值选择的封闭中开放出来，实现了对二者的超越。④⑤肖金明教授、冯威副教授提出，实体性权利的保障依赖于程序性权利的享有，程序性权利具有独立的价值，并不完全依赖于当事人是否享有实体性权利。⑤⑥黄学贤教授提出，一部制定良好的行政程序法胜过十部甚至几十部实体法，尤其是在社会关系急剧变动的社会转型期，结果的公正必须有程序保障。⑥

① 杨伟东. 行政程序违法的法律后果及其责任[J]. 政法论坛，2005（4）：100.

② 施正文. 论程序法治与税收正义[J]. 法学家，2004（5）：40.

③ 王永杰. 从实体法治到程序法治：我国依法治国的新进程[C]. 上海市社会科学界第七届学术年会论文集政治、法律、社会科学卷，2009：120-122.

④ 汤善鹏. 论立法与法治的契合——探寻程序法治的理论逻辑[J]. 法制与社会发展，2019（5）：138.

⑤ 肖金明，冯威. 行政执法过程研究[M]. 济南：山东大学出版社，2008：146.

⑥ 黄学贤. 正当程序有效运作的行政法保障——对中国正当程序理论研究与实践发展的学术梳理[J]. 学习与探索，2013（9）：59.

⑦吴小英教授通过对程序法与实体法在实践意义上的同一性、目的与手段的辩证关系以及程序法与实体法之间的现实性与可能性联系等三个方面的论述，阐明了程序法与实体法的关系及程序法的重要价值，并提出程序法与实体法区别的相对性，程序正义包涵着无限的实体正义，程序法赋予实体法以现实的法律意义和现实的实体意义。[①]⑧杨海坤、刘洋林等学者主张程序工具主义观点，主要观点是程序具有辅助性、填补性。⑨袁红冰教授提出，实体法经由程序实现其价值这一点表象，往往将人的思维引入程序是"助法"，是以实现实体法价值为目的从属法这一结论中。然而，这一结论只是表象的，而不是实质的，将实体法和程序法的关系纳入内容和形式的哲学范畴来考察，是不恰当的，就这两种法律本身而言，它们都是以其内涵的价值取向作为自己的内容，并以表现其价值取向的具体样式作为自己的形式，需要特别指出的是，程序法决不仅仅是形式，它自身就是一个内容和形式的统一体。[②]

梳理上述观点可以发现，黄学贤、胡建淼、施正文、肖金明、冯威、汤善鹏、吴小英、袁红冰等学者更加强调程序法具有独立性，主要观点是程序法为基本法而非补充法、赋予实体法法律意义，程序正义包涵实体正义，程序法治实现了对实质法治和价值选择的超越。而王永杰教授强调实体与程序并重，主要观点是实体法治与程序法治并重是对法治路径认识的深化。可见，程序的地位和作用至今没有形成一致的观点，既有主张程序为保证实体法公正的工具、从属于实体的，也有主张程序价值有其自身价值，具有独立性的。无论两种观点何者为对，迄今为止尚没有学者从实体与程序、实体法和程序法关系的角度，结合行政执法的具体情况来系统探讨行政执法实体法和程序法之间关系，因此这个问题有值得深入探讨的价值。

二、行政执法程序可以独立于实体而存在

关于程序法与实体法的关系问题，李步云教授对此有着形象的比喻："实际上，从一定意义上看，程序法比实体法还重要，实体法好比设计图纸，程序法则像工

---

① 吴小英. 重塑程序意识——论程序法与实体法的关系[J]. 现代法学, 1999（4）: 19.
② 袁红冰. 论程序法的意义[J]. 贵州师范大学学报（社会科学版）, 2001（1）: 5.

艺规程，没有后者，工厂生产不出好产品；过去错案的发生多数不是适用实体法不正确，而是出在执行程序法不严或程序法本身不完善。"①黄捷教授在李步云教授观点的基础上对程序法与实体法的关系做了进一步的阐释：事实上程序法是有关'活动'的法，分别指向各个具体的重要社会活动，所有的社会活动及其中的社会关系的发展变化等都将产生相应的实体性问题和程序性问题，实体法表现为一个价值展现过程的起点，而它的价值要在这个过程的终点才能成为实现了的内涵，才能获得更具实效性的品质，这个将实体法的起点与终点连接起来的过程在法律的意义上就称为程序。②

关于程序法的重要性问题。李步云教授围绕着程序法与实体法的关系对其进行了高度概括："法律程序是法的生命存在形式，在一种法律制度下，只有实体法而无程序法是不可想象的，如果法的制定和法的实施（适用与执行等）没有一定过程、规矩、规则，这样的法律制度将是僵死的，这样的社会将充满立法者和执法者的恣意妄为；公正的法律程序体现法律的正义，它既体现立法、执法、司法、护法等国家权力的科学配置和程序约束，也体现公民权利在程序中应有的保障，同时程序正当也是科学地制定与实施法律的重要条件，就好比工厂需要有科学的生产规程才能生产出好的物质产品一样，司法机关也需要有科学的办案程序才能做出正确的判决与裁定。"③黄捷教授也提出，社会实践中，人们期望将权力关到笼子里的民主理念和法治理想，在实体法至上的氛围中，长期有雷声而不雨，原则虚高而不实，原由便是缺乏技术操作性，具体则是程序法治脆弱和落后，事实将会证明，程序法自身的状态是法治能否有效建设的关键，程序法吻合程序正义与否亦是法治能否正义实现的关键。④

既然程序乃至行政程序有其自身独立的地位和价值，程序法如此之重要，作为其重要组成部分之一的行政执法程序自然也不例外。众所周知，行政法的定位是"控权法"和"保权法"，那么行政执法程序可以保障行政执法实体的正当性和

① 李步云. 法的内容与形式[J]. 法律科学，1997（3）：10.
② 黄捷. 论程序法的三种类型[J]. 湖南师范大学学报（社会科学版），2018（4）：58-60.
③ 李步云. 法治国家的十条标准[J]. 中共中央党校学报，2008（1）：82.
④ 黄捷. 论程序法的三种类型[J]. 湖南师范大学学报（社会科学版），2018（4）：64.

有效实施，对于实体来说具有工具性价值。但是，行政执法程序法依然是独立于行政执法实体法的单独存在，是行政执法程序的基本法，具有其自身的价值和存在的意义，并不依附于行政执法实体而存在，这不仅使行政执法程序具有专门的理论研究价值，未来可以制定专门的《行政执法程序法》。

第二章 行政执法程序的理论基础

要对行政执法程序展开理论研究，必须要先探讨其理论基础，这是探索行政执法程序理论体系的前提和基础。行政执法程序是一个当代命题，也是一个跨学科的学术命题，其理论来源既是历史的，也是多学科的，既有法哲学层面的，又有宪法学与行政法学层面的，还有程序法学层面的。

第一节 东西方法哲学思想

一、西方法哲学思想对于行政执法程序研究的启示

（一）西方法哲学思想简介

可以作为行政执法程序理论基础的西方法哲学思想主要包括：①罗尔斯的正义论提出，纯粹的程序正义的优点是在满足正义的要求时，不需要追溯特殊环境和个人地位。②加勒特·哈丁解读休谟正义理论之后提出，社会成员之间存在博弈关系，是由于他们共同参与社会合作并可以提出合理主张，使得他们之间兼有利益一致性与利益冲突，每个成员的选择和决策都依赖于对他人可能决策的预估。③柏拉图《理想国》中的斯拉雪麦格深信，法律是权力群体为了自身利益而制定的。④边沁的功利主义价值理论说，在法律目标中，安全是主要的和基本的目标，仅次于安全的目标是平等，平等是一种机会的平等。⑤波斯纳的经济成本理论提出：法律程序的参加者都是有理性的使自我利益最大化的人。⑥萨默斯的程序价值理论所提出的程序正义标准有：对参与的保障；程序合法；程序和平；人道和对个人尊严的尊重；个人隐私；合意主义；程序公正；程序的规范化；程序合理；省时和终结。⑦马修的尊严理论所提出的程序正义标准有：平等；可预见、透明和合理；参与；隐私。⑧贝勒斯的程序正义理论所提出的程序正义基本原则包括和平；自愿；参与；公正程序中的平等对待；可理解性；省时；得体；经济和道

13

德上的花费低。第一个评价法律程序的标准是最大限度地减少错误成本和直接成本的总和。第二个评价法律程序的标准是在两种错误成本之中，惩罚无罪者比放纵有罪者更不可接受。第三个评价法律程序的标准是程序价值，是指通过法律程序本身体现出来的，独立于结果正确性的价值，如尊严、公平、参与等。程序正义原则适用的标准：第一，只适用于政府行为；第二，法律决定对个人利益产生不利影响；第三，法律程序所涉及的利益的重要性；第四，是否有可替代的保护措施。⑨庞德认为，法律制度之所以成功是因为在专断权力与受限权力之间达到并维持平衡。⑩卢曼提出，社会系统按照功能标准被划分为若干个子系统，这些子系统都是相互独立的，靠着系统自身的自我参照与复制实现在整个社会系统中的功能。在这一过程中，程序的作用至为关键：正是通过程序的学习过程，使得法律的自我参照与复制成为可能，使得法律的合法性得以反复再生产而为社会提供相对稳定的预期基础。程序成功的前提条件是程序的公开性及其与决定的关联性，而这些条件只有在程序把自身与其他社会背景区别出来才是可能的，主张法律系统由沟通组成。

（二）西方法哲学思想的启示

这些西方法哲学思想之所以可以作为行政执法程序理论基础，其原因在于：①罗尔斯的观点意味着以正义论为理论基础进行行政执法程序理论体系构建应更加重视对于行政执法法律关系中权利主体合法权益的保护，行政执法实施中需要严格遵循合法、正当的执法程序来规制行政执法权力，保护行政执法权利。②加勒特·哈丁解读休谟正义理论之后提出的社会成员之间存在博弈关系，兼有利益一致性与利益冲突，每个成员的选择和决策是否理性取决于他人如何进行选择这一观点，完全证明了法律程序的重要性。因为要保证每个社会成员的选择和决策足够理性并在利益冲突中达成一致意见，必须依靠正当的选择和决策程序。行政执法中参与主体之间的利益冲突更加严重，要确保行政执法过程和结果的正当性，首先必须实现行政执法程序的正当性。③斯拉雪麦格深信法律乃是握权在手的人们和群体为了增进他们自身的利益而制定的这一观点告诉我们，要确保行政执法程序的正当性，首先要确保行政执法程序立法能够体现和维护广大行政执法程序参与主体的利益，而非仅仅是行政执法权力主体的利益。④边沁的功利主义价值理论告诉我们，法律的目标是安全和平等，行政执法程序要维护行政执法过程的安全性和平等性，实现执法权力与权利之间地位和利益的平衡，当然这种平等是一种机会的平等，行政执法程序并非要维护绝对的平等。⑤波斯纳的经济成本理论提出法律程序的参加者都是有理性的使自我利益极大化者，这意味着行政执法程序的参加者也应该是理性的，行政执法程序要尽最大可能维护所有参加者的最大化利益。⑥萨默斯的程序价值理论所提出的程序正义标准，尤其是对参与的保障、程序合法与公正、人道和对个人尊严的尊重、合意主义对于确定行政执法程序的品质具有非常重要的借鉴意义。⑦马修的尊严理论所提出的程序正义标准如平等，可预见、透明和合理，参与等都对如何确保立法所制定出的行政执法程序最大限度地规制行政执法中的权力、维护权利提供了借鉴。⑧贝勒斯的程序正义理论所提出的程序正义标准其实就是两个：降低经济性、道德性错误和直接成本，实现"程序价值"，这对于行政执法程序品质标准的构建提供了参考，也为行政执法实施效果评估指标的构建提供了借鉴。⑨庞德认为法律制度成功是因为在专断权力与受限权力间达到并维持平衡的观点，诠释了行政执法程序所应实现的目标以及维持自身正当性的标准。⑩卢曼提出的观点说程序的作用在于保障法律的合法性得以反复，从而使法律为社会提供相对稳定的预期，成功的条件是程序的公开性及其与决定的关联性，其实质是告诉我们，程序的作用是限制恣意，程序必须正当，行政执法程序也要满足这一条件才能实现其作用。

二、中国传统程序思想对于行政执法程序的启示

（一）中国传统程序思想简介

据柳正权教授考证：《汉书》载："铃下侍阁，门令部署，街里走卒，皆有程品，多少随所典领。"这里的"程"系指标准；《韩非子·难一》载："全曰：中程者赏，弗中程者诛。"其中的程又指的是法式、规章；《史记》载：伯阳甫曰"周将亡矣。夫天地之气，不失其序，若过其序，民乱之也。"其中的"序"不仅有事

物先后顺序之意，还蕴涵着天地法则、规律之意；"程""序"的合用，是在清末修律的过程中逐渐普及的，1915年成稿的《辞海》无"程序"条目，而有"程序法"条目，在20世纪初国人将传统的"程"和"序"合成"程序"一词，对译西法中的"程序"是先使用"程序法"概念，后才有"程序"概念，使得在认识论的角度，将"程序"看成是"实体"的从属，并逐渐流传开；行政程序表现为行政机关对下实施行政管理时的行政恣意、肆无忌惮的任意施为，而行政机关对上负责，专制帝王对其实施控制时，则又表现为程序的神圣化，捍卫皇权威严的仪式达到无以复加的地步；行政程序的形式表现是"程"和"序"的分开使用，因此行政程序的主要功能是维护君主专制，保障专制效率以及制约官僚集团，它除了具有严格行政行为的次序及过程之外，另有神圣的规则、定理等含义；当清末修律拉开中国法制近代化的序幕之后，大量西法传入，同时当国人将"程""序"二字合成"程序"对译西法"程序法"时，继承了传统中"程""序"的形式含义，指事物发生的先后过程，舍弃了其中的天地之定理、内在规律等价值判断，同时又没有将西法语境下的程序本身所富含的形式理性纳入，从而使对译没有达到概念中的信息等量传递。①

（二）中国传统程序思想的启示

柳正权教授关于中国传统程序思想的研究总结起来大概包含以下内容：①《汉书》《史记》所记载的程与序合在一起其实已经寓示了程序的含义，就是规范事情先后顺序的规则。②程序作为实体的从属在我国不是自古以来的，而是近代才开始流传的。③传统的行政程序是上级行政机关行政恣意和控制下级机关的工具，其对于次序和过程控制的目的是为了维护上级机关的专制，不具有正当性。④西方程序思想的传入导致中国传统程序思想中加入了形式理性的元素，并舍弃了程序价值判断。中国传统程序思想及其演化对于行政执法程序理论的研究具有以下的启示意义：①行政执法程序就是规范行政执法过程的规则。②行政执法程序从来都不应该是行政执法实体的附属和工具，而应具有其独立的理论体系和地位。

---

① 柳正权. 中国传统行政程序概念的文化解析[J]. 法学评论，2007（01）：150.

③传统的行政执法程序作为传统行政程序的重要组成部分，同样是上级行政机关行政恣意和控制下级机关的工具，其对于次序和过程控制的目的也是为了维护上级机关的专制，不具有正当性。④西方程序思想的传入导致行政执法程序中加入形式理性的元素是弥补传统行政执法程序的缺陷，但是如果因此舍弃行政执法程序的价值判断，则会使行政执法程序只具有工具性价值，丧失其独立性地位。因此，行政执法程序理论研究和体系构建不仅要加入形式理性的元素，还要探讨行政执法程序的自身价值，确保行政执法程序的程序正义。

第二节　宪法学理论基础

宪法是静态的行政法，行政法是动态的宪法。作为行政法重要调整对象的行政执法程序，其拥有广泛的宪法学理论基础。关于这一点，学术界尚缺乏重视，只有肖金明、冯威两位学者归纳了行政执法程序的基础理论，他们提出行政执法程序的理论基础是法治国家理论、民主政治理论、程序正义理论、政府法制理论。①笔者以为，这一观点有一定道理，但也是存在问题的，两位学者关于行政执法程序基础理论的观点中有些内容较为恰当，有些内容却未必合适，如民主政治理论并非法学理论，如果改成宪法基本权利理论也许更加合适。所以，关于行政执法程序的宪法学基础理论可以进行进一步的思考。

一、社会契约论

众所周知，社会契约论的提出者是法国的卢梭，社会契约论如何中国化使之不要"水土不服"则是中国学者广泛探讨的问题。张千帆教授《作为元宪法的社会契约》一文则是其中代表，可以为社会契约论作为行政执法程序的理论基础提供佐证。张千帆教授在文中主要提出了以下几个观点：①从玻利维亚到津巴布韦到匈牙利，在常规政治中不能如愿的政治强人们都想利用制宪权掌握克敌制胜的制高点。因此，制宪权是一国最重要的权力，但也是最危险的权力；②造成这种

---

① 肖金明，冯威. 行政执法过程研究[M]. 济南：山东大学出版社，2008：293-301.

失控的根源在于对社会契约的认识和定位错误；③社会契约的"原型"包括：A.建立一个国家并共同生活在其律法之下，B.国家需要履行某些基本职能，C.国家不可侵犯某些基本权利与自由，D.国家形态和权力结构须符合某些基本原则，F.制宪和修宪程序须使宪法文本具备足够正当性，并为今后的改进留下足够自由的空间。它们构成了特定国家的立宪基础，或称其为国家宪法之上或之后的"元宪法"；④社会契约至少具有这样的特征：暗含性、实证性、自愿性、规范性；⑤社会契约不是宪法本身，而是作为宪法基础及其存在前提的"元宪法"（metaconsti-tution）。这部"元宪法"是人民之间达成的基本契约，它在授权制宪立国的同时，规定了国家的基本目的和功能、国家不得侵犯的基本权利以及国家权力结构与运行程序所必须遵循的基本原则，一部正当制定的宪法建立在"元宪法"基础上，直接吸收了社会契约的基本原则与内涵，这样宪法至少分为普通条款和一般修宪程序所不能修改的"契约条款"，进而产生了修宪合宪性及其司法审查等问题；⑥宪法介于社会契约和普通立法之间，如果宪法仅限于规定社会契约的核心原则，以及建立在此基础上的政府权力架构，那么宪法就接近契约这一极；如果除此之外，宪法还规定了大量的非契约条款，譬如除了人的尊严核心之外的非基础性权利、积极权利、政府机构组织的细节、财税制度等具体立法政策，那么宪法就更接近普通立法这一极；⑦制宪权不是无限的，而是必须建立在社会契约的基础上并受其约束；⑧不表明制宪者可以无法无天、为所欲为，不仅因为他们所代表的多数人权力不可能具备无限的正当性，而且因为他们的行为继续受全体人都同意的"元宪法"约束；⑨修宪权的边界是：法院只能审查修宪的程序合法性，而不能审查实质合宪性。如果修宪触动民主、法治等基本指导原则之一，即构成整体修宪，须经由整体修宪程序才能完成，通过界定适当的修宪程序，法院就将判断修宪合理性与正当性的任务交给选民，既避免了在修宪合宪性决定中消极无为，又防止了自己大权独揽、最后拍板的专断倾向；⑩至高无上的"制宪权"完全是偷换概念、混淆逻辑的产物。现实中的制宪权至多代表了社会的某个超多数，当然不可能"绝对正确"，也不能被赋予不受制约的权力。正当的制宪必须有立约作为前置过程，在全民同意社会契约的基础上授权制定新宪。立约和制宪的目的不是让多数压倒少数——民主立法程序的正常发挥即足以保证多数人的意志得到法律体现，而恰恰是为多数人的权力设定边界；⑪要有效防止制宪权的滥用，不妨借鉴南非的制宪经验，先通过临时宪法规定各方均自愿接受的契约原则，在此基础上再制定永久宪法。①

张千帆教授主要解决了如下几个问题：①论证了制宪权容易让一国的多数群体压迫少数群体，是危险的，应该设置边界这一观点。②找出造成制宪权危险的根源，在于对社会契约的认识和定位错误，使得制宪权脱离了社会契约的约束。③分析了社会契约和宪法的关系，社会契约是作为宪法基础及其存在前提的"元宪法"。把宪法分为普通条款和一般修宪程序所不能修改的"契约条款"，进而产生了修宪合宪性及其司法审查等问题。④认为制宪权的边界是必须建立在社会契约的基础上并受其约束。⑤梳理了法院的修宪审查权，只能审查修宪的程序合法性，而不能审查实质合宪性；如果修宪触动民主、法治等基本指导原则之一，即构成整体修宪，须经由整体修宪程序才能完成，判断修宪合理性与正当性的任务交给选民。⑥要有效防止制宪权的滥用，建议先通过临时宪法规定各方均自愿接受的契约原则，在此基础上再制定永久宪法。

张千帆教授分析了宪法与社会契约的关系，设置了制宪权的边界以及不同修宪审查主体的权限，提出了限制制宪权的建议。认为基于各方共识产生的社会契约是宪法的元宪法，制宪权不是无限的，应该受到社会契约的制约。法院只能审查修宪的程序合法性，而判断修宪合理性与正当性的任务由选民完成。他的观点不仅对于研究宪法与社会契约之间的关系具有较强的启发意义，也便于研究者了解委内瑞拉、南非等国的制宪情况，奥地利等国的合宪审查情况，对我国的制宪、修宪和合宪审查都具有一定的借鉴意义。不过张千帆教授的文章有以下几个问题没有解决：①制宪权容易让一国的多数群体压迫少数群体，也就是形成所谓的"多数人的暴政"，关键在于如何避免制宪权导致多数群体压迫少数群体。张教授提出根源在于制宪权脱离了社会契约的约束，提出的先通过临时宪法规定各方均自愿接受的契约原则，在此基础上再制定永久宪法这一解决方案在大多数国家都无法

---

① 张千帆. 作为元宪法的社会契约[J]. 比较法研究，2018（04）：158-174.

实行，因此不具备广泛的可行性。②社会契约论的直接引入目前在中国学界未成共识，把社会契约作为宪法基础及其存在前提的"元宪法"这一观点很容易产生大的争议，与主流的政治要求也不符合，还需要更深入的修改和论证。③建议法院只能审查修宪的程序合法性，而不能审查实质合宪性，而把判断修宪合理性与正当性的任务交给选民，这一建议不存在现实的可行性。

虽然张千帆教授的观点存在一些问题，但是不影响社会契约论作为行政执法程序的宪法学理论基础。结合卢梭的社会契约论和他的观点，对于行政执法程序理论研究的启示主要包括：①要从根本上制约制宪权，与其先通过临时宪法规定各方均自愿接受的契约原则来约束，不如通过制定符合契约原则的制宪程序来约束更为可行。同理，要确保行政执法程序的正当性，实现程序正义，首先就要确保行政执法程序立法的正当性。要实现社会执法程序立法的正当性，又离不开正当的社会执法程序立法程序的保障。实现社会执法程序立法程序的正当性，关键是如何汲取社会契约论可取之处扩大实现社会执法程序立法的社会广泛参与性，确保其主流民意基础，这是需要继续深入探索的。②如何把社会契约论中国化，使之能符合党和政府的政治要求，从而在宪法的制定和修改中体现，还需要更深入的探讨。行政执法程序理论研究其实是一个很好的途径，行政执法的过程就是一个利益碰撞和形成一致的过程，其中交织着行政执法权力与权利主体，权利主体之间的利益，行政执法程序不仅需要解决权利主体之间的利益纠葛，还需要平衡权力主体与权利主体之间的关系。社会契约论为行政执法权利主体预规范和制约行政执法权力主体的正当性与合法性提供了思路。

二、公民基本权利

公民基本权利是宪法价值的核心体现，保护公民基本权利是法治的重要目标，保护公民基本权利处理好权力与权利的关系、通过权利制约权力，而这正是行政执法程序的功能。因此，公民基本权利理论是行政执法程序的理论基础。

（一）权利概念的历史形成

关于这个问题，方新军教授通过分析权利概念产生的历史背景的方式对权利概念的历史进行了介绍。①古希腊社会不存在主观权利的概念，古罗马的情况开始出现一些改变，因为罗马法中的"IUS"一词在某些情况下具有现代意义上的主观权利的含义，罗斯科·庞德指出，罗马法中的"IUS"具有十种含义，其中有四种比较接近于现代的"权利"，关键在于古希腊、古罗马是一个整体主义的社会，没有真正意义上的个人主义的诉求；②世俗个人主义的出现恰恰导致了权利概念的萌芽，12世纪的教会法学家在对格兰西的《教会法汇要》中的自然法概念进行注释的时候出现了对"IUS"主观意义上的理解，鲁菲卢斯定义了没有被自然法要求和禁止的，但却是被允许的行为；③权利概念出现于"使徒贫困"的讨论。在《和平的保卫者》中，"主观权利之父"马西利乌斯指出应该区分"IUS"的不同意义，"IUS"指人们自愿的行为、力量或生成的习惯；④主观权利概念影响的扩大是威廉·奥卡姆的贡献，他将"IUS"界定为"合法的能力"；⑤现代权利概念的诞生经历了两个阶段：首先是自然法的世俗化，其次是自由意志主义和权利概念的结合；⑥霍布斯在《利维坦》一书中这样写道"自然权利，也就是著作家们一般称之为自然法的，就是每个人按照自己所愿意的方式运用自己的力量保全自己的天性，也就是保全自己的生命的自由"，"自然律是理性所发现的诫条或一般法则"；通过社会契约理论，霍布斯使得自然权利成为法的前提；⑦到马西利乌斯那里"IUS"开始具有两种含义，一种是法，另一种是权利；到了霍布斯那里，"IUS"已经没有任何法的意思，表示的只是权利；⑧康德在《实践理性批判》提出：人们通过社会契约进入公民联合体后，并没有丧失权利，只是从自然权利变成了实证的权利，实证法是权利的前提不会导致人的自由意志的丧失；⑨由于康德术语的影响，大陆法系开始使用客观法表示法律，用主观法来表示权利。而在法学领域，这一工作是由伯恩哈德·温特沙伊德最终完成的，他提出主观法，也就是主观权利，可以这样来定义，即权利是法律赋予主体的能力，或意志的支配力。①

　　仔细研读方新军教授的论著，可以梳理出权利概念历史的形成脉络：①形成前，古希腊社会不存在主观权利的概念，没有形成的关键在于古希腊、古罗马是

---

① 方新军. 权利概念的历史[J]. 法学研究，2007（4）：69-95.

整体主义社会，没有真正意义上的个人主义诉求；②世俗个人主义的出现导致了权利概念的萌芽，12 世纪的教会法学家在对自然法概念进行注释时出现了对"IUS"主观意义上的理解，鲁菲卢斯定义了没有被自然法要求和禁止的，但却是被允许的行为；③形成，权利概念出现于"使徒贫困"的讨论；④影响扩大，主观权利概念影响的扩大是因为威廉·奥卡姆将"IUS"界定为"合法的能力"；⑤诞生阶段，现代权利概念的诞生经历了两个阶段：首先是自然法的世俗化，其次是自由意志主义和权利概念的结合，由于康德的影响，大陆法系使用客观法表示法律，主观法表示权利；⑥最终形成，伯恩哈德·温特沙伊德定义即权利是法律赋予主体的能力或意志的支配力。简而言之，这一过程就是马西利乌斯指出"IUS"具有两种含义，一种是法，另一种是权利；霍布斯认为"IUS"表示的只是权利；由于康德的影响，大陆法系使用客观法表示法律，用主观法表示权利；在法学领域，伯恩哈德·温特沙伊德提出权利的概念。

关于这个问题，方新军教授通过历史分析法，非常全面、非常具体，也非常深入地诠释了西方社会权利概念的历史形成过程，从古希腊时期开始一直到现代权利概念的最终形成。在介绍这段历史时，方新军教授还非常注意介绍相关的历史背景、时代特征和相关学者们的观点与贡献，以便研究者们能够熟知权利概念形成过程中每一阶段的具体情况，从而更加深刻地理解权利概念的历史形成过程以及为什么权利概念能够在西方法律思想史中逐渐萌芽和形成。同时，方新军教授对于这个问题的解答还有利于后来者们通过对这些史料的学习来整理权利概念历史形成的思想发展史，便于深入理解和学习西方的法治思想的发展历史。除此之外，这篇论文还为法学研究尤其是法学概念的研究提供了方法论的借鉴和启示。当然，该论文存在着一些问题也是在所难免的。方新军教授在文中着重对于西方权利概念历史形成的介绍，该论文其实就是一篇由于西方法律指导思想和社会发展变迁所带来的权利概念的理解和定义的变迁的宪法史论文。局限于主题和篇幅，缺少了最关键的两部分研究：第一，中国近现代史上对于权利概念的引入和内涵之变迁；第二，西方权利概念的历史形成对于中国宪法基本权利的研究和实施中的保障有何借鉴和启示。这都有待于后续研究者继续探讨和解决。方新军教授关于权利概念形成的历史的研究能够给予行政执法程序研究的启示在于行政执法程序的概念形成也是需要一个认识深入的过程，现有的行政执法程序概念的主流观点脱胎于行政程序的概念，其实是不够科学的，可以参考主客观权利的内容来思考行政执法程序的概念。

（二）基本权利的构成及在宪法中的体现

关于这一问题，可以为研究行政执法程序权利的构成及其在宪法中的体现给予很深的启示，托克维尔的著作《论美国的民主》在探讨美国的民主制度的同时，实际上也就美国宪法所规定的基本权利的构成及在宪法文本中的体现做出了一定的解答，主要包括：①人民主权原则是宪法的基础，也是基本权利的来源；②基本权利包括平等权、出版自由、结社自由、普选权；③美国人服从法律的管束，因为美国的法律是由人民制定的，也是为了人民制定的。一项对人民利益没有实际效益的法律不会被人民遵守；④权利观念能让人们知道什么是暴政；⑤美国居民享有充分的自由和足够的政治权利，行使权利依靠宪法；⑥让个人享有权利，并保证在行使时免收阻挠；人人平等；在社会权利方面给予界限；⑦对个人基本权利有严格限制的法律都得接受严格的司法审查；⑧本宪法对某些权利的列举，不得被解释为否定或忽视由人民保留的其他权利。

相比之下，郑贤君教授则是从基本权利三分法的角度非常系统地提出自己关于这一问题的观点：①构成及相关关系。宪法中的基本权利是特定价值观和信仰的宪法化，受制于社会现实发展，基本权利由三部分构成：一为自我肯定和保存义上的古典基本权利；一为自我表现意义上的体现公民参与的政治权利；一为自我实现和发展意义上的社会经济权利；三类权利分别是自由、民主与平等价值的宪法体现，在与政府权力的关系上，古典基本权利独立于国家政治秩序之外，参与自由在政治秩序之内，自我发展的自由则试图接近政治秩序；基本权利的三分观阐明不同基本权利的道德思想、社会现实基础、各类权利与国家权力之间的关系，及对个体自身的意义与价值，有助于从观念、社会及制度层面全面看待基本权利，宪法基本权利构成的三分法并不是绝对的，而是相互交叉、彼此渗透与影响；②具体内容及在宪法文本中的体现，古典基本权利的内容从属于自然权利，包括生命、自由、安全和追求幸福的权利，功能在于保证社会是一个私人自主权的领域，并将公共权力限于有限功能之上，由于该类权利独立于政治秩序之外，其宪法地位的特殊性及实证化是以通过排斥国家权力的干预而实现的，因此两方面的制度保障必不可少，其一，对政府的否定性要求，即政府不可以规定哪方面的内容；其二，权力分层机制，自我表现意义上的基本权利主要表现为公民政治权利，是一种参与公共事务的决策与处理之权利，处于国家政治秩序之内，其基本内容为选举权、被选举权、创制权、复决权与罢免权等；公民政治权利的出现，完成了自然权利向公民自由权的转换，改善了自然权利的现实局限性，其实证化过程需要将个人纳入公权力的行机制中，自我发展和实现意义上的公民社会经济权利则是平等价值的宪法体现，包括社会安全的权利、工作的权利、休息和闲暇的权利、受教育的权利、达到合理生活水准的权利和参与文化生活的权利；在与国家权力的关系上，这类权利依赖于政治秩序与国家权力，属于积极意义上的基本权利，必须通过政府干预才能实现，实证化经历了由宪法规定到具体的社会保障法律的制定过程，存在着与其他权利相冲突的现象，许多国家在通过设定社会经济权利实现平等的同时，也注意了尽可能在作为平等价值体现的该类权利与作为自由价值体现的古典基本权利之间寻求平衡；③我国宪法基本权利的现状，A.由于权利是国家设立的，对权利的纲领性规定符合这一前提；B.宪法没有必要列举权利，以对国家权力形成预先存在的限制；C.国家给予那些热爱并忠实于国家的人以权利，剥夺那些敌视国家的人享有权利的资格；D.既然权利是由国家创立的，国家也就拥有充分的权力限制权利；造成的后果是 A.古典基本权利的宪法文本缺失与保障机制缺陷，包括 a.属于基本权利范畴的内容规定在总纲中，但这与基本权利应有的宪法地位相去甚远；b.缺乏对政府否定性的要求；c.实证层面的权利保障机制缺陷；B.公民政治权利的外在化管道不畅，主要表现为政治基础设施不完善，自治的社会组织影响和参与决策的倾向尚不十分明显；C.体现平等价值的公民社会经济权利背离宪法预先设定，宪法基本权利的实证化是一长远而又艰巨的任务，它不仅仅表现为大众对一些基本问题认识上的观念贫弱与制度缺失，更为重要的是有赖于我国社会现实的充分发展及政治制度的完善程度。①

　　仔细研读上述论著可以得出这样的结论：①托克维尔从美国民主制度的角度对美国宪法所规定的基本权利的构成及在宪法文本中的体现做出了一定的解答：宪法的人民主权原则是基本权利的来源，基本权利包括平等权、出版自由、结社自由、普选权，美国居民享有和行使基本权利依靠宪法的保障，对个人基本权利有严格限制的法律都得接受严格的司法审查。当然，还有最关键、最重要的美国宪法第九修正案的规定：本宪法对某些权利的列举，不得被解释为否定或忽视由人民保留的其他权利。简而言之，就是宪法的人民主权原则是基本权利的来源，宪法规定和保护人民的基本权利，未被宪法文本明确列举的权利依然是人民的基本权利。②郑贤君教授从较新的视角提出了自己的基本权利三分法，他主要从文本宪法的权利构成作为分析基点，在承认其共同获得宪法意义上个体基本权利属性的同时，重点阐明不同基本权利的道德思想、社会现实基础、各类权利与国家权力之间的关系，及对个体自身的意义与价值，并且他还对这三种权利在我国的现状做了简单的实证分析。简而言之就是，我国的基本权利是由国家通过宪法设立的，不仅基本权利的宪法文本体现有缺陷，基本权利的实现和保障机制也存在缺陷，更未能构成对权力的制约反而为权力所限制。

　　关于行政执法程序权利的构成及其在宪法中的体现这个问题，托克维尔和郑贤君教授的成果都有自己的价值。①托克维尔没有就基本权利的构成及在宪法文本中的体现这一问题进行专门论述，但该著作依然具有重要的借鉴价值。托克维尔从美国民主制度的角度阐释了美国宪法所规定的基本权利的来源、内容、限制和保障，还有最关键、最重要的宪法未列举权利的定性问题，这些都对行政执法程序中程序性权利的构建具有重要的借鉴意义。同时，美国民主制度的产生、制定和运行过程也对行政执法程序的立法和实施具有重要的借鉴意义。②郑贤君教授的论文《基本权利的宪法构成及实证化》结合人权的演化过程提出了自己的基本权利三分法，从文本宪法的权利构成及其背后体现的价值作为分析基点进行论证，有利于理解宪法基本权利的不同属性及其思想与现实基础，理解其与国家权

---

① 郑贤君. 基本权利的宪法构成及实证化[J]. 法学研究，2002（2）：45-56.

力的关系，以设置不同方式促进其实证化，这种研究方法对于分析研究基本权利以及对基本权利进行分类也都有非常好的启发。同时，他还对这三种权利在我国的现状做了简单的实证分析，指明现实中的缺陷与不足，对于研究我国行政执法程序中程序性权利的完善具有较强的现实意义。上述论著尚存的问题主要有：①《论美国的民主》不足之处有二，其一为有些关于基本权利的论述过时，作为一本近200年前的著作，即使放在今日的美国也有一些不符合现实之处；其二则在所难免，就是如何深入分析中国国情和行政执法现状，以及中国行政执法程序构建和完善应该如何具体进行借鉴，则需要深入研究。②郑贤君教授的权利分类其实虽然不同于传统的宪法基本权利三分法的理论论证，但对于如何利用这一研究成果深入指导公民权利包括中国行政执法程序中程序性权利的完善和保障缺乏深入和全面分析，简而言之就是只提出了问题，却没有解决问题，这些都是还需要继续深入研究的。事实上，托克莱尔最重要的贡献是说明，宪法的人民主权原则是基本权利的来源，宪法规定和保护人民的基本权利，未被宪法文本明确列举的权利依然是人民的基本权利。郑贤君最重要的主张是，不仅基本权利的宪法文本体现有缺陷，基本权利的实现和保障机制也存在缺陷，更未能构成对权力的制约反而为权力所限制。因此，行政执法过程中无论立法是否明确规定行政执法权利，这都是权利主体的重要权利，应该受到行政执法权力的尊重和保护，而这离不开行政执法程序的规范和保障。

（三）基本权利的内在规定性与国家立法要求

研究基本权利的内在规定性，才能研究行政执法程序权利的确定标准，研究基本权利的国家立法要求，才能梳理行政执法程序国家立法存在的问题以及确定如何具体的完善。张翔教授从基本权利的双重性质的角度系统地回答了基本权利的内在规定性与国家立法要求这一问题：①内在规定性，在当代德国宪法的理论与实践中，基本权利被认为具有主观权利和客观法的双重性质，在个人得向国家主张的意义上，基本权利是一种主观权利，同时基本权利又被认为是德国基本法所确立的客观价值秩序，公权力必须自觉遵守这一价值秩序，尽一切可能去创造和维持有利于基本权利实现的条件，在这种意义上基本权利又是直接约束公权力的客观规范或者客观法，既便是由社会中的多数所推动的制宪权和立法权也要受基本权利的约束，基本法赋予了基本权利以一种超越国家的、约束国家权力的客观规范的地位，在规范层面上确立基本权利客观法性质的是联邦宪法法院的一系列判决；②德国的具体规定，德国联邦宪法法院首先说明了基本权利的主观权利性质：基本权利的主要目的在于确保个人的自由免受公权力的干预；基本权利是个人对抗国家的防御权，这也是为什么会存在针对公权力行为的宪法诉愿制度的原因所在；基本权利具备客观法的性质，建立了一个以社会团体中的人类的人性尊严和个性发展为核心的客观价值秩序，这个价值秩序强化了基本权利的实效性，被看作是宪法的基本决定而对所有的法领域产生影响；德国联邦宪法法院最终确定基本权利既是个人可以诉请法院对抗国家侵害的主观防御权，同时也是一种宪法所确定的，科以公权力保护义务的，一切公权力必须自觉遵守的客观规范；③产生原因，战前，德国认为宪法上的基本权利只有经过立法机关制定法律才能成为真正的权利，宪法中的基本权利条款同样也不能真正约束立法者；二战后，基于对纳粹残暴统治的深刻反思，德国逐步摆脱传统立法绝对主义和法律实证主义的束缚，开始从自然法的理念中寻求宪治改革之路；首先，接受了人权是超越法律体系的普遍高级法的观念；其次，由于基本权利开始被看作是先于国家和高于国家的存在，传统的法律与权利的关系就发生了逆转。④基本权利的主观属性含义，基本权利的主观属性包含两层含义：首先，个人得直接依据宪法上的基本权利条款要求公权力主体为或者不为一定的行为；其次，个人得请求司法机关介入以实现自己的要求。基本权利作为主观权利的核心功能是所谓防御权功能，也就是当国家侵害基本权利时，个人得请求国家停止侵害，而且此项请求可以得到司法上的支持。基本权利在一定条件下还具有直接请求国家积极作为以使个人享有某种利益的受益权功能；⑤基本权利作为客观法的基本含义，基本权利作为客观法的基本含义是基本权利是基本法所确立的价值秩序，这一秩序构成立法机关建构国家各种制度的原则，也构成行政权和司法权在执行和解释法律时的上位指导原则，首先，基本权利不仅是个人权利，也是整个社会共同体的价值基础；其次，基本权利构成国家机关一切行为的准则；第三，国家应当为基本权利的实现提供实质性的前提条件；⑥基本权利的客观功能有 A.制度性保障；B.组织与程序保障；C.狭义的保护义务，仅指国家保护公民免受来自第三方的侵害的义务，包括刑法上的保护，警察法上的保护，保护公民免收外国的侵害，法官有义务在审判活动中将基本权利的精神贯彻于法的各个领域。⑦两者关系，主观权利与客观法之区分：A.是否赋予个人以请求权；B.将基本权利条款看作规则还是原则；C.主观权利的着眼点在个人与国家的关系，强调基本权利作为个人权利、个人利益的意义。主观权利与客观法之联系：A.客观法包含主观权利；B.客观价值秩序可以向主观权利转化；客观法的再主观化的标准，包括基本权利的实质确保有必要性；请求权标的之内容可得确定；必要的财政手段已经确保，且不侵害立法者的财政支配权；⑧关于这一理论的反思与借鉴，反思有 A.强调基本权利作为客观价值秩序的功能，可能会压抑基本权利作为防御权的功能，使基本权利丧失其根本价值；B.基本权利作为客观价值秩序的内涵主要是由宪法法院通过宪法解释来逐步确定，而其约束对象主要是立法机关，这会造成立法机关的裁量权被过分减损，使司法权凌驾于立法权之上，最终损害宪法的民主主义基础；C.客观价值秩序理论将超越实定法的价值予以极端地强调，会造成司法的恣意和法律安定性的损害；真正需要我们反思和警惕的乃是第一个方面，也就是换言之，如果在基本权利保障上过分倚重国家力量，最终可能导致基本权利反而被过度限制或剥夺的后果；借鉴（立法要求）有 A.唯有建立个人请求司法机关审查国家公权力侵害行为的机制，才可能实现基本权利的这一根本功能；B.以客观价值秩序理论重新阐释宪法纲领性条款。①

　　仔细研读上述论著可以发现，张翔教授运用历史分析法，从基本权利双重性质理论的起源、两种性质的基本含义和功能、两者的相互关系，以及这一理论的反思和借鉴等方面进行了拓展研究。关于这一问题，张翔教授运用历史分析法所开展的拓展研究非常好的进行了解答，通过他在当代德国宪法的理论与实践中的分析，关于基本权利双重性质的介绍和论证较为全面和深入，对基本权利的主客

---

① 张翔. 基本权利的双重性质[J]. 法学研究，2005（3）：21-36.

观属性及其相互关系以及划分的标准有了一个非常深刻的划分，这种划分符合自然法思想的理念和要求，非常有利于基本权利的确定和保护，使之不再受限于客观法具体规定不足的约束，也可以以此为依据对国家立法提出进一步完善的要求。更为关键的是，张翔教授的论著实际上解答了宪法与基本权利之间关系，确切说何者为先、何者为本这一基础而又核心的问题，这一意义非常重大，等于是为宪法基本权利研究奠定了基础，同时可以为行政执法程序权利的研究提供了一个较新的视角。而且张翔教授对于这种划分指引下我国宪法基本权利的现状与前景展望也做了一定篇幅的表述和分析，有利于深入理解我国宪法基本权利的现状与前景，为研究如何完善行政执法程序权利奠定和发展基础。尚存的问题就在于，虽然论述了这种划分指引下我国宪法基本权利的现状与前景展望，尤其注重了对于我国宪法基本权利的现状尤其是不足的分析与总结，却没有就这些问题具体如何通过基本权利双重性质理论进行解决进行继续研究和论证，简而言之也是只提出了问题，却没有解决问题。同时，张翔教授自己承认，由于社会基本结构、社会价值、政治理念与制度、社会发展阶段及宪法目标选择等方面的差异，我国又表现出基本权利自身的独特性，因此他对于基本权利双重性质中国现状的反思相比之前德国发展的介绍过于简单，不够深入。这就意味着张翔教授的观点只能为行政执法程序权利的研究奠定基础、指明方向，却无法提供较为成熟的研究成果可以直接引用。

我们可以得出这样的结论：在当代德国宪法的理论与实践中，基本权利被认为具有主观权利和客观法的双重性质。在个人得向国家主张的意义上基本权利是主观权利，又被认为是直接约束公权力的客观规范或者客观法。基本权利的主要目的在于确保个人的自由免受公权力的干预，制宪权和立法权也要受其约束。基本权利同时也是宪法所确定的，科以公权力保护义务的，一切公权力必须自觉遵守的客观规范。这也是对国家立法的基本要求。主观权利与客观法之间可以相互影响，相互转换。强调基本权利作为客观价值秩序的功能，可能会压抑基本权利作为防御权的功能，使基本权利丧失其根本价值，唯有建立个人请求司法机关审查国家公权力侵害行为的机制，才能保护基本权利。

（四）权力制约

研究行政执法程序的目的就是要在行政执法过程中实现对权力的有效约束，因此权力制约理论是理论基础。关于如何进行权力制约有以下观点：①我们需要实行党的内部的监督，也需要来自人民群众和党外人士对于我们党的组织和党员的监督"。②"新三权论"的代表性观点，包括权力制约必须从权力结构入手、只有分权制衡才能实现权力制约，在集权结构下，各权力主体间既无法形成相互制约，又难以相互协调，进而导致了权力结构处于失衡的非法治化状态，而高廉政风险和系统性腐败的制度性成因恰恰在于权力结构中缺乏法治化的分权制衡，而在制约结构中，纵向维度上国家权力与社会权利间处于平衡状态，横向维度上决策权、执行权、监督权之间同样形成了分权制约。[①]

对权力进行制约有其必要性，制约权力的主体不仅包括党内，还包括人民群众和党外人士。事实上，要实现行政执法过程与结果的正当性，就不能让行政执法权力一家独大、在执法中完全掌控话语权，需要通过执法程序由包括权利主体在内的广大人民群众对执法权力主体进行监督和制约。陈国权教授"新三权论"的观点则是在权力结构中进行分权，建议实现纵向维度上国家权力与社会权利间的平衡和横向维度上不同权力之间形成分权制约，这一观点为如何通过行政执法程序对行政执法提供了思路，在行政执法过程中，执法权力主体与权利主体的法律地位应该是平等的，权力与权利之间应该实现相互监督和制约，而这需要行政执法程序的保障。

（五）依法治国理论

完善行政执法程序是依法治国在行政执法领域的贯彻与体现，因此依法治国理论毫无疑问是理论基础。①吕亚妮介绍，"实质法治国"的逐渐形成亦在形式法治国基础之上发展出各项具体原则，包括：宪法的最高性、依法行政（法律保留与法律优位）、权力分立与制衡、法的安定性、信赖保护、比例原则、公民基本权利的保障及权利救济等，这些原则共同勾勒出实质法治国的轮廓，其中对公民基

[①] 毛益民，曹伟. 集权体制下的权力制约理论与实践会议综述[J]. 中共杭州市委党校学报，2017（2）：94.

本权的保障无疑是实质法治国最核心的价值，具有整合所有具体原则的功能。实质法治国的实质正义，事实上就是最大限度地在法秩序中实践对公民权利的保障。①②皮协纯教授提出，依法治国是一个庞大的社会系统工程，而依法行政乃是其重点、难点和核心，法律的实施无疑是所有国家机关和全体公民及各类社会组织的共同任务，但最主要的承担任务者是行政机关，据统计我国现行法律中80%以上由行政机关负责执行，显然如果没有科学合理、坚强有力的广义行政执法即依法行政，则立法机关的努力成果（即一切法律、决议、决定等等）都将成为徒劳，依法治国方略也就难以落实到位，行政权力行使过程的重要特点是强调集中，追求效率，实行首长负责制，拥有自由裁量权，具有扩张和滥用的顽强倾向，这就容易使人们习惯于按个人意志办事，忽视依法行使行政权力。②

吕亚妮所介绍的实质法治国强调了要最大限度的保障公民权利，这个介绍道出了依法治国的真谛。皮协纯教授的观点首先阐释了依法治国的重点、难点和核心是依法行政；其次说明行政执法其实就是法律的实施、需要科学合理、坚强有力的依法行政，如果不能依法行政则无法实现良法善治、良法将成为摆设，依法治国就难以落实；最后表明行政权力强调集中、效率，具有扩张和滥用的倾向，容易人治而非法治。两位学者的观点告诉我们，依法治国与行政执法的关系。行政执法就是法律实施，法律实施主要依靠行政机关，而行政权力容易侵害公民权利，因此要实现良法善治就需要在行政执法中实现依法行政，通过依法行政来保障公民权利，实现依法治国。而要在行政执法中实现依法行政，必须依靠正当的行政执法程序来保障。

（六）基本权利与行政权力的关系

行政执法程序最重要的作用就是处理好行政执法中权利与权力的关系，这也同时是宪法的核心法理。第四届"法理研究行动计划"学术研讨会所提出的《宪法法理清单》将宪法的核心法理表述成二元结构：尊重和保障人权，制约和规范

---

① 吕亚妮. 政府决策中公众参与制度研究——奥托·迈耶《德国行政法》的理论启示[J]. 金卡工程（经济与法），2011（3）：309.
② 皮纯协. 依法治国的核心环节在于依法行政[J]. 南通师范学院学报，2001（4）：30.

公权，若加入最低限度的基础性价值共识，二元结构的核心法理可进一步简化为"民尊国范"，基于基本权利—国家权力这两大基本内容板块，连同贯穿两者的基本原则板块，对基本法理的凝练可从三个方面通过领域式线索来展开；①在基本原则方面，人民主权、人权保障、民主集中、依法治国等基本原则从不同方面呈现出基本法理，并汇聚成基本原则层面的基本法理体系；②从基本价值原理的角度看，在保障基本权利以及国家权力据此运行的过程中，始终贯穿着民主与自由以及自由与平等的张力，《宪法法理清单》中凝练出三项基础性价值原理：尊严、自由、平等；③对于国家权力方面的基本法理，依据《宪法》的用词可以将其表述成分工负责与监督制约；④各论中的基本法理，就是各类基本权利中所蕴含的法理，包括人人平等、政治参与、人身自由、人格尊严、精神自由、经济自由、社会保障和权利救济等价值原理；⑤行政法的核心法理包括保障公民权利、以公共利益为取向、有效实现行政任务；⑥传统行政法学本质上是一整套关于行政行为方式的释义学，其以行政行为的形式作为体系架构的中心，以合法/违法作为论述重点，包含着两项基本诉求：其一，通过简化行政机关对于行为手段的选择困难，促使其有效、客观、合法地完成法定职责；其二，通过对行为方式的固定化、制度化和型式化，实现对公民的法律保护，对抗可能的行政恣意。行政机关在法定框架内，有选择行政行为形式的裁量权；⑦只有确立并遵守行政程序，才能保障行政行为的内容合法，即"经由程序达致合法性"，行政程序还可以作为多元利益沟通博弈的平台，作为表达不同意见的窗口，在行政机关行使裁量权或需对不同利益加以衡量时，发挥重要的作用，有助于行政主体做出合法、正确的决定，随着中国社会结构的变迁和不同利益日趋分化，在多元民主主义的理念下，行政不仅仅应保障行政相对人的权益，还应该调整利害关系人之间的利益冲突，在设计行政程序时，应保障不同利益的有效表达，使得行政活动成为行政机关、利害关系人、一般公众等具有不同立场者之间达成合意的一种统合性过程；⑧宪法正是判断良法的实定法标准。[①]

---

① 郑磊，宋华琳. 良法善治，民尊国范——"公法中的法理"暨第四届"法理研究行动计划"学术研讨会述评[J]. 法治与社会发展，2019（1）：202.

二元结构的宪法核心法理这一学术观点对于探讨行政执法程序具有显著意义。首先，对于行政执法程序法基本原则的构建具有参考价值，行政执法程序法一样需要人民主权、人权保障、民主集中等基本原则。其次，行政执法过程中需要行政执法程序来维护和保障权利主体的尊严、自由和平等，帮助权利主体能够监督和制约权力主体。再次，行政行为方式的固定化、制度化和型式化，其实质就是行政程序的法定化。复次，强调了行政执法程序的重要性和如何具体的构建行政执法程序。最后，把宪法作为判断行政执法程序法是否优良的实定法标准。总而言之，行政执法程序的根本目标是实现行政执法中尊重和保障人权、制约和规范公权。

关于基本权利与行政权力的关系这个问题，李步云、刘士平两位教授采用比较分析的方法介绍了基本权利与行政权力的关系，指出：①从对应关系看，行政权力与职责对应，公民权利与义务对应；②从自由度看，公民权利可以放弃或转让，行政权力不可；③从法律地位看，行政权力伴随着强制，公民权利意味着平等；④从代表的利益看，行政权力代表着公益性，不能代表个人利益。公民权利可以代表国家或集体的利益，也可以代表个人利益；⑤从来源看，行政权力来源于公民权利；⑥从性质看，公民权利是目的，行政权力是手段；⑦两者在利益上的最终目的是一致的，在一定条件下可以转化；⑧行政权力可能保护或侵害公民权利。[①]

李步云、刘士平两位教授的观点非常地对应本问题的疑问，尤其是对于两者联系与区别的比较分析，使权利和权力的关系有了理论上的结论，也使得我们对于这一问题的答案有了较为全面的了解。简单地说就是，行政权力来源于基本权利，行政权力可以保护也可以侵害基本权利，两者利益一致，可以互相转化。李步云、刘士平两位教授对于基本权利与行政权力的关系的论证非常地规范化、全面化和系统化，在理论对于基本权利与行政权力的关系进行了全面分析和论证，这一基本问题的解决有利于对基本权利的深入研究。尚存的问题在于，这篇论文只是一个最基础问题的研究，要探讨行政执法程序的完善和行政执法实施过程中

[①] 李步云，刘士平. 论行政权力与公民权利的关系[J]. 中国法学，2004（1）：10-20.

如何更好地处理这一关系，并依据这一关系对行政执法程序进行完善都需要进行深入研究，而这恰恰是我国宪法研究中一个艰巨的任务。

（七）公民基本权利理论对于行政执法程序理论的意义

改革开放后，我国宪法学基础理论经过 40 年的发展，在研究成果数量、研究内容的广度和深度、研究力量的补充与发展等方面都取得了显著成绩，为我国《宪法》的修改与完善奠定了坚实的基础。就公民基本权利的研究来说，这是研究宪法学理论的基础，因为宪法与基本权利的关系或者说两者何者为先、何者为本的问题本就是宪法学研究的一个基本而又关键性的问题，也是一个曾经存在着较大争议的问题，更是诸多国家迄今为止都没有能够在宪法制定和实施中解决的问题。只有对这一问题有了深入了解，才能对宪法学基础理论开展后续学习和研究。在这一问题上，托克维尔、方新军、郑贤君、张翔、李步云和刘士平等学者通过历史分析、比较分析和实证分析等研究方法，分别从权利概念的历史形成、基本权利的构成及在宪法文本中的体现、基本权利的内在规定性与国家立法要求及基本权利与行政权力的关系等角度对公民基本权利进行了分析和论证，解决了权利概念形成的历史、基本权利的宪法构成、基本权利的双重属性以及与行政权力的关系等问题。但也应该看到，上述研究成果在研究内容方面也存在着一些问题，或者说还存在一定的偏颇和值得商榷之处，需要继续深入探索。

行政执法是行政机关对于法律的实施，其执法活动比立法和司法更加直接面对全社会尤其是社会公众，而且行政执法是行政权力最容易独断和扩张的行政行为领域，因此行政执法更容易与公民的权利，特别是公民的基本权利发生利益冲突甚至矛盾。公民权是指公民依法享有的，为或者不为一定行为的自由，或者要求其他主体做出一定行为或不做出一定行为的自由。现代社会是权利社会，公民权利发展为很多权利，可以做多视角的分类，其中最重要的分类是可以分为基本权利和一般权利。公民的权利都受到法律的尊重和保护，但相比之下对公民最重要的基本权利则受到宪法的特别保护，称之为宪法列举的公民权利，而这些最重要的基本权利非常容易在行政执法中被忽视甚至被侵害，需要行政机关在行政执法中予以特别关注和保护。

在全面依法治国和依法行政的背景下，行政执法活动需要在行政执法公权力和公民个人权利之间做出平衡。在这一过程中，行政执法既要维护国家和社会的公共利益，也要尊重和保障公民的权利，尤其是公民的基本权利，当两者出现冲突与矛盾时，行政机关要依法进行合理的协调，而不能粗暴地解决，更不能在其中夹杂行政机关的自身利益。在执法活动中，如果行政执法权力要限制甚至剥夺公民的权利必须符合法定的条件和正当的程序，如果要剥夺公民的基本权利还需要有宪法依据。正当的行政执法程序赋予了权利主体制约、监督甚至对抗权力主体的地位，可以帮助权利主体在权力主体非法或不合理地限制甚至剥夺公民的权利时，赋予公民以抗辩权和抵抗权，为公民受损的合法权利提供救济。同时，赋予了权利主体制约、监督甚至对抗权力主体的地位还可以有效避免行政执法权力主体为了追求效率甚至自身利益而绕开正当程序"走捷径"。

三、国家权力配置

行政执法不仅存在权力与权利之间关系的问题，权力内部也存在如何合理分工和配置的问题，行政执法权力的配置属于国家权力配置的重要组成部分，国家权力配置理论可以为行政执法权力的配置提供参考，正当的、完善的行政执法程序可以帮助行政机关解决行政执法权力的配置问题以及权力与权利之间的关系问题。因此，国家权力配置理论是行政执法权力的理论基础。

（一）政府权力的内在结构及其配置

政府权力的内在结构及其配置包含行政执法权力的内在结构及其配置的问题，关于这个问题，麦迪逊、汉密尔顿、孟德斯鸠、洛克、卢梭、王锡锌、章永乐、钱福臣、薛刚凌等人都从自己的研究视野提出了自己的见解。①麦迪逊在《联邦党人文集》一书中就美国联邦政府的权力划分与界限、政府的目标与权力源泉提出了自己的观点：A.美国联邦政府的权力分为：第一，防御外来的危险；第二，管理与外国的交往；第三，保持各州之间的和睦、适当的交往；第四，具有普遍效用的其他问题；第五，限制各州不得采取某些侵害行为；第六，使得所有这些权力发挥应有效力的规定。A.一个建立在自由的原则基础之上的政府，权力在各个部门中要分立并保持平衡，使得每个部门在超出其合法范围时，都会受到其他部门的有效制约和有效限制；B.正义是政府的目标；C.人民是权力唯一合法的源泉，政府各部门享有的权力所依据的宪法得自人民；D.政府管理者是由人民直接或间接委任的，在一定期限内担任自己的职位。②汉密尔顿在《联邦党人文集》一书中主要从政府权力的职责、政府性质的判定依据以及与公民基本权利的关系来提出自己的观点：A.行政权的职责是执行法律和运用公共力量；B.确定政府的真正性质，从以下关系进行探讨：它与政府基础的关系，它与一般权力源泉的关系，它与这些权力如何行使的关系，它与权力范围的关系，以及它与将来变革政府的修宪权力的关系；C.人们恰当的观念就是合理划分公权力和基本公民权利，把政府的能力和私权保护结合在一起。③孟德斯鸠的《论法的精神》主要强调政府权力的内在分工："当掌握某一部门全部权力的机关，同时行使另一部门的全部权力的时候，自由宪法的基本原理就遭到破坏了。"④洛克在《政府论》中把为人民谋福利的行为视为政府永远正当的特权。⑤卢梭从社会契约论的角度阐述了政府和人民之间的关系，将政府权力的受托者定性为人民任命的官吏，而不是人民的主人；只要愿意，人民既可以委托他们，也可以撤换他们。⑥王锡锌、章永乐两位学者主要从行政权力分工和行政规则制定这个角度去分析和论证这一问题：A.随着行政管制范围的扩大以及管制事务的专业化和技术化，立法职能日益转移到行政部门；B.行政规则制定是一个通过特定法律程序而使不同类型知识得到恰当运用，为行政规则提供正当性和理性的过程，包括两种范式，即大众参与模式与专家理性模式，在价值选择领域，大众参与具有知识运用上的合理性；而在技术领域，过多的大众参与能够促进行政规则正当性，但其耗费大量行政资源，无助于知识的合理运用，一般情况下专家理性模式应是优先适用的规则制定模式，为了防止专家专制和偏离公共利益目标，大众参与是制约专家权力的机制。[①]⑦钱福臣教授从现代宪治的法权配置与运作规律这个角度去谈这个问题，他提出在施

[①] 王锡锌，章永乐. 专家、大众与知识的运用——行政规则制定过程的一个分析框架[J]. 中国社会科学，2003（3）：113-127.

行人民主权和代议制民主的现代国家中，政治权利是对政府的选举权、监督权和反抗权，程序化的政治权利的分配原则是平均分配，运作机制是多数决。[1]⑧薛刚凌教授从行政管理体制的问题、改革与构建的角度提出自己的观点：A.合理的政府权力结构是国家治理体系现代化的基础，历次行政体制改革都涉及横向的政府机构的裁并和重组与纵向的政府间关系，尤其是中央与地方关系的改革，横向上权力结构的改革主要体现在机构设置、权力配置以及决策权、执行权与监督权的调整上，大部制改革要解决机构设置的碎片化和要素化的问题；B.要建立健全决策权、执行权、监督权既相互制约又相互协调的权力结构和运行机制，地方行政区划的调整、分税制的改革、地方立法权的扩大，中央对地方监控权的加强，都对中央与地方的权力架构产生影响，中央与地方的关系从传统的单向度的命令服从关系转化为中央领导、地方创新的整体与部分的分权关系；C.目前政府权力结构还存在一些问题，表现在：决策权限分割，决策效果相互干扰；部门权力掣肘和职能交叉依然存在；执行部门缺乏相应手段，在人财物方面不匹配；执行的监控机制缺位，权责不清等等，究其根源，在于政府权力结构的配置方式仍然是以事权为中心，决策、执行、监督功能不分且缺乏相互制约。推动政府权力结构由以事权为中心向以功能为中心转变，以功能为中心的政府权力结构打破了以往较为封闭的体系，强调决策、执行等功能，要求明晰职能，清晰边界，对法律的依赖性较强，需要法律的支持和保障，需要与人事、财政等制度的改革调整相协调，同时也要与行政运行机制的改革相配合。[2]

关于行政执法权力的内在结构及其配置这个问题，麦迪逊、汉密尔顿、孟德斯鸠、洛克、卢梭、王锡锌、章永乐、钱福臣、薛刚凌等人都从自己的研究视野提出了自己的见解，可以提供这样的借鉴：①政府的权力是存在划分与界限的，政府权力也有自己的源泉，这说明行政执法权力内部也必须分立，应该保持彼此的分离和相互的独立，如果行政立法权、执法权和司法权合一的话会对人民的自

① 钱福臣. 现代宪治的法权配置与运作规律[J]. 法学研究，2008（2）：75-87.
② 薛刚凌. 推进大部门制改革构建以功能为中心的政府权力结构[J]. 中国机构改革与管理，2011（5）：17-22.

由与权利造成损害，行政执法权力就可能会变成压迫者。②完善行政执法程序可以从行政执法权力的职责、行政执法性质的判定依据以及与公民基本权利关系的来入手，具体分工的职权有利于行政执法权力的内在结构及其配置。③行政执法权力需要内在分工，行政执法权力内部如果不分权就会破坏宪法所规定的公民权利和自由，这是行政执法权力内部分工的意义。④行政执法需要对于行政执法职责和目标进行准确定位，行政执法的正当特权就是永远为人民谋福利的行为，这指明了行政执法权力的内在结构及其配置的目标与标准。⑤可以尝试从社会契约论的角度阐述行政执法和人民之间的关系，行政执法权力的内在结构及其配置必须为人民服务，为人民所满意。⑥不同的行政范式的实质是从行政权力分工和行政规则制定这个角度去分析和论证，指明了行政执法权力的内在结构及其配置的现实原因，同时也根据具体情况的不同提出了具体的范式配置建议，更具专业性、技术性和可操作性，具有较强的现实意义。⑦完善行政执法程序可以从法权配置与运作规律这个角度去入手，行政执法权力分配需要实现程序化，而分配原则是平均分配，运作机制是多数决，为执法权力分配程序的制定和完善指明了方向。⑧行政执法程序改革其实是行政管理体制改革的一部分，因此也可以从这一角度出发的，从行政管理体制改革的问题、改革与构建的角度提出观点，使之符合我国行政执法权力内部结构的现状，完善的举措相对而言也更加微观、更加具体、更具有可操作性，有利于在现实中切实完善我国行政执法权力的内在结构及其配置。

通过研读这些论著，关于行政执法权力的内在结构及其配置这一问题可以得出如下的结论：①行政执法权力内在结构及配置的源泉：人民是行政执法权力唯一合法的源泉，行政执法各部门享有的权力所依据的宪法得自人民，其内在结构的确定也是基于这一源泉，政府管理者由人民委任。②行政执法权力内在结构分化的必然性：行政执法权力行使权必然分解，其表现是职能上的分化，结构上的分离。③行政执法权力内在结构及配置扩大的必然性：立法职能日益转移到行政部门，需要对其进行程序化规范。④行政执法权力内部结构的配置应以为人民谋福利作为真正基础：保障基本公民权利就是合理划分行政执法权力的标准，需要划定行政执法权力与社会成员权利的界限、划清行政执法权力行使不同运用主体的权限、规定行政执法权力行使的主体资格和运用程序，分立并保持平衡，每个部门在超出其合法范围时，都会受到其他部门的有效制约和限制，否则宪法精神就遭到破坏了。⑤行政执法权力内在结构及配置的基本要求：行政执法进行权力配置时应尽可能地减少权力配置层级，提高治理效果，程序化的行政执法权力的配置原则是平均分配，运作机制是多数决，还可以在部分领域考虑通过大众参与模式与专家理性模式进行。⑥行政执法权力内在结构及配置的改革举措：应在纵向和横向上推动国家权力结构由以事权为中心向以功能为中心转变，强调决策、执行等功能，需要法律的支持和保障。上述观点对行政执法程序研究需要注意的问题主要是：①由于种种原因，虽然行政执法权力与人民权利的关系在理论上已经成为共识，但行政执法权力内在结构及配置却依然未能完全以此为依据实施，对于这一问题的现状分析和原因总结方面，还需要继续深入地展开分析和论证。②上述研究绝大多数都是从理论上和宏观上对行政执法权力的内在结构及其配置进行分析，外国学者的研究成果还存在着一个本土化的借鉴和移植问题需要解决，本国学者的研究成果则显得宏观化和理论化，需要继续进行细化，例如将前述观点与行政执法程序研究相结合就是非常值得探讨的空白领域。

（二）政府权力运行规律

要改革行政执法权力，必须先研究政府权力的运行规律，使行政执法权力改革具有科学性和可行性。关于这个问题，卢梭、汉密尔顿、麦迪逊、孟德斯鸠、王锡锌、章永乐等人都从不同的角度提出了自己的见解。①卢梭认为，政府权力必须依法运行，不能恣意，社会契约论是为了解决如何找到一个能把法律置于一切人之上的政府形式，主权者绝不能对臣民施加对共同体没有用处的约束；②麦迪逊在《联邦党人文集》中认为政府本恶，需要人民外加辅助的预防办法去控制，他通过以下的语言表述自己的观点：A.假如政府是天使，就不需要对政府进行任何外在或内在的控制，组织政府最大的困难在于要使得政府能够自己控制自己；B.人民是控制政府的首要办法，还必须要有辅助性的预防办法；C.良好的政府包含着两层含义：其一，持之以恒地追求政府的目标，即人民的幸福。其二，掌握如何通过最佳方式实现这一目标的手段的所有知识；D.变化不定的政府所引起的恶果，罄竹难书，如果政府缺乏一定的秩序和稳定，就不值得人民尊重。③汉密尔顿在《联邦党人文集》中强调民主，反对独裁和专制，如果一个人单独处理人事任命事宜，他的个人倾向和利益就会对他产生相当大的影响，但是，如果他必须将其选择的合理性交由另外一个完全独立的机构讨论和决定，那么这种影响就会小得多；④王锡锌、章永乐两位学者从比较分析大众参与和专家理性两种模式的优劣来阐释对于这一问题的认识：A.大众参与模型是程序取向的，关注于利益当事人对于程序的公平参与，由此而获致程序理性和正当性，而并不专注于行政决定在实体问题上的精确性；B.如果行政管制目标的具体化并不涉及价值选择，而仅仅是事实问题具体化，那么行政机关所具有的专业知识相比于大众而言具有充分优势，此时的专家知识运用能够促成行政规则的理性。①

　　通过研读这些论著，关于这一问题可以得出如下的结论：①行政执法权力运行必须受到人民的控制，因为行政执法权力可能难以控制自己，人民是控制行政执法权力的首要办法，但还必须要有辅助性的预防办法如行政执法程序。②行政执法权力运行必须受到法律的控制，必须置于法律之下，运行中不能为人民施加对其没有好处的义务，而应追求人民的幸福。③行政执法权力运行必须相对稳定，不可朝令夕改，变化不定的行政执法会丧失人民的尊重和信任。行政执法权力的运行不能独裁和专制，必须民主，运行程序可以考虑将大众参与模式和专家理性模式相结合。④行政执法权力必须找到一个能把法律置于一切人之上的行政执法形式，并且行政执法权力运行过程中必须要处理好与人民之间的关系，必须要保证人民的利益，人民也只有在法律范围内才服从行政执法权力。同理，行政执法过程中也要处理好执法权力主体与权利主体之间的关系，要依法进行执法。⑤行政执法权力运行如果不受控制会产生巨大的危害，行政执法权力必须由人民控制，这种方法就是行政执法权力制衡与法治，行政执法程序要维护执法过程中的这种

---

① 王锡锌，章永乐. 专家、大众与知识的运用——行政规则制定过程的一个分析框架[J]. 中国社会科学，2003（3）：113-127.

平衡，推动行政执法法治化的实现。⑥行政执法权力运行要遵循人民主权原则和权力制衡原则，行政执法程序也要发扬行政执法过程中的公开和透明，反对行政执法权力主体的独裁和专职，保证权力运行依法受到应有的监督。⑦完善行政执法程序需要关注行政执法程序规则的制定，其对于大众参与和专家理性两种模式的态度其实是建议行政执法程序规则制定应该兼采大众参与模型和专家理性模型所长，其实质也就是综合考虑专业性与民主性的统一。这一观点其实由小见大，不仅适用于行政执法程序规则的制定，同时也适用于整个行政执法权力运行的过程，是行政执法权力运行的共性规律。关于这一问题，还需要注意的问题主要是：①研究行政执法程序的立足点必须是中国现实，研究对象也必须是中国的行政执法权力运行，否则对于我国行政执法权力运行规律的研究只有宏观意义的指导借鉴作用，而没有微观意义上的参考价值，没有与中国现实相结合，更不能为解决中国行政执法的现实问题提供出较为具体的方案。②行政执法程序规则可以通过大众参与模式与专家理性模式两种范式制定，目前中国行政执法程序规则制定过程中公众参与和专家理性确实双重缺位，但是目前却没有成果就中国行政执法程序规则制定过程如何协调好公众参与和专家理性关系以及如何解决双重缺位的问题提出具体的建议和解决方案。

（三）现代国家权力运行的辩证分析

关于这个问题，洛克、卢梭、汉密尔顿、麦迪逊、孟德斯鸠、童之伟、钱福臣、肖北庚、沈岿等人都分别从自己的视角提出了自己的不同见解。①洛克在《政府论》中从法律与国家权力运行的关系角度去阐述自己的观点：法律不是为了法律自身而制定的，而是通过法律的执行成为社会的约束，使国家的各部分各得其所，各尽其应尽的职能；②卢梭的《社会契约论》则是从法治与公众利益之间关系的角度来分析国家权力的运行：凡是按法律治理的国家，才是按公众利益来治理国家，国家的体制越好，公众的事情在公民们的心里变越重于私人的事情，因为公众的共同幸福包括了每个人的个人幸福；③汉密尔顿在《联邦党人文集》中是从宪法规定的国家权力的分立与制衡的角度来说明这个问题：实施宪法的好处

——更好地保持政体、保护自由以及保护财产，如果把法官放在既可能被行政元首收买，也可能受其影响的位置上，是非常危险的事情，宪法提供了一些重要的方法来限制总统影响议会，一切与宪法相抵触的议会法案都是无效的，否认这点，就等于承认代理人高于委托人、仆人高于主人、议员比人民本身更优越；接受权力委托的人不但可以越权行动，而且可以从事授权时明确禁止的事情，宪法安排法院作为人民和议会之间的中间机构，从而制约后者不得越权行动，法院有权宣布议会法案合宪无效，绝未假定司法权高于立法权，只是假定人民的权力优于立法权和司法权。除终身任职外，没有任何方法能够如此大地增进法官的独立精神，而法官的独立又是确保其能够忠诚履行职责的必要条件。④麦迪逊在《联邦党人文集》中是从立法、行政、司法三机关权力分立和制衡的角度来论证这一问题的，同时还阐述了宪法的目的：立法部门和行政部门的官员，都由一定的任职期限，司法部门的官员的任职是终身的，立法权、行政权和司法权，在一个自由政府的性质所容许的范围内，应该保持彼此的分离和相互的独立；只要这种分立符合贯通整部宪法的那些永不改变的团结友好精神，就应该保持彼此的分离和相互的独立，立法机关在制定法律时的一个规则，即一切具有公共性质的议案，应预先引发人民商议，对立的利益相互制约，相互平衡，必不可少的公平就由此而生；每一部政治性宪法的目的都是：第一，追求社会中的公共利益；第二，采取最有效的预防方法，使得统治者在担任公职期间廉洁奉公。参议院只有始终追求公共利益，才有可能维持宪法所授予的权力，才有可能分享全体人民的爱戴与支持。优良政体的真正检验标准在于它是否有助于安邦定国。⑤孟德斯鸠的《论法的精神》也从权力合一的危害性的角度强调了权力运行中分立的必要性："当立法权和行政权集中在同一人或同一机构之手时，自由便不复存在了，因为人们会害怕这个人或者议会制定暴虐的法律，并以暴虐的方式对他们执行这些法律"；"如果司法权同立法权合二为一，公民的生命和自由将会遭到专横的统治，因为法官本身就是立法者。如果司法权同行政权合二为一，法官就会成为横行霸道的压迫者。"⑥童之伟教授在《法权与宪治》一书中从权力合一的危害性、权力分立的必要性、权力与权利之间关系以及发展趋势的角度分析了这一问题：A.权力具有十分强烈、直接的财产属性，非常容易非法还原为金钱或其他形式的财产，故对国家机关官员掌握的职权及其运用行为，应当给予特别严格的监督控制，切实从法制上加强廉政建设；B.权利和权力都是社会的整体利益的具体法律存在形式，权利和权力的协调实现，意味着整体利益得到了维护和促进，反之则意味着受到了损害；C.国家权力行使权必然分解，其表现是这种权力在职能上的分化，结构上的分离和控制主体的多元化，掌握国家权力行使权的主体相互分离，各个主体之间的权限明晰化和运用行为规范化，是最大限度保证国家权力行使权的运用符合国家权力所有者的利益和意志的不可或缺的手段，政体、国家政权组织形式、国家结构形式，都必然与国家权力分解程度的变化相适应而发生变化，国家权力分解的根本动力来自以科学技术为代表和最基本构成要素的生产力的发展；D.根据法权分析原理，从总的历史过程看，存在着国家权力在社会权利总量总所占比重逐步下降，其行使范围受越来越多限制，同时其运用程序日益严格的趋势。⑦钱福臣教授从政治权力分立的缘起和国家权力运行的依据与前提的角度阐释了自己的观点：A.政治权力是立法权、行政权和司法权，政治权力的三权分立是由孟德斯鸠、美国的宪法之父们和美国联邦法院首席大法官约翰·马歇尔等人逐渐完成的；B.国家的权力来源于人民，这种来源既是国家权力合法化的依据，也是规制国家权力行使方式和目标的前提。①⑧肖北庚教授在《宪治法律秩序论》一书中是从控权理念受到时代的挑战而引发变革以及如何实现控权与保权统一的角度提出了自己的见解：A.传统控权理念受到时代的挑战并引发变革，主要表现在：一方面，一些比较坚持传统的学者对控权理论进行新的阐析或修正，林德布洛姆和达尔是这方面的典型代表，他们仍然坚持控权的宪治设计，但在控权方式上从遵循正规形式防止政治权力的滥用上转移到了控制权力的非正式手段。主张构造出手段让领导人能够彼此制约；另一方面，一些注重研究现实问题的学者以社会现实问题为基点，对控权理论提出了挑战，并对其进行了重大变革，认为控权问题时主要的事情是保证制度的安排不会导致不必要地放弃社会福利的增长，而不是如何控权；B.控权与保权的统一：宪治发展新趋势、知识经济和全球化要求既控制权力，又保障

---

① 钱福臣. 现代宪治的法权配置与运作规律[J]. 法学研究，2008（2）：75-87.

权力。⑨沈岿教授从司法解释与民意之间互动的角度对司法机关与公民之间关系的构建提出建议：公民动议司法解释的机制评价：一则使最高法院具备了"表面上的民主合法性"；二则使司法解释的实质合理性因为信息的开放而可能得到一定程度的保障；三则避免最高司法机关完全受控于民意。①

参照上述学者们的观点，关于新时代行政执法权力运行的辩证分析这个问题，可以形成这样的观点：①从法律与行政执法权力运行的关系角度去考虑如何用法律约束行政执法权力的分工和运行过程，对于依法治国和社会治理现代化非常重要，应该考虑通过程序法来约束行政执法权力的分工和运行过程，这一点对于实现行政执法法治化非常重要。②从行政执法权力运行与公众利益之间关系的角度来分析行政执法权力的运行，行政执法权力运行必须依照、追求和保护公众利益，必须解决行政执法与公众利益何者为先的问题，理顺行政执法权力运行和公民权利之间的关系。同理，行政执法过程中权力主体需要保护权利主体的权利，理顺行政执法权力运行和权利主体之间的关系。③从行政执法权力的分立与制衡的角度，明确行政执法体现民意，通过民意去具体地规范和制约行政执法权力的运行，对于梳理公民权利、行政执法权力之间的关系，规范我国行政执法权力的运行都非常有参考价值。④研究行政执法程序需要从小见大、见微知著，可以从行政执法权力合一的危害性的角度强调行政执法权力运行中分立的必要性，从行政执法权力分立的缘起和行政执法权力运行的依据与前提的角度，将权利分为实体性权利与程序性权利，并从这个角度出发阐释，具有理论上的创新性和一定的启发性，对于深入研究行政执法权利的具体内涵以及如何通过类型划分去影响和制约行政执法权力的运行都具有极强的参考价值。⑤研究行政执法程序需要依据时代的挑战和未来的可能发展来改革与创新行政执法权利与权力的关系，在传统控权理念的基础上结合时代要求进一步实现控权与保权的统一，使研究更具有时代性和现实性的价值，呼应了时代发展的必然要求，不仅为行政执法权力运行与配置提供了新的研究视角，同时也为这一问题的研究注入了时代因素，并为改革传统的行

① 沈岿. 司法解释的"民主化"和最高法院的政治功能[J]. 中国社会科学，2008（1）：100-114+206-207.

政执法控权理念提供了新的思路。

仔细研读上述观点，关于这一问题可以得出如下结论：①行政执法权力运行的合法性依据与前提：行政执法的权力来源于人民。这种来源既是行政执法权力合法化的依据，也是规制行政执法权力行使方式和目标的前提。②行政执法权力分立需要宪法依据：行政执法权力必须在宪法的指引下进行分立和制衡分立，行政执法权力的合一必然会危害公民权利。③行政执法权力运行需要在法律规定的范围内进行：法律制定的目的是通过法律的执行使行政执法权力的各部分各得其所，各尽其应尽的职能。行政执法权力唯有按法律治理，才是按公众利益来治理行政执法。④行政执法权力三机关的运行规则：立法机关在制定法律时应预先征求人民意见，立法机关只有始终追求公共利益，才能维持宪法所授予的权力。立法部门和行政部门的官员，都有一定的任职期限，司法部门的官员的任职是终身的。⑤行政执法权力运行的趋势：存在着行政执法权力在社会权利总量总所占比重逐步下降，其行使范围受欲来越多限制，同时其运用程序日益严格的趋势。⑥行政执法权力运行的检验标准：法治发展新趋势。⑦行政执法权力运行的挑战与变革：传统控权理念受到时代的挑战并引发变革，知识经济和全球化要求行政执法权力的运行既需要控制权力，又需要保障权力。此外，研究需要注意的问题主要是：①现代行政执法权力运行的辩证分析意味着要结合现代社会的要求对传统行政执法权力与权利之间的关系进行检视，改变单方面由公民权利通过宪法和法律单方面规范和控制行政执法权力的理念和做法。②即使从传统视角出发，如何在我国现实中行政执法权力运行过程中切实地做到规范行政执法权力、保护行政执法权利，研究成果也要做到全面、深入的研究并形成具体明确和可操作性的理论和应用成果，使研究体现时代特征、具备时代价值。

（四）政府的地位与公民权利保障

行政执法程序关系其实就是行政执法权力主体与权利主体之间的关系，政府的地位与公民权利保障的问题对于这个关系的构建非常有启示意义。关于这一问题，洛克、卢梭、麦迪逊、汉密尔顿、童之伟、钱福臣和薛刚凌等学者们分别从政府与民选议会的关系，政府与公民权利的关系，权利、权力与宪法和法律的关系以及财产分配的角度提出了自己的见解，形成了一定的成果。①洛克在《政府论》中认为公民权利是最根本的，法律和政府来源于此并为其服从和服务，这一观点其实就道出了政府的地位与公民权利保障的本质关系，从而为研究如何维护政府地位的同时保障公民权利指明了方向。②卢梭在《社会契约论》中从人民、法律、权力三者之间的关系来阐释这个问题，相比洛克的观点，在承认人民地位的基础上更加重视协调人民和权力关系中法律所起的作用。相比洛克，卢梭的观点显然更进了一步，为维护政府地位的同时保障公民权利指明了道路。③汉密尔顿和麦迪逊在《联邦党人文集》中的观点与卢梭有非常相似之处，只不过两人的论证中加入了更多美国当时的实际，也更为具体，这种实证化分析使得可借鉴的意义更强。④童之伟教授在《法权与宪治》一书中结合中国现实从理论和实证的角度通过法权说详细阐释了权利与权力之间的关系，进而论证了政府的地位和公民权利应该如何保障，虽然法权说并未得到公认，甚至至今充满着争议，但童之伟教授关于这一问题的论证还是非常具体明确的，也非常具有理论意义和现实价值，为进一步深入分析中国现行的政府地位与公民权利保障提供了启示。⑤钱福臣教授在这一问题时，在论证政治权利时更加关注政府产生的程序及制约，这个角度对于政府的地位与公民权利保障来说确实非常值得关注，并且可以进一步深入研究。⑥薛刚凌教授和肖北庚教授的观点有些相似，都认为新时代背景下不能光强调传统的控制政府权力，只不过她在研究这一问题时更加强调个人权利与国家整体利益并重，并结合工作实际重新界分了个人权利与国家职责，她的这一观点对于研究政府的地位与公民权利保障提供了一个新的启发。

关于这一问题，可以得出的结论主要是：①洛克、卢梭、汉密尔顿与麦迪逊的观点中有益的部分一样适用于现代的中国，问题就在于需要去研究如何能够在考虑中国现实的基础上实现本土化移植。②权利本位本身是没有错误的，在行政执法过程中，权利的保障依然是第一位的。③行政执法改革如何能够变事权为中心的权力结构为功能为中心的权力结构，将行政执法权力配置中个人权利与国家整体利益并重，还需要结合实证进行深入分析。关于政府的地位与公民权利保障对于行政执法程序研究的启示可以得出如下结论：①通过政府权力来源来看政府地位：政府权力来源于公民权利，政府权力应该由公民权利掌握。公民通过选举政府机关及其官员、授予他们政府权力行使权并监督其运用等方式，来直接实现其作为国家权力所有者的利益，又通过政府机关及其官员依据宪法和法律运用政府权力行使权即行政执法来间接实现其作为国家权力所有者的利益。政府应是公民的委托者、受监督者和仆人，政府的执法是受公民委托依法进行的，需要保障公民权利并受到监督。②通过公民权利对政府权力的制约来看政府地位：行政执法中公民权利必须足以制约政府权力，政府权力必须逐渐向公民权利转化或回归，公民权利在行政执法中可以通过程序化方式来保障。限制政府权力的手段包括：一是划定政府权力与社会成员权利的界限；二是划清政府权力行使权不同运用主体的权限；三是规定政府权力行使权的主体资格和运用程序。③通过宪法来保障公民权利，以宪法的形式肯定公民权利重于政府，而不是权力重于公民权利。④通过行政执法程序法来保障公民权利：行政执法程序立法的目的就是保障公民权利，公民权利非经法律程序不得剥夺。不用行政执法程序规定的程序行使执法权力，公民有权不服从。

（五）有限政府

　　有限政府理论与行政行为理论尤其是行政执法行为是密切相关的，政府的有限性本身就意味着执法权限、范围的有限性，这就需要通过构建正当的行政执法程序来进行行政执法改革。对于这一点，两位美国学者的论著较有借鉴意义。①理查德·B·斯图尔特的著作《美国行政法的重构》提出：A.传统模式明显无法矫正行政自由裁量权行使过程中出现的偏见，第一个替代方案是撤销管制机关，回归市场，把管制机关的职能转由私性质的市场经济承担，会导致组织化利益与非组织化利益之间的极端不对称；B.指导和控制行政权力的技术包括行政职能的部分取消。①②B·盖伊·彼得斯的著作《政府未来的治理模式》认为：A.市场模式已经成为最受国家欢迎的革新概念，热衷这一模式的人士认为，在提供公共服务方面，成功地实施市场模式将有助于提高公共部门的效率和效能；B.在这样一个时代里，

---

① [美]理查德·B·斯图尔特. 美国行政法的重构[M]. 北京：商务印书馆，2011：30-39+216.

如果没有公众的积极参与，政府很难使其行动合法化；C.基于传统官僚体制这种层级节制的、由上而下的管理形态限制了员工对其所从事公众的参与，缺乏参与使他们产生距离感，也降低了他们对组织的承诺；D.参与可以通过四种机制来实现：第一，如果公民和员工认为政府服务不佳或制度运作不当，他们有权申诉；第二，通过增强员工独立决策和影响组织政策方向的能力来实现；第三，公共政策应该让有政策影响力的公众通过对话过程来做出；第四，有赖于公民本身能够投入政策选择及提供服务的过程。①

仔细研读这些论著，关于有限政府理论对于行政执法程序的启示可以得出如下的结论：①随着行政自由裁量权的进一步扩张，传统对于行政的控制开始失效，行政执法行为实施过程中出现了系统性的偏见问题和行政机关"失败"的问题。这阐明了传统政府的缺陷，表明了建设有限政府的缘起和必要性，也证明了行政执法理论同样需要发展与重构。②控制行政执法权力的手段包括削减政府的部分行政职能，这部分行政职能显然是属于可以市场化的那一部分，这是建设有限政府的必由之路，也是行政执法改革的重要方向。③在全面深化改革进入深水区的今天，对传统治理和全球主要国家的政府改革运动进行全面概况与分析，可以就如何控制行政执法、推进国家治理的现代化应该如何进行、现有的改革模式以及发展方向等方面的研究提供参考，在市场化和保障民众参与方面尤其值得行政执法程序研究的借鉴。

改革开放后，我国宪法学理论经过 40 多年的发展，在研究成果数量、研究内容的广度和深度、研究力量的补充与发展等方面都取得了显著成绩，为行政执法程序的研究奠定了坚实的理论基础。就行政执法权力及其配置的研究来说，这是研究行政执法程序理论的一个较为基础性的问题，因为这个问题直接关系到宪法学一个基本问题的认可和贯彻——权力来源于权利并受其制约，是目前我国行政执法中没有解决好并需要研究如何解决的一个问题，也是行政执法程序完善和实施中必然要面对的问题，可以通过历史分析、比较分析和实证分析等研究方法，分别从公民权利、行政执法权力与法律的关系，行政执法权力内部的分立、职权

---

① [美]B·盖伊·彼得斯. 政府未来的治理模式[M]. 北京：中国人民大学出版社，2003：49-72.

界限与制衡，行政执法程序规则制定的适用模式、行政执法权配置与运作规律、行政执法程序中权利与权力之间的关系、时代特征要求的控权理念改革与展望、行政执法与民意的关系以及行政执法体制改革等角度进行分析和论证，解决行政执法权力的内在结构及其配置、行政执法权力运行规律、现代国家行政执法权力运行的辩证分析及行政执法的地位与公民权利保障等问题。这些研究可以为深入学习和理解公民权利、行政执法权力与法律的关系，如何在这一关系的指引下进行行政执法权力的配置和运行以及继续深入探讨行政执法程序基础理论都可以奠定基础。可以说，唯有解决这个问题，才有可能研究行政执法程序如何完善和实现法治化。但也应该看到，行政执法程序研究较为关键性的问题在于如何以政府权力与人民权利关系理论指导现实中的我国行政执法权力内在结构及配置，如何移植外国学者的研究成果实现本土化借鉴，如何实现理论成果的实证化分析，如果以此为基础推进我国的行政执法改革事业、建设法治政府，这些都还需要继续深入研究，值得宪法学与行政法学研究者们予以更多关注。我们有理由相信，随着中国法治事业的逐步推进，这些问题也必将会得到关注和解决。

第三节　新行政法理论

随着经济全球化的发展，一种脱胎于传统行政法，但又与传统行政法不同的"新行政法"理论正在全世界许多国家出现，尚处于社会转型期、正在迈入新时代的我国也不例外。目前关于这种"新行政法"的学说观点有很多，从内容到形式上都与传统行政法有着不同之处，作为对于传统行政法改革创新的行政执法程序研究，自然也可以通过这些学说观点汲取养分。

一、新行政法学说的提出

（一）新行政法的"新"

关于新行政法学理论的提出与发展，姜明安教授在《全球化时代的"新行政法"》一文中进行了详细阐述，主要有以下观点：①"新行政法"源于传统行政法，但在内容和形式上都发生了重大变革和演进；②新行政法的主要内容有三：调整范围的新、调整方式的新和法源形式的新。调整范围的新主要表现在下述八个方面：A.为解决"市场失灵"，新行政法通过对经济进行宏观调控；B.新行政法有限度进入"私域"；C.新行政法调整人与自然、人与环境的关系；D.新行政法有限度进入"特别权力关系领域"，公务员与所在行政机关的关系，高等学校学生、教授与学校的关系；E.为实现公民自治和建立"有限政府"，国家公权力逐步向社会转移；F.新行政法对国家和政府的绝对权力加以适当和必要的限制；G.新行政法有限度进入执政党执政行为领域；H.新行政法进入互联网，调整"虚拟世界"中的社会关系。新行政法调整方式的新主要表现在下述八个方面：A.行政行为从单方性到广泛公众参与的转变；B.政府对行政相对人的管理从微观干预到宏观调控；C.行政命令越来越多地为行政契约所取代；D.行政强制越来越多地为行政指导所取代；E.政府越来越多地与NGO、NPO等社会自治组织合作，通过与社会自治组织互动而达成行政目标；F.论证会、听证会、网上讨论、辩论和征询民意越来越成为行政决策、行政立法的必经前置程序；G.公私互动、公私合作、公法私法化在行政管理中越来越成为发展的趋势；H.公权力主体更多地综合运用各种软法的手段解决公共治理中的各种复杂问题；新行政法法源形式的新主要表现在下述三个方面：A.新行政法包括社会法、国际法；B.新行政法的构成"软法"占有重要地位；C.新行政法，还指活的法、动态的法，所谓动态的法，是指法律主体在实际生活和互动关系中所实际贯彻、遵循的法律规则、原则、法律精神和法治理念；③"新行政法"形成、产生和发展的原因：A.民主化、市场化、信息化、全球化的世界潮流推动；B.我国经济、政治体制的变革；C.宪治、人权、法治理念是新行政法形成和发展的观念基础；D.我国"新行政法"的形成同时也是公法学者与法律实务界合作与互动、政府与社会公众合作与互动、中央政府与地方政府合作与互动、党和国家领导人与普通百姓合作与互动的结果；④"新行政法"的发展趋势：A.国家公权力向社会转移的速度会适当加快，政府的强制性权力会越来越缩减；B.法律对人与自然关系调整的比重还会适当增加；C.私法公法化、公法私法化的趋势会越来越明显；D.世界各国的行政法相互借鉴，相互接近，从而相互融合。①

关于新行政法究竟"新"在哪里，姜明安教授系统地提出了自己的见解，在与传统行政法比较之下，从调整范围的新、调整方式的新和法源形式的新等三个方面系统地分析了"新行政法"到底新在哪里，内涵是什么，揭示了现代行政法与传统行政法的实质区别，从世界发展趋势、我国的改革、观念的转变、各个主体之间的合作与互动等几个方面系统总结了我国"新行政法"形成、产生和发展的原因，从国家公权力的转变、人与自然的关系、公私法的相互渗透以及世界各国的新行政法的融合等方面阐释了未来我国"新行政法"的发展趋势会是什么样子。依据姜明安教授的理论，我们可以得出这样的结论：①"新行政法"源于传统行政法，但在内容和形式上都发生了重大变革和演进，行政执法程序来源于行政执法与行政程序，但是也不能局限于传统的行政法理论，要依据"新行政法"的理论学说从内容和形式上都进行创新。②行政执法程序可以考虑从以下几个方面进行创新：因为公法私法化、政府有限化和合作行政等新变化而产生的行政执法调整范围的新、因新行政法有限度进入"特别权力关系领域"而产生的新的权利主体范畴及其权利的新，因行政执法广泛公众参与而导致的执法方式和监督的新，传统刚性行政程序为柔性行政程序所逐渐取代的新，行政执法所依据的软法的新，行政执法强制性权力越来越为权利所取代的新。关于这一问题的研究，还需要注意的是：①研究行政执法程序一定要对于从传统行政法到新行政法的渐进的发展历史脉络先进行一个整体性的梳理和介绍。②依据新行政法观点对行政执法程序进行研究时需要加强法学理论方面的论证。③需要依据新行政法的未来发展趋势对行政执法程序的发展进行预测和论证。

(二)行政正当性需求的回归——中国新行政法概念的提出、逻辑与制度框架

王锡锌教授认为，中国新行政法需要回归行政正当性需求，显然，行政执法程序也要体现行政正当性需求。王锡锌教授提出：①行政法所面对的根本性问题是：非民选的、无需对选民负责的行政系统及其官员，其行使权力的活动如何才

---

① 姜明安. 全球化时代的"新行政法"[J]. 法学杂志，2009（10）：8-11.

能得到正当化；②对行政活动形式合法性的关注，本质上是为了解释和评价行政活动的民主正当性，法律对行政进行控制的理念，可以被视为通过更高的政治权威（立法机关的政治权威）而赋予行政活动合法性的一种路径；③"传送带模式"若要对行政过程合法性做出有说服力的解释，需要一些基本的前提条件：第一，代议机构制定的规则能够提供行政活动据以进行的明确无误的标准；第二，行政机关在执行这些标准时没有自由裁量空间；第三，司法审查是普遍可获得的；很明显传统行政法模式合法化功能之实现所需要的基本条件，在现代行政过程中已经很难得到满足；④"依法行政"实际上被化约为"依规则行政"，但语焉不详的"规则化"对"依法行政"的话语挪用并不能掩盖行政正当性匮乏的危机；⑤中国行政法需要反思和超越目前"单一的"形式合法化框架及话语体系，建构一种适应时代要求的"复合型"的行政正当化框架，那就在坚持基本的形式法治（规则之治）的同时，正视行政自由裁量权普遍存在以及行政过程政治化的现实，将行政过程视为一个政治过程的一个"分论坛"，构造"大众—专家—政府"三方主体互动结构，追求价值理性（大众）、技术理性（专家）和管制理性（政府）的结合，以实现依法行政、科学行政和民主行政的统一；⑥中国行政法在改革开放30年间以"依法行政"为核心逻辑展开建构，其背后正是在英美政治生态背景中发展起来的行政法传统模式，即所谓"控权模式"，30年来的行政法治进程可以分为两个主要的阶段，第一个阶段是从1978年到20世纪90年代初的"恢复法制"阶段，法治建设的工作集中于恢复各项行政管理事务的法律法规依据方面，解决的是行政活动"有法可依"的问题，第二个阶段是20世纪90年代以来，中国"法治政府工程"全面启动并进入系统施工期；可见，我国进入20世纪90年代以来的行政法治建设主要是"依法行政"从原则到制度实现的努力，行政法学理论上对类型化的行政行为和行政程序的研究为行政法规则的发展做出了基础性的贡献，然而这种由法律对行政活动设定明确规则，并且由司法审查予以保障的行政法框架属于典型的行政法传统模式的范畴；⑦以"依法行政"为核心的中国行政法传统模式的基本特征可以被概括为以下几个方面：A.在行政法适用和关注的行政范围上，传统行政法所能解释的行政活动范围仅限于立法机关有明确授权的情形，其中主要是行政机关对法律的执行、对私人权利和自由的制裁等"消极行政"；B.行政法的机制和功能上，传统行政法的机制主要是消极、制约性的；C.行政法的制度机构上，传统行政法实现其合法化解释功能的核心机构是立法机关和法院；D.行政法控制技术和目标方面，传统行政法对行政权进行控制的技术，主要是运用形式理性和形式正义的要求，将特定的行政行为类型化、行政程序规范化，以此对行政活动进行明确的司法审查；E.传统行政法的"合法化"逻辑，主要遵循"形式主义法治"路径，辑将行政的合法性问题严格界定为行政活动与法律的一致性问题；⑧以"依法行政"为核心的中国行政法传统模式从一开始就面临严重的合法化能力危机，第一，行政规则的大量存在所带来的"法"的泛化，导致"依法行政"弱化为"依规则行政"；第二，行政过程的政治化，催生了行政过程民主化的正面需求，中国的行政过程甚至表现出比西方现代行政过程更加强烈的政治化特征，其管理性功能远远大于执行性功能，中国行政法模式如果仍固守传统模式和框架，回避行政过程的民主性需求，就可能加剧行政法逻辑、话语和技术与行政实践的严重脱节；第三，行政的政治化与转型期社会风险相叠加，对行政的民主化和理性化提出了更加紧迫的需求；第四，参与作为一种政治伦理和公民伦理，也是构建现代公民人格的核心要求。⑨行政法传统模式仍然具有"剩余"价值，这主要体现在：完善行政法律体系，特别是制定《行政程序法》《行政强制法》《信息公开法》和《阳光政府法》，修改《行政诉讼法》和《国家赔偿法》，为行政活动提供法律原则，扩大行政诉讼受案范围和国家赔偿范围与标准；有限加强司法审查，确保行政机关遵守基本法律，同时保证行政规则本身的合法律性，并成为行政过程全部环节责任性机制的主要保障；⑩"公众参与模式"的核心是平等而理性的协商。协商这一核心机制发生作用的机理：第一，确定特定行政过程涉及或者将要影响的各种利益，以便界定相应的"参与强度"；第二，为各种利益的代表参与行政过程提供公开、公平和公正的程序；第三，对通过参与过程而提出的各种方案，决定者应当在适当考虑各种利益诉求基础上进行协调，做出决定或选择，并且说明理由；第四，对参与各方是否获得了公平有效的参与机会以及参与者活动是否遵循了规则进行有效的监督和审查。⑪"公众参与模式"需要一

行政执法程序基础理论研究

个整体制度框架的支持，包括三个方面：第一，公众参与的"基础性制度"，包括利益的组织化和信息的开放；第二，公众参与的程序性制度；第三，公众参与的支持性制度；⑫新行政法复合正当化框架的意义：A.新行政法的理论基础兼容了自由法治国理论和政治多元主义理论；B.新行政法以"行政过程"为中心建构理论与制度体系，在方法上体现了行政法学与政治学、公共行政学的交叉特点；C.新行政法建立了行政过程的主体结构模型与价值结构模型；D.新行政法拓展了行政法的基本原则体系；⑬新行政法复合正当化框架的应用空间：A.新行政法对传统行政法学术深化的方向性启示：a.行政活动不仅应包括形式合法性关注，强调形式合法性分析技术，而且也应包括实质合法性关注，意味着对行政活动的合法性分析，需要考虑相应的法律环境和政治过程环境而进行合法性分析和评价；b.激活行政法对行政组织的研究，将法律和行政相结合的研究思路，贯彻行政法之中；c.引入"过程分析"视角和框架，这既包括对过程中参与者地位、结构（体制结构）、权利、相互关系的分析，也包括对这些利益主体展开竞争和博弈的程序活动分析；在这个视野中，行政程序可以被界定为不同的参与者和主体进行竞争、交涉、妥协的制度环境。有效的、能够产生"自我合法化"资源的行政过程，在体制结构和展开程序上，都应当以公开、公平、公正和利益代表的平衡性为基础构建；d.通过新的分析框架的展开，将行政行为（不论是立法性行政行为还是裁决性行为）的合法性进行有效的解释和评价；e.司法审查的功能是延展到通过保障和维护行政过程中公正的、公平的参与者结构、制度环境和游戏规则而保障行政过程的"自我合法化"机制能够正常运行。司法审查成为新行政法复合正当性框架展开的保障者和辅助者，成为公众参与权"隐在"的支持者。B.新行政法的理论结构实现了行政过程的民主与法治的结合；C.对于自治理论也有重要推动。[①]

　　王锡锌教授希望在现行的通过形式合法性控制行政活动的模式之外尝试构建一种新的追求行政正当性的模式，依据他的观点，行政执法程序也可以进行如下反思：①形式上看完善行政执法需要关注的是行政执法活动的"合法性"，本质上

[①] 王锡锌. 行政正当性需求的回归——中国新行政法概念的提出、逻辑与制度框架[J]. 清华法学，2009（2）：100-114.

也是为了解释和评价行政执法活动的民主正当性。②传统行政执法通过评估行政执法与法律的一致性来确定正当性是不可取的，因为行政执法方面的立法并不完善，并且大量的行政执法立法本就是执法机关自己制定的，因此应当在反思传统行政执法合法化逻辑与制度框架基础上，引入行政正当化需求。③现代行政中，"传送带"早已失灵，无法对行政执法过程的合法性做出有说服力的解释。④在坚持基本的形式法治的同时，需要正视行政执法中自由裁量权普遍存在的现实，在此基础上构造"大众—专家—执法权力主体"三方主体互动结构，以实现依法执法、科学执法和民主执法的统一。⑤由法律对行政执法活动设定明确规则，并且由司法审查予以保障行政执法程序这一控权框架的发展和内容。⑥中国行政执法传统模式面临合法化能力危机，需要"公众参与模式"为核心的整体性制度框架的支持和应用。王锡锌教授的观点对于行政执法程序研究的启示是：①行政执法所面对的根本性问题是：行政执法权力如何才能正当化，除了法律授权合法外，还需要具有执法形式上的合法性，要通过正当化的程序对行政执法进行控制。②行政执法正当化的前提是行政执法所执行的法律制度具有正当化，并且能够为执法活动提供据以进行的明确无误的标准，行政机关在执法时没有自由裁量空间，司法审查是普遍可获得的。③"依法执法"可以转化为"依程序规则执法"，通过正当化的程序规则构造"权利主体—权力主体"双方主体平衡与良性互动的结构，以实现行政执法的正当化。④行政过程的政治化催生了行政过程民主化的正面需求，中国行政执法过程的管理性功能远远大于执行性功能，需要构建现代执法权利尤其是程序性权利的核心要求，加强司法审查，确保行政机关遵守法律，同时保证行政执法规则尤其是程序性规则本身的合法律性，为各种利益的代表参与行政执法过程提供公开、公平和公正的程序，应当在适当考虑各种利益诉求基础上做出决定并说明理由，对参与各方是否获得了公平有效的参与机会以及参与者活动是否遵循了规则进行有效的监督和审查。⑤行政执法程序构建引入"过程分析"视角和框架，既包括对过程中参与者地位、结构、权利、相互关系的分析，也包括对利益主体展开竞争和博弈的程序活动分析为不同的参与者和主体进行竞争、交涉、妥协提供正当的制度环境，实行行政执法过程的民主与法治的结合。对于这一问题的研究，还需要注意的是：①关于传统控权模式缺陷的论证是建立在"传送带"模式失灵的基础上的，而中国事实上从未真正建立起"传送带"模式，因此对于传统控权模式缺陷的论证就显得不够中国化，对于行政执法程序的完善缺乏指引。②对于中国行政法传统模式现实困境的描述主要是政治和公共管理层面的，因此所提出的解决方案难免出现政治和管理色彩过浓，法学色彩较淡的特点，对于行政执法程序的完善自然也就缺乏直接的借鉴。③最终的成果其实只提出了一个新行政法复合正当化框架，换言之，还缺乏与现行行政执法系统以及立法相结合的具体化方案。

二、中国行政法（学）的发展趋势——兼评"新行政法"的兴起

研究行政执法程序需要关注中国行政法学的发展趋势，使之符合历史发展的方向，李洪雷教授对于这一问题进行了详细的总结，提出了以下观点：①中国行政法（学）发展面临诸多挑战，如行政法发展的目标和方向不够清晰，制度设计的质量不高、实效性不足，行政法学概念体系的科学性仍有欠缺，行政法学的研究方法过于单一，回应现实需求的能力不强等等；②行政法制度建构的新方向：A."平衡论"的发展，罗豪才等论述了我国行政法制建设的八大发展趋势：行政法制观念进一步更新、行政法价值取向更趋合理、行政法权利（力）结构趋向平衡、行政程序价值日益凸显与法典化、行政法机制更加完善、行政管理方式趋于多样化、权利救济趋于多元化与有效性、行政法制方法更加丰富等，平衡论的理念贯穿全书；宋功德的专著《行政法的均衡之约》和《论经济行政法的制度结构》体现了平衡论的思想，这一时期平衡论发展的一个重要特点是更多地利用博弈论、交易费用理论等跨学科的知识，并将平衡论和公共治理理论、软法理论统和起来；沈岿归纳了在平衡论的视野下现代行政法所应具备的品格，首要的一点是现代行政法在目的和价值取向上，既不是片面地维护和促进行政法的高效运作，也不是片面地以追求市场、社会和个人自治为基点而一味地约束与控制行政权，相反行政权收或放以及收放的程度，须视具体情境而定，而不可执其一端；B.行政正当性的寻求，何海波在形式法治与实质法治对立的框架下，论证一种行政行为合法

性的主张，即实质合法，他认为形式法治最大的问题在于对法律的理解偏狭、司法地位低微，导致法制统一不能很好维持、形式合法与实质合法相背离，他从实质法治的立场出发，认为合法不仅是符合法律的字面要求，它本身包含着合理、合宪；它也不仅是机械地使用法律，而是本身就要求考虑社会效果，在此基础上他主张建立以多元法律渊源为评价标准、以司法为重心的统一的合法性评价制度；沈岿认为政府行为合法性，不仅在于要符合既定的法律规则，其本质在于可接受性，认为"开放反思型的形式法治"可以作为政府行为可接受性的基础，其主要内容是实在法的执行应当与一个开放的过程紧密勾连；针对实在法本身以及实在法执行结果的异议，应当由一个富有意义的反思过程予以处理，使有关的政府行为获得"一时的可接受性"；王锡锌认为，应当建立"面向行政过程的合法化框架"，"以形式合法化、理性合法化、民主合法化为路径的复合式行政合法化框架"，其核心是能够保证公平代表、有效参与的"制度过程"；C.当代行政法的发展趋势与"新行政法"，石佑启归纳了现代公共行政发展的主要表现，即从管制行政到服务行政观念的转变，公共管理的社会化与权力结构上的均衡，放松管制与权力运作方式的多样化，公民的有效参与和行政服务质量的提高，为回应这一发展，行政法需要进行范式转换：行政法从规范国家行政的法转换到规范公共行政的法，行政主体多元化，行政相对人法律地位提升，行政行为多样化，行政救济有效化；戚建刚认为，中国行政法发展趋势是以公共行政（而不限于国家行政）作为行政法调整对象；以双向（而非单向）作为行政权力作用方式；以关系（而非权力）作为行政法学研究视角；以积极（而非消极）作为行政相对人对行政主体的作用，以及以制约与激励机制的有机整合作为行政法机制；D."制度建构型"的行政法发展模式，薛刚凌倡导以利益调控为核心的"制度建构"型行政法发展模式，认为控权模式的主要问题为：调整范围狭小，忽略实体制度建设，漠视利益调整，过分依赖司法；E."新管理论"对中国行政法发展的意义，朱维究、徐文星在引介英国公法传统中的"功能主义学派"相关学说的基础上，强调了"新管理论"对中国行政法发展的意义，认为基于生态福利法治行政国家的理念，政府的角色由消极行政、干预行政、管制行政转向了给付行政和服务行政，由一中心、一元化的行政管理转向了多元化、多中心的社会治理，因此行政法的发展趋势就是全方位的社会管理法，提出当今我国社会的根本问题不在于国家职能过于庞大，必须收缩；而在于国家职能在许多领域的缺位，诸如教育、社会保障、劳动就业、生态环境、资源保护等；F.多样化的当代行政法原则，周汉华认为传统行政法的致命缺陷，就在于它无法保证行政机关积极有效地履行法律义务，利益平衡论成为取代传统行政法的最普遍、最系统的当代行政法原则。除利益平衡论以外，较有影响的行政法原则还有：司法能动论、私法优位论、议会监督论、效益优先论等；G.协调发展导向型行政法，于安从给付行政和社会行政法发展的角度讨论了行政法体系的变革，认为应通过建立协调发展导向型行政法，协调社会权与民事自由权之间的关系，并为政府履行发展职能提供合法性准则，协调发展导向型行政法制度建设的重心，是建构以政策协调为目标的行政组织体制和行政决策制度，并保障全体社会成员平等参与和平等发展的权利，行政的合法性保障机制主要是对政策性决策的政治控制和行政监督；保障方法也将更多地依靠政策分析、绩效评估和信息公开制度，法院诉讼和对抗性审理等用于保护个人权利的传统方法不再是主要角色；H.现代行政法的挑战及其回应，章剑生认为中国现代行政法面临着许多新问题包括因民意难于通畅地到达政府而导致行政的合法性危机、因多元利益主体的组织化对行政决策回应性与公共性的挑战，以及在中国进入风险社会以后个人福利的保障，提出需要以适当扩权推进治理、以规制缓和实现善治以及发展多元行政模式等做出回应，实现中国现代行政法新任务的手段，包括以正当法律程序调控行政过程、通过私法方式实现行政目的和扩展法院的司法审查范围实现充分救济；I."合法性"与"最佳性"二维结构中的"新行政法"，朱新力、唐明良等透过"合法性"与"最佳性"这一二维结构，开展了"新行政法"探讨，认为"新行政法"应当包括"合法性"和"最佳性"两个考量基点，传统行政法与新行政法的区别主要表现为：在价值导向上，前者强调权力控制和权利保障，后者强调行政理性、行政民主化和行政效能；在功能定位上，前者重防御性机能，后者重形成性机能；在考量重点上，前者是消极地谋其不违法，后者则是积极地谋其行政正当性和理性；在保护法益上，前者以个人权利保障为主，后者以整体公益和制度福祉推进为主；在考量节点上，前者以司法审查的下游为主，后者以增加法政策学的分量为主；在研究方法上，前者以法教义学、法解释学为主，后者则增加了法政策学分量；在基本构成上，前者包括职权法定、行政行为形式论、程序控权、司法审查和权利救济；后者包括行政任务与行政组织形态的匹配、行政守法与政策工具的选择、程序设计与决策理性、司法政策功能与国家政策多元化；G.简评：控权论忽视了现代行政法通过建立新的法制框架、保障行政权有效行使、增进社会福祉的功能；中国行政法的目标和功能不应局限于对私人权利自由的保障，也应为提高行政效率效能、保障公共利益、进行利益协调提供制度保障；行政法制度建设不仅要致力于对秩序行政的规范与制约，也要探究对服务行政的保障之道；行政法的正当性不仅来自于法的形式权威，也应来自于法本身的价值合理性以及公民对于行政过程的参与；行政法的合法性保障机制不仅局限于司法审查制度，也应扩展到成本效益分析和信息公开等行政过程中的制度设计；行政法的制度建设不仅需要借鉴吸收西方法治发达国家的先进经验，亦应扎根于中国的经济社会政治现实；③行政法学研究的新视野：A.政府规制理论对传统行政法学的挑战，朱新力、宋华琳提出，以司法审查为中心架构起来的行政法学体系关注的节点坐落于整个行政过程的"下游"，力图通过司法审查来规范规制者，从而维护相对人的权益，政府规制理论为现代行政法学研究提供了强有力的分析工具，有助于革新传统行政法的概念架构和学理体系，建立起对真实世界行政过程具有解释力的现代行政法学体系；章志远从民营化和规制改革的侧面提出新行政法的基本倾向：更关注公私合作而非局限于公私对立；更关注积极给付而非局限于消极防范；更关注规制手段而非局限于行政行为；更关注过程正当而非局限于结果合法；更关注法政策学而非局限于法解释学；更关注部门细节而非局限于部门整体；于立深认为，新行政法应更强调横向地研究"问题"，强调关注"事务"而不是理论，强调行政法对问题的解决能力，其方法首先是描述性的、分析性的，即注重资料和问题的描述，然后借用体系化和逻辑化的方法来说明行政权的范围、手段、功能及其变化；B.社会科学的行政法学，包万超将社会科学的方法和知识应用于行政法研究，要发展一种以人类行为理论为中心的行政法学，并同时注重

59

行政执法程序基础理论研究

规范与实证研究，何海波用政法法学、立法法学和社科法学来概括当代中国行政法学研究的主要范式，社科法学不会成为行政法的主流研究范式，因为法学是一门规范学科，无法回避具体问题上的价值判断和整体性的价值反思；C.行政法政策学，杨建顺强调要从行政法政策学的角度对政策形成过程中行政的作用、行政法的特殊性质、现代国家的利益反应机制、舆论监督的作用以及如何把握人民的意思表示等问题进行探讨，鲁鹏宇认为要以法律思维为基础，在不断批判和反思政策思维的基础上实现法学与公共政策学的有机整合。就基础概念而言，法政策学的支柱性概念包括政策目标（立法目标）、政策工具（行政手法）、规制模式（组合手法）和评价基准等。就具体的事项分析而言，法政策学需要采用过程分析模型，对立法所涉及的价值、事实和规范三要素进行循环往复的观察和论证；D.功能视角中的行政法，朱芒提出认为行政法学研究"不能仅仅以演绎的方式或从制度内在的角度去关注法律制度，从功能的方面进行考察则不失为一个很有益的研究方法"，通过对行政处罚听证功能进行的实证分析发现，听证在实践中不仅发挥着因为"要件-效果"关联框架所赋予的合法性证明和当事人权益维护功能外，在事实上还存在纠纷解决功能；E.行政过程论，江利红以日本的行政过程论为基础，提出要以行政过程为中心重新构建行政法学体系，现代行政法学必须将行政过程中的各种行为形式全盘纳入视野，而且应注重同一行政过程中各行为以及同一行为内部的各环节之间的关联性，对行政过程进行全面、动态的考察，基于此可从公私法区分的相对化、实质法治主义的转换、行政法学方法论的变革、行政法体系的重构、行政行为理论的发展、行政过程中相对人地位及作用的提高等六个方面构建行政过程论的理论体系；F.中国的过渡或转型行政法学，张树义认为中国法学的落后最主要的表现就在于法学的思维方式还没有跳出"西方中心主义"的窠臼，在人治向法治的过渡中，西方法治理论中却缺少相应的指导，应该说这是中国法学所能做的贡献。故此有中国过渡法学之说；包万超提出中国的"转型行政法学"概念，也即"关于描述、解释、预测中国转型时期的特殊行政法现象的知识体系"，"转型行政法学"在下列五方面要做出创新研究：第一，揭示和描述中国独特的转型行政法现象；第二，发展一种关于中国转型行政法"是什么"和

"如何存在"的实证理论；第三，为转型行政法的制度创新提供规范性基础和学术支持；第四，推动行政法学本土化进程，提出中国转型行政法的概念、命题、范畴和术语，形成中国的学术流派；第五，在社会科学的开放性研究中引入新方法和新资源，促进"交叉学科"的研究，建立中国行政法学的学术规范；G.简评：目前中国行政法学界对行政法发展趋势或"新行政法"的讨论，大体可以分为两个方向，一个方向是从经社背景的变迁出发，探讨中国行政法制度建设的方向；另一个方向是从学科体系、研究旨趣、议题设定、研究方法等方面，讨论行政法学研究的变革问题。中国行政法学的未来发展，应将规制国（政府规制）和福利国（社会行政、服务行政或福利性质）的相关理论和制度作为行政法学研究的重要领域，与此相关的是在一般行政法（行政法总论）之外，深入到部门行政法（行政法各论）领域之中，在其中，不再以司法为中心，视野仅及于行政的边缘；而是要深入政府活动的核心，与经济学家、公共行政学家一起，探究提高行政效率、效能、保障公共利益、进行利益协调的途径。中国行政法学的发展，也必须更加紧密结合中国社会转型的现状与实践；④提出未来中国行政法学研究的若干着力点：第一，行政法解释论与行政法立法论齐头并进。第二，既关注一般行政法（行政法总论），亦关注部门行政法（行政法分论）。①

　　李洪雷教授在总结他人代表性成果的基础上提出了自己的评价观点，起到了重要的启发作用。①简单总结了中国行政法学发展所面临的诸多挑战。②分析了行政法制度建构的新方向，介绍了平衡论的发展趋势和特点，行政正当性方面的寻求主张如实职法治和可接受性，为了回应公共行政的发展而产生的当代行政法的发展趋势，倡导以利益调控为核心的"制度建构"型行政法发展模式，"新管理论"对中国行政法发展的意义，多样化的当代行政法原则，协调发展导向型行政法，现代行政法的挑战及其回应，"合法性"与"最佳性"二维结构中的"新行政法"。李洪雷教授在分析上述观点的基础上，认为控权论忽视了现代行政法的功能，提出行政法制度建设不仅要致力于对秩序行政的规范与制约，也要探究对服务行

---

① 李洪雷.中国行政法（学）的发展趋势——兼评"新行政法"的兴起[J].行政法学研究，2014（1）：112-119+126.

行政执法程序基础理论研究

政的保障之道；行政法的正当性不仅来自于法的形式权威，也应来自于法本身的价值合理性以及公民对于行政过程的参与；行政法的合法性保障机制不仅局限于司法审查制度，也应扩展到成本效益分析和信息公开等行政过程中的制度设计；行政法的制度建设不仅需要借鉴吸收西方法治发达国家的先进经验，亦应扎根于中国的经济社会政治现实。③介绍了行政法学研究的新视野，主要包括政府规制理论对传统行政法学的挑战，将社会科学的方法和知识应用于行政法研究，行政法政策学，功能视角中的行政法，行政过程论，中国的过渡或转型行政法学等观点。李洪雷教授在分析这些观点的基础上，提出目前中国行政法学界对行政法发展趋势或"新行政法"的讨论可以分为两个方向，一个方向是从经社背景的变迁出发，探讨中国行政法制度建设的方向；另一个方向是从学科体系、研究旨趣、议题设定、研究方法等方面，讨论行政法学研究的变革问题。中国行政法学的未来发展，应深入政府活动的核心，与经济学家、公共行政学家一起探究。④最后总结了未来中国行政法学研究的着力点是行政法解释论与行政法立法论齐头并进，既关注行政法总论，亦关注部门行政法。

总结上述观点，关于相关的行政执法程序研究可以得出如下结论：①行政执法程序研究面临诸多挑战，如行政执法程序发展的目标和方向不够清晰，制度设计的质量不高、实效性不足，行政执法程序概念体系的科学性仍有欠缺，行政执法程序的研究方法过于单一，回应现实需求的能力不强等。行政执法程序法治最大的问题在于对行政执法程序法的理解偏狭、行政执法程序法地位低微，行政执法程序法制不统一、行政执法程序形式合法与实质合法相背离。②传统行政执法的问题就在于无法保证行政执法机关积极有效地履行法律义务，所以利益平衡论成为取代传统行政法的最普遍、最系统的当代行政法原则。除利益平衡论以外，较有影响的行政法原则还有：司法能动论、私法优位论、效益优先论等。现代行政执法面临着许多新问题包括因民意难于通畅地到达执法主体而导致行政执法危机、因多元利益主体的组织化对行政执法回应性与公共性的挑战，需要以适当扩权推进执法、以规制缓和实现善治以及发展多元行政执法程序，包括以正当法律程序调控行政执法过程、通过私法方式实现行政执法目的和扩展执法的司法审查范围实现充分救济。现代公共行政发展的主要表现即从管制行政到服务行政观念的转变，公共管理的社会化与权力结构上的均衡，放松管制与权力运作方式的多样化，公民的有效参与和行政服务质量的提高，为回应这一发展，行政执法程序需要进行范式转换，从规范国家行政的法转换到规范公共行政的法，行政执法权力主体多元化，行政执法相对人法律地位提升，行政执法行为多样化，行政执法救济有效化。③行政执法行为的合法性不仅要符合既定的法律规则，其本质还在于执法过程与结果的可接受性，应当建立"面向行政执法过程的合法化框架"，以形式合法化为路径，其核心是能够保证公平代表、有效参与的"程序制度"。④行政执法程序建构的新方向主要包括：行政执法程序法制观念进一步更新、行政执法程序价值取向更趋合理、行政执法程序权利（力）结构趋向平衡、行政执法程序价值日益凸显与法典化、行政执法程序机制更加完善、行政执法方式趋于多样化、行政执法程序权利救济趋于多元化与有效性、行政执法程序方法更加丰富等。⑤"制度建构型"的行政执法程序发展模式控权模式容易存在的主要问题为调整范围狭小，忽略实体制度建设、漠视利益调整、过分依赖司法，需要基于生态福利法治行政国家的理念，政府的角色由消极行政、干预行政、管制行政转向了给付行政和服务行政，由一中心、一元化的行政管理转向了多元化、多中心的社会治理，需要发展导向型行政法，从给付行政和社会行政法发展的角度研究行政执法程序体系的变革，通过建立协调发展导向型行政执法程序，协调社会权与民事自由权之间的关系，并为政府履行执法职能提供合法性准则，协调发展导向型行政执法程序制度建设的重心，是建构以政策协调为目标的行政执法组织体制和行政执法决策制度，并保障全体社会成员平等参与行政执法的权利。⑥行政执法程序应当包括"合法性"和"最佳性"两个考量基点，强调权力控制和权利保障，强调行政理性、行政民主化和行政效能。⑦政府规制理论为行政执法程序研究提供了强有力的分析工具，有助于革新传统行政法的概念架构和学理体系，建立起对真实世界行政法过程具有解释力的现代行政执法程序体系，将社会科学的方法和知识应用于行政执法程序研究，同时注重规范与实证研究，用政法法学、立法法学和社科法学来概括当代中国行政执法程序的主要范式，需要采用过程分析模型，对行政执法程序所涉及的价值、事实和规范三要素进行考察和论证。可以考虑以行政执法过程为中心重新构建行政执法程序理论体系，将行政过程中的各种行为形式全盘纳入视野，而且应注重同一行政过程中各行为以及同一行为内部的各环节之间的关联性。⑧行政执法程序也存在目标和方向不够清晰，制度设计的质量不高、实效性不足，理论的体系性欠缺，回应现实需求的能力不强等问题，程序法制观念需要进一步更新、行政执法程序价值需要进一步确定、行政执法程序权利（力）结构需要趋向平衡、行政执法程序需要法典化、行政执法权力运行机制需要更加完善、行政执法方式应该趋于多样化、行政执法程序权利救济需要趋于多元化与有效性。⑨行政执法行为合法性的本质在于行政执法结果的可接受性，这就需要行政执法的过程和结果能够保证公平和权利主体的有效参与，这就需要制度保障，这一保障即正当的行政执法程序。⑩合作行政的发展需要行政执法观念从传统的管制行政到服务行政观念的转变，行政执法主体开始社会化，需要权利与权力结构上的均衡，需要提升行政执法权利主体的法律地位。⑪基于生态福利法治行政国家的理念，政府的角色由消极行政、干预行政、管制行政转向了给付行政和服务行政，由一中心、一元化的行政管理转向了多元化、多中心的社会治理，因此行政执法的发展趋势就是全方位的社会治理。关于这一问题的研究，还需要注意的问题主要有：①对于从传统行政法到新行政法的渐进的发展历史脉络缺乏一个整体性的梳理和介绍，导致对行政执法程序的影响也难以系统化。②究竟如何从多学科和多方法的角度对行政执法程序展开研究，并没有实质性的理论成果可以借鉴。

三、总体评价及展望

近年来，我国"新"行政法学的论证方面取得了长足的发展，在研究成果数量、研究内容的广度和深度、研究力量的补充与发展等方面都取得了显著成绩，为我国行政法学的发展与完善奠定了坚实的基础。就新行政法的研究来说，这是研究行政法学理论的一个较为热点的问题，只有对这一问题有了深入了解，才能对行政法学的发展趋势有所把握，并为开展行政执法程序的后续研究指明方向。

在这一问题上，姜明安、王锡锌、李洪雷等几位学者们通过历史分析、比较分析和案例分析等研究方法，分别从全球化时代的"新行政法"、澳大利亚"新行政法"的产生及其主要内容、行政正当性需求的回归、中国行政法（学）的发展趋势等方面对这一问题进行了分析和论证，他们的观点对于行政执法程序基础理论研究来说，主要是解决了新行政法的"新"对行政执法程序完善的启示，澳大利亚新行政法的发展情况可以借鉴之处，行政执法程序应该如何回应行政正当性的需要、新时代中国行政执法程序应该如何发展等多方面的问题。具体来说，①相比他人多是针对新行政法的某一方面展开论证，姜明安教授对"新"行政法进行了较为系统地分析与论证，其研究内容较为全面，也深刻反映了行政法发展的现实。同时，姜明安教授还对澳大利亚新行政法的出现和发展情况进行了介绍，有利于研究者们了解澳大利亚行政法的发展路径和规律。他的研究有利于行政执法程序理论的体系化构建。②王锡锌教授的研究成果主要是针对目前行政法在回应行政正当性时面临的现实困境来展开研究的，他的贡献在于没有单纯地从法学理论角度去分析，而是更多地考虑到现实中的政治需要，其提出的解决方案也充分体现了政治学和管理学的要求，对于民主的发展也有推动作用，相比纯粹法学的成果更接地气，对于行政执法程序理论研究学科背景和方法的多样化是一种启发和推动。③李洪雷教授的研究成果最大贡献在于对"新"行政法学的理论研究进行了一个较为系统和全面的梳理，就代表性的研究成果进行了介绍，并提出了自己的简单评价，他的研究有利于其他研究者对于新行政法学的研究现状能够形成较为全面的认知，为行政执法程序的后续研究奠定了一定的基础。④有些外文论著提出了行政法学研究需要多元化的观点，要运用多种研究方法，在研究行政法学的同时，深入研究行政法的各种深层次背景以及世界其他国家的研究成果，从而形成全面的认知。这一观点对于我国的行政执法程序的研究具有重要的启示意义。通过学习这些论著，有利于了解什么是"新"行政法，为什么"新"行政法称之为新，"新"行政法会如何产生和发展的，未来发展趋势会是什么，关于"新"行政法的主要代表性观点是什么，开展行政法学研究应该综合考虑哪些因素，采用哪些研究方法进行等一系列问题的答案，为深入学习和理解"新"行政法学以及

行政执法程序基础理论研究

后续继续深入研究行政执法程序理论奠定基础。但也应该看到，上述研究成果在研究内容方面也存在着一些问题，或者说还存在一定的偏颇和值得商榷之处，需要继续深入探索。例如对于从传统行政法到新行政法的渐进的发展历史脉络缺乏一个整体性的梳理和介绍，论证的过于简单，对于中国行政法传统模式现实困境缺少与现行行政系统以及立法相结合的具体化方案；没有就现有研究成果从理论和实证两方面进行深入评析，只是建议从多学科和多方法的角度对行政法学展开研究，并没有具体性、实质性的建议；没有明确地说明研究行政法学需要考虑哪些具体的因素，可以适用哪些具体的方法等，这都是完善行政执法程序所必须面对的和需要进行深入研究的问题，值得行政法学研究者们予以更多关注。

第三章 行政执法程序的基础理论

黄捷教授一直致力于程序法学的基础理论研究，他的观点对于行政执法程序基础理论体系的构建很有参考意义，他在评析关于程序传统定义的基础上，不仅提出了全新的程序定义，并以此为基础逐步构建程序法基础理论体系。参考黄捷教授的观点，完善的行政执法程序基础理论体系包括行政执法程序价值论、行政执法程序功能论、法律程序类型论等，这个体系较为全面，也恰恰是目前行政执法程序研究领域被广为忽视的问题。

第一节 行政执法程序价值论

关于什么是法律程序的价值，一直是存在争议的。争议的一方持程序工具性价值论，认为法律程序的价值是法律程序运行所应实现的功能与作用；争议的另一方则持程序的内在价值论，认为法律程序的价值是判断法律程序本身善恶好坏的内在标准。依据这两种不同的见解，行政执法程序的价值也可以分为工具性价值论和内在价值论。

一、行政执法程序的工具性价值

关于什么是行政执法程序的工具性价值以及行政执法程序具体包括哪些工具性价值，有许多学者提出了相关的观点：

（一）行政执法程序工具性价值的模式

关于什么是程序的工具性价值，并没有形成非常一致的观点。其中，陈瑞华教授系统地介绍了程序价值理论，对于这一问题提出了自己的见解。陈瑞华教授提出，程序价值理论分为两个基本模式：一为程序工具主义理论，又有三个分支，即绝对工具主义程序理论（法律程序作为用以确保实体法实施的工具，只有在具备产生符合正义、秩序、安全和社会公共福利等标准的实体结果的能力时才富有意义）、相对工具主义程序理论（对法律程序工具性价值的追求给予无辜者免受定罪的权利和被告人获得公正审判的权利两个非工具性目标的限制）以及经济效益主义程序理论（程序的外在目标是最大限度地增加公共福利或提高经济效益）；陈瑞华认为：绝对工具主义理论在否认程序自身独立内在价值的同时，也否定了作为程序参与者的被告人等的道德主体地位，相对工具主义程序理论的缺陷在于一旦将程序视为工具，会为了这一结果的更好实现而废弃这一程序规范的内在价值，经济效益主义程序理论可取之处在于在两个同样符合其他价值标准的法律程序中，有理由优先选择耗费较少的一个，但过于功利，结论是，对法律程序的评价和构建应当设立一种多元化的价值标准。[①]

显然，程序价值理论中的程序工具主义模式的中心思想是程序是实体的工具，无论哪一种工具主义程序理论，其区别无外乎是是否否定法律程序的内在价值，在程序工具主义价值本身并没有分歧。从程序与实体关系的角度分析，程序工具主义毫无疑问是客观存在的，无论从确保实体法顺利实施、确保实体结果公平正义、控权保权还是提高经济效益的作用看，程序都是实体所必不可少的工具。因此，行政执法程序的工具性价值也是客观存在的，而且这种价值应当是多元化的。

（二）行政执法程序工具性价值的多元化内容

关于行政执法程序工具性价值的多元化内容究竟包括哪些具体的价值，学术界也没有形成统一的结论，主要学术观点包括：①王万华教授提出，完善行政执法程序是落实是十八届四中全会要求的举措，执法实践中仍然需要进一步完善执法程序立法予以规范，《中共中央关于全面推进依法治国若干重大问题的决定》对如何完善行政程序法律制度提出具体制度建构要求，包括以下内容：政府重大行政决策程序法定化，完善行政法规、规章制定程序，加强对行政执法过程的规范，确立公开原则作为规范行政权的核心机制，要求完善公众参与机制，行政程序法治化可以保障公民在行政权力运行过程中的程序权利，可以提升行政效能，限制

[①] 陈瑞华. 程序价值理论的四个模式[J]. 中外法学，1996（2）：1-7.

行政官员的恣意，保障行政活动在法律范围内实施，推动经济发展，促使行政人员积极作为，保障法律得到有效实施。①②莫于川教授提出，完善行政执法程序法制乃是建设法治政府的内在要求，完善行政执法程序有助于实现严格规范公正文明执法。②③高洁提出，行政执法程序有助于创建和谐行政秩序，提高执法效率。③④姚志成提出，严格程序是依法行政的原则要求，才能保质保量完成行政行为。④⑤汤善鹏副教授提出，程序法治观的理论优势就在于它能够在充分尊重个人尊严的基础上解决多元社会中广泛存在的分歧难题；首先，解决分歧需要程序；其次，程序法治观将个人的尊严转化为一种参与对话的资格。⑤⑥苏健俊提出，研究行政执法程序的重要性包括保障公民权利，维护公民利益；推进民主政治，建设开放政府；提高行政效能，服务市场经济。⑥⑦嵇蕴洁提出，行政程序法治化建设体现出的重要的价值理念——正义，促进了行政行为的合法性和规范性，有效地控制了行政权，提升了行政相对方的法律地位，保护公民权不受公权力的侵犯，极大地提高了行政效率，行政程序法治化建设的价值取向，即追求正义、公平、乐善好施的公共行政精神。⑦⑧欧阳志刚、李建华两位学者提出，行政执法程序正当性促进行政民主化，提升行政决定的合理性，规范行政权力的行使。⑧⑨许洁君提出，严谨而科学的执法程序是法律实施的根本保障。⑨⑩陈江华、丁国峰两位学者提出，行政执法程序具有其自身独特的预防、阻止和裁决垄断行为的优势，行政执法机构可在违法行为发生之前、之中和之后介入具体垄断案件进行调查，迅速追究违法主体的法律责任，具有执法的及时性、灵活性、效率性。⑩⑪马波、

---

① 王万华. 完善行政执法程序立法的几个问题[J]. 行政法学研究，2015（4）：68-83.
② 莫于川. 通过完善行政执法程序法制实现严格规范公正文明执法[J]. 行政法学研究，2014（1）：17-24.
③ 高洁. 解析档案行政执法程序的法理基础与价值目标[J]. 北京档案，2010（2）：7-8.
④ 姚志成. 档案行政执法程序与公正[J]. 档案学研究，2004（1）：51-53.
⑤ 汤善鹏. 论立法与法治的契合——探寻程序法治的理论逻辑[J]. 法制与社会发展，2019（5）：131-149.
⑥ 苏健俊. 论行政执法程序[J]. 政治与法律，1996（6）：47-51.
⑦ 嵇蕴洁. 新时期中国行政程序法治化建设思考[J]. 求实，2007（7）：58-60.
⑧ 欧阳志刚，李建华. 论行政执法程序的正当性内涵[J]. 求索，2011（11）：94-96.
⑨ 许洁君. 反垄断行政执法程序研究[J]. 湖北社会科学，2013（7）：147-150.
⑩ 陈江华，丁国峰. 我国反垄断行政执法程序的探讨[J]. 社会科学研究，2011（4）：69-72.

黄明健两位学者提出，通过对行政主体实施行政行为的步骤、顺序、方式、形式、时间以及相关的程序性制度的设定，使行政权的行使规范化；使行政相对人及相关的利益集团进入并参与行政权的行使过程，使他们得以进行有效的防御和监督，使行政权的行使更具有民主性。通过确保行政公正的相关制度的嵌入，从而使行政权的行使更具有正当性；通过对行政相对人知情权、资讯权或了解权、听证权（正式听证或非正式听证）等程序性权利的赋予，增加行政过程的公开性和透明度；通过事前或事后的监督以及其他行政主体及国家机关的介入，增加行政主体及其工作人员的高度自律性。①⑫胡庆东、丁郁、徐萌三位学者提出，行政程序法治化对于依法治国、发展社会主义市场经济、遏制政府"寻租"行为、保障公民权利以及与国际接轨等，具有重要的现实意义。②⑬王永杰教授提出，程序法治有利于民主程序的建立，有利于促进社会公正，有利于加强权利的保护。③⑭柳砚涛、刘林两位学者提出，程序的保障功能体现在三个方面：一是通过规定权力行使的方式、步骤、顺序、时限等，限制执法机关的自由裁量权，从而限制行政权的行使；二是加强公民的行政参与，满足相对人的知情权和参与意识，增强执法结果的可接受性和政府的公信力；三是提高行政效率，积极避免"迟来的正义"；如果立法机关试图通过程序来减少或控制违法现象，最有效的方法是增加相对人的违法成本。④⑮肖金明、冯威两位学者提出，行政执法程序可以推动依法行政、推进法治政府建设进程，提升行政效能、衡平公平与效率，维护相对人、相关人的合法权益，博弈行政权、立法权、司法权，维护行政权威。⑤⑯姜明安教授提出，行政执法程序的功能包括实现行政民主化，确保依法行政，强化行政权威，提升行政决定的合理性。⑥还可以保障公民参政权的有效行使，保护行政相

① 马波，黄明健. 水行政执法程序及其模式设计构想[J]. 水资源保护，2005（1）：58-61.
② 胡庆东，丁郁，徐萌. 行政程序法治化的价值分析[J]. 南京政治学院学报，2003（2）：76-79.
③ 王永杰. 从实体法治到程序法治：我国法治路径研究的新进展[J]. 毛泽东邓小平理论研究，2009（6）：52-55+70+86.
④ 柳砚涛，刘林. 行政执法程序的经济分析[J]. 东岳论丛，2012（1）：158-162.
⑤ 肖金明，冯威. 行政执法过程论[M]. 济南：山东大学出版社，2008（1）：238-242.
⑥ 姜明安. 行政执法研究[M]. 北京：北京大学出版社，2008（1）：197-199.

对人的程序权利，提高行政效率，促使行政机关依法行使职权。[①][⑰]郭志远教授提出，依法治国的要义是程序法治化。[②][⑱]史献芝副教授提出，行政问责法治化以促进行政问责法律制度体系更好地彰显正义、权力制衡和民主参与的价值诉求，从而达成行政问责的善治目标。[③][⑲]杨彦虎研究员提出的观点是：权力行政与消极行政的行政程序法制系统，应当优先重视人权保障，非权力行政与积极行政的程序保障，应当重视公正公开及公民参与。[④]

梳理上述观点可以发现：①许洁君、高洁、柳砚涛、刘林、陈江华、丁国峰等学者在行政执法层面对行政执法程序的价值提出了自己的观点，主要有：保障行政法的实施，公平正义和权利衡平，限制自由裁量权，提高执法效率，和谐行政秩序。②嵇蕴洁、马波、黄明健、苏健俊、欧阳志刚、李建华、胡庆东、丁郁、徐萌、王永杰、肖金明、冯威、史献芝等学者在宏观层面对行政程序的价值提出了自己的观点，主要有：尊重个人尊严，解决社会分歧，规范权力行使，保护公民权不受公权力的侵犯，推动依法行政，促进行政民主化，博弈行政权、立法权、司法权，促进社会公正。③欧阳志刚、李建华两位学者提出，执法程序要体现公开、公正、尊严、平等以及人道主义等伦理价值。④胡庆东、丁郁、徐萌等学者提出，行政程序法治化所具有的四种价值属性即正义价值、效益价值、平衡价值以及透明价值。⑤汤善鹏副教授提出，程序法治的最终价值在于保障人的尊严。⑥柳砚涛、刘林两位学者提出，为实现限制行政权的行使、加强公民行政参与以及提高行政效率，行政程序的设计和运行必须融入经济学原理与方法。⑦朱战威提出，反垄断执法程序长期从属于以效率为主导的实体内容，程序正义的式微造成反垄断执法的合法性和可接受度降低。增加反垄断执法活动合法性与可接受度的根本路径不是对现行规则的修改和弥补，而在于价值层面从"效率价值"主导到"程序公正"的转换。⑧胡玉鸿教授提出，尊严价值模式已经成为适当性模式与效能模式之外的第三种正当法律程序

① 姜明安. 行政法与行政诉讼法（第五版）[M]. 北京：高等教育出版社，2011：336-338.
② 郭志远. 依法治国的要义：程序法治化[J]. 安徽大学学报（哲学社会科学版），2015（4）：1.
③ 史献芝. 形式法治化与实质法治化：行政问责法治化的二维分析框架[J]. 中国行政管理，2016（3）：103-108.
④ 杨彦虎. 行政程序价值体系的法理论证[J]. 行政法学研究，2010（1）：74-78.

范式，强调人的个性、自治，把人视为主体和目的。由这一范式出发，行政执法程序应当体现主体性、参与性、中立性与和平性的品性，强调执法目的的人本化、执法方式的文明化和执法结果的正当化内容。⑨主张维护权利、提高效率、依法行政的，其代表人物为姜明安、杨彦虎两位学者。姜明安教授提出程序的价值在于保障参政权，保护程序权利，提高行政效率，促使依法行政。杨彦虎研究员提出应当重视人权保障，非权力行政与积极行政的程序保障。

所以，行政执法程序的工具性价值主要包含以下内容：①宏观层面的，主要有尊重和保障人权、加强人民民主、推动依法行政、促进社会公正。②行政执法层面的，主要有保障法律实施、规范权力行使、限制自由裁量、保护程序权利、解决社会分歧、提高执法效率、和谐执法秩序。③伦理价值层面的，通过行政执法程序保障行政执法过程与结果能够尊重个人尊严，体现公开、公正、平等以及人道主义，实现行政执法程序权利与行政执法权力的平衡，实现公平正义。

二、行政执法程序的内在价值

（一）行政执法程序的内在价值的模式

关于什么是程序的内在价值，与工具性价值一样也没有形成非常一致的观点。陈瑞华教授对于这一问题也系统地提出了自己的见解，程序价值模式的另一个理论为程序本位主义理论，即评价法律程序的价值标准在于它本身是否具有内在的优秀品质，而不是它在确保好结果得以实现方面的有用性。这一理论与程序工具主义理论是针锋相对的。陈瑞华教授关于法律内在价值标准的核心观点是程序正义，他针对程序正义提出了一系列研究课题：①程序正义"本体论"的范畴，包括程序正义的含义，程序正义价值的独立性，程序正义价值的基本要求或者程序公正的基本标准等部分；②程序正义的正当性问题，也就是程序正义的意义；③程序正义在中国的可接受性。应当对中国的主流程序价值理论进行分析和研究，理清其源头认识其现状，预测其未来的发展趋势，从而发现对程序正义观念的形成可能产生阻碍作用的因素，挖掘出对程序正义观念传播有利的因素，评估程序正义；④程序正义的制度保障。①依照黄捷教授的观点，程序是有品质划分的，行政执法程序自然也是有其自身品质的，如程序正当。

因此，行政执法程序自然也存在其自身的内在价值，并且这一内在价值就是程序正义。行政执法程序的这一价值具有其独立性，但判断行政执法程序本身是否符合正当的标准不能仅仅看其是否能够发挥出对于行政执法实体的工具性价值，还必须具有自身独立的内在价值。按照马克思主义内外因原理，程序的内在价值正义与否不仅决定着程序本身正当与否，还可以决定行政执法程序能够实现其工具性价值。

（二）行政执法程序内在价值的内容

显然，陈瑞华教授关于程序内在价值的程序正义内容过于抽象，还需要具体化。除了陈瑞华教授外，其余学者也在具体价值内容方面进行了探索，又可以分为五种主张，分别是：①主张效率与民主并举的，其代表人物为于立深教授，于立深教授提出的观点是：不仅仅追求公正和效率目标，而且把民主视为最重要的价值目标之一。②②主张公正与秩序并举的，其代表人物为周安平教授，周安平教授提出的观点是：建立行政秩序，追求行政公正。③③主张公正与效率并举的，其代表人物为王锡锌教授，王锡锌教授提出的观点是：公正、效率。④④主张在公正与效率之外加上秩序的，其代表人物为马怀德教授、刘云华教授，A.马怀德教授提出的观点是：行政程序法具有公正价值、效率价值、秩序价值。⑤B.刘云华教授提出的观点是，行政程序的价值是公正、效率、秩序。⑥⑤主张正当性与合理性价值，这一观点的代表人物是季卫东教授，季卫东教授还进一步提出追求程序本身价值的主要方式是促使公民重视程序以及积极地利用程序进行维权、达到程序的目的。⑦⑥提出非常具体的内在价值，其代表人物为孙笑侠教授。他认为，程序内

---

① 陈瑞华. 程序价值理论的四个模式[J]. 中外法学，1996（2）：1-7.
② 于立深.《行政程序法》编纂中的矛盾关系及其化解[J]. 长白学刊，2003（3）：36-39.
③ 周安平. 行政程序法的价值、原则与目标模式[J]. 比较法研究，2004（2）：140-148.
④ 王锡锌. 行政程序法价值的定位——兼论行政过程效率与公正的平衡[J]. 政法论坛，1995（3）：62-66.
⑤ 马怀德. 行政程序法的价值及立法意义[J]. 政法论坛，2004（5）：1-5.
⑥ 刘云华. 行政程序法的价值与功能[J]. 求实，2011（12）：71-75.
⑦ 季卫东. 法律程序的形式性与实质性——以对程序理论的批判和批判理论的程序化为线索

在价值的基本要素包括：参与、正统（程序在法律上的权威性）、和平、人道、何意、中立、自治、理性、及时、止争。[①]

　　显然，关于这一问题学者们还存在分歧，并没有形成一致的观点。①在具体价值方面，A.欧阳志刚、李建华、汤善鹏、周安平、季卫东、朱战威、胡玉鸿等学者主张公正优先，提出应优先人权保障，行政公正公开及公民参与，最终价值在于保障人的尊严。B.柳砚涛、刘林两位学者主张效率优先。C.姜明安、马怀德、于立深、王锡锌、胡庆东、丁郁、徐萌、刘云华等学者主张公正与效率并重或公正、效率、秩序并重。②孙笑侠教授就程序内在价值的基本要素提出了自己的观点，包括参与、正统、和平、人道、合意、中立、自治、理性、及时、止争。

　　参照前述学者的观点，行政执法程序内在价值的可以总结为公正优先还是效率优先，但无论是哪个优先，公正价值和效率价值显然都是行政执法程序的内在价值，如果要把这些价值再进一步具体化的话，那么参与、和平、人道、合意、中立、自治、理性、及时、止争都是行政执法程序内在价值的基本要素。

三、行政执法程序需要融合其内在价值和工具性价值

　　行政执法程序的价值可以分为两类：第一，行政执法层面的价值，主要作用于行政执法本身，如保障行政法实施、提高执法效率。第二，宏观层面的价值，如有助于推动法治政府建设，实现依法治国。目前依然存在的主要问题有：第一，过于执着于行政执法程序的工具性价值，容易忽视了行政执法程序的内在价值，尤其是对于行政执法程序的公正性容易忽视而没有进行深入探讨；第二，如何结合行政执法工作的现实需要，针对行政执法程序包括内在价值和工具性价值在内的特殊价值进行专门的系统性研究，对于公正价值和效率价值、内在价值和工具性价值究竟何者优先进行论证。行政执法程序研究需要思考行政执法程序特有的内在价值和工具性价值，并将二者结合行政执法自身的特点进行融合，因为行政执法程序的价值标准是内在价值与工具性价值并重。关于行政执法程序的内在价

[J]. 北京大学学报（哲学社会科学版），2006（1）：109-131.
① 孙笑侠. 程序的法理[M]. 北京：商务印书馆，2005：30.

值，总体而言公正与效率是学界比较一致的共识，争议在于公正、效率只存其一还是两者并重，两者并重又是否存在何者为先的问题。但公正与效率只是程序的内在价值，而工具性价值的观点则范围更广，主要包括控制权力、保障权利，实现民主等。对于程序的内在价值可以结合行政执法的具体程序进行深入探讨，程序的工具性价值的范围也需要依据行政执法的具体情况继续探讨形成一致，还要结合行政执法程序具体特点和实践要求进行深入研究的必要性。

第二节　行政执法程序功能论

行政执法程序的功能指的是行政执法程序在行政执法过程中所起到的作用。关于行政程序法功能的观点学说很多，其分歧主要在于阐释的角度不同，基本可以划分为以下六种：①从控权和保权的角度阐释的，主要代表人物有盐野宏、刘云华。A.盐野宏认为，行政程序法可以保护公民的个人权益，确保行政运作的公正、提高其透明性，防止事后的纷争。[①]B.刘云华提出，行政程序法的功能包括控制行政权力、防止行政权力滥用，保障公民权利、充分实现程序正义，促进依法行政、推动法治政府建设。[②]②从社会功能角度阐释的，主要代表人物有章剑生、马怀德，盐野宏的观点也有部分内容符合。A.章剑生认为，行政程序可以完善沟通、提高行政行为的社会可接受性程度，建立和维系一个可持续性发展的稳定社会、确保行政实体法实施、展示自身独立的法律价值。[③]B.马怀德认为，加强、完善行政程序立法的意义在于促进民主政治的发展；保障公民的基本权利；遏制和消除腐败现象，促进廉政建设；克服官僚主义，提高行政效率。③既立足于控权和保权，又考虑社会功能的，主要代表人物有应松年、颜三忠、杨海坤、刘洋林。A.颜三忠认为，行政程序法是民主与法治的标志，它保障实体法正确实施，实现实体正义；制约行政权力，保护相对人权利，保证行政过程公正，实现程序正义；

---

① [日]盐野宏. 行政法总论[M]. 杨建顺译. 北京：北京大学出版社，2008：189.
② 刘云华. 行政程序法的价值与功能[J]. 求实，2011（12）：71-75.
③ 章剑生. 现代行政程序的成因和功能[J]. 中国法学，2001（1）：79.

实现资源优化配置，提高行政效率。[①]B.应松年教授提出，行政程序法的根本目的是规范行政权力公正、高效行使：一方面，要防止行政权力滥用，以避免侵犯公民的权利；另一方面，要促进行政机关积极作为，更好为人民提供服务，提高行政效率。统一行政程序法典在以下方面展现其重要意义：其一，推进依法行政、依法治国，建设法治政府和法治国家；其二，推进制度反腐、法治反腐、建设廉洁政府、效能政府；其三，推进国家治理现代化，实现良法善治。[②]C.杨海坤，刘洋林提出，除了可以从市场经济角度思考行政程序法的意义外，我们认为行政程序法在促进我国政治体制改革，保障人权方面也具有重大理论意义。[③]D.兼顾到与实体法关系的，主要代表人物有哈特穆特·毛雷尔。哈特穆特·毛雷尔认为，行政程序法可以为贯彻和实施实体法服务，保证和实现从基本权利中产生的公民法律地位。[④]E.认为行政程序法兼有正负两方面功能的，主要代表人物有张步峰。如张步峰提出，行政程序具有促进行政过程系统调适的一系列正功能，包括促进行政过程的民主化和理性化、法治化等。行政程序亦具有一些负功能，包括价值的抽离、技术伦理的替代、责任的飘移。[⑤]F.如何实现行政程序法的功能，代表人物为季卫东。他认为这需要内部和外部条件以及相对和绝对条件。绝对条件就是各程序共同的因素，相对条件是各程序特定的因素。外部条件是社会环境因素，内部条件是程序内部相互作用的因素。[⑥]

关于行政执法程序的功能可以从不同的角度去理解。①如果从行政程序法角度阐述的话，行政执法程序可以控制行政执法权力，提高行政执法效率，保障执法对象权利，促进依法执法，推动法治政府建设。②如果从程序法从与实体法关系角度去阐释的话，行政执法程序保障行政执法的顺利实施，实现行政执法的实

[①] 颜三忠. 论行政程序法的功能[J]. 江西社会科学，2002（10）：185-187.

[②] 应松年. 中国行政程序法立法展望[J]. 中国法学，2010（2）：5.

[③] 杨海坤，刘洋林. 制定一部适合我国国情的行政程序法典——当前行政程序和行政程序法研究述评[J]. 求是学刊，2000（05）：65-73.

[④] [德]哈特穆特·毛雷尔. 行政法总论[M]. 高家伟译. 北京：法律出版社，2000：90.

[⑤] 张步峰. 论行政程序的功能——一种行政过程论的视角[J]. 中国人民大学学报，2009（1）：82-88.

[⑥] 季卫东. 程序比较论[J]. 比较法研究，1993（1）：19-20.

体正义；保证行政执法公正，实现程行政执法程序正义。③如果从具体行政程序角度阐释的话，行政执法程序可以实现制度科学、程序正当、过程公开、责任明确的执法目标。④如果从法治化角度阐释的话，行政执法程序法治化可以通过程序法治保障与维护基本人权。但是，还存在一些问题没有解决：第一，不能只从行政程序法角度阐述，还需要从行政执法程序角度对功能进行归纳。第二，需要对这个问题形成较为一致和系统性的结论。因此，行政执法程序的功能可以系统化地分为两类：第一，从程序法自身的角度来说，通过程序正义可以保障实体法实施，实现实体正义。第二，从程序法治化角度的功能主要包括限权和保权、提高效率、依法行政、建设法治政府等。这些观点都可以为行政执法程序法治化的基本目标提供借鉴。综上所述，行政执法程序也可以从程序法本身和对依法治国的意义的角度，结合行政执法的自有特点进行归纳和总结，进行深入研究。

第三节　行政执法程序类型论

一、依据具体执法行为进行的主要类型划分

（一）行政许可程序

行政许可程序是行政许可实施过程中所必须遵循的过程、步骤、顺序和方式的规则集合体。2019 年我国重新制定修改了《行政许可法》并颁布施行，这次修改相比 2003 年的内容有了较大进步，但是对于程序制度的规定依然不够全面，对于行政许可相对人的权利尤其是监督权和程序性权利依然较为忽视。

由于种种原因，目前学术界对于行政许可程序和行政许可立法都缺乏足够的关注，只有顾爱平、关保英和徐晓明三位学者从各自的角度对于行政许可程序及其相关立法进行了一定的研究。①顾爱平指出行政许可程序存在以下问题：立法中不注重行政程序规定、对许可的具体程序缺少具体明确规定，行政许可程序不够公开透明，只注意对相对人提出种种义务、对保障相对人权利的程序过于弱化，内外部程序混同，缺乏公平。应规范行政许可的申请和受理、审查与决定、听证

和期限制度。[1][2]关保英提出，《自贸区管理办法》第 11 条是关于上海自贸区行政许可总的原则和制度确立，体现行政许可程序加快精神和内涵，上海自贸区行政许可程序加快是指政府行政系统在上海自贸区的市场管理和对外贸易管理中使行政许可法规定的许可程序以及其他行政部门法规定的许可程序有所加快的一种行为状态，第 11 条规定的"负面清单""集中审批权""备案制"和"一次性模式"是自贸区行政许可程序加快的主要路径。[2][3]徐晓明提出，我国尚没有从立法上对行政许可注销程序做出统一的规定，实践中也很不规范，这种状况直接造成了行政许可退出机制的无序状态，按照行政许可注销制度性质、价值的要求，建构我国的行政许可注销程序，应该从行政许可注销提醒预告程序、异议公告程序、清算程序、物品处理程序、公告程序、信息通报程序等方面着手。[3]

从行政许可程序立法和实施本身来说，2019 年修改的《行政许可法》立法中虽然行政许可程序的篇幅占据了半壁江山，却依然透视出立法对行政许可程序的重视度不够，尤其是对于行政相对人的监督权和程序性权利不够重视，对行政许可的具体程序制度规定的也不够全面和细致，如公开制度、核查制度等，反映出在立法和执法理念上都只注意对相对人提出种种义务、对保障相对人权利的程序过于弱化，内外部程序混同，缺乏公平。因此，行政许可的申请和受理、审查与决定、听证和期限等制度都还需要进一步全面和细化。上海自贸区通过所制定的《自贸区管理办法》规定了许可程序加快制度，这种行政许可程序加快是指使行政许可法及其他部门法规定的许可程序有所加快的行为，主要规定了"负面清单""集中审批权""备案制"和"一次性模式"等行政许可程序加快的主要路径，这些行政许可加快制度的初衷是为了提升行政许可的效率，却没有配套相应的保障行政许可公平的程序性规定。此外，我国修改后的立法上依然没有对行政许可注销的具体程序做出规定，导致这一实施在实践中很不规范，在实际上造成了行政许可无统一退出机制的状态。行政许可注销程序应该加入行政许可注销公告程序、

---

[1] 顾爱平. 行政许可制度改革研究——《行政许可法》实施后的思考[D]. 苏州大学, 2006: 28-29.
[2] 关保英. 上海自贸区行政许可程序加快研究[J]. 社会科学家, 2015（10）: 14-21.
[3] 徐晓明. 建构行政许可注销程序设想[J]. 理论探索, 2008（1）: 137-140.

行政许可注销审核程序、行政许可注销异议程序等。

(二)行政裁决程序

行政裁决程序指的是行政裁决机关在实施裁决的过程中所应遵循的过程、步骤、顺序和方式的规则集合体。2019 年 6 月 2 日,中共中央办公厅、国务院办公厅印发了《关于健全行政裁决制度加强行政裁决工作的意见》(以下简称《意见》),强调要健全行政裁决制度,并进一步提出了"细化程序规定"的要求。

然而,目前关于反思和完善行政裁决程序的学术成果非常少,行政裁决本身都不是行政法学界研究的重点,更不要说行政裁决程序的研究。目前关于行政裁决研究的主要观点有:①杨国平提出,由于受到"重实体、轻程序"实用主义传统观念的影响,我国绝大多数规定行政裁决权的法律对于行政机关如何来实施行政裁决权的程序性规定鲜有所见。即使有规定,也是限于具体纠纷行政裁决程序的简单规定,使得行政机关做出行政裁决的过程缺乏必要的程序限制,在公开性、公平性和公正性三方面缺乏有效的监督,行政裁决结果的说服力也受到了一定的影响。①②罗豪才教授在《行政法学》一书中提出,尽管有关行政裁决的法律、法规大量出现,但大多限于对行政裁决权的确认,对行政裁决程序的规定却寥寥无几,更谈不上对统一的行政裁决程序作出规定,行政裁决缺乏严格的程序规范既影响行政裁决的具体实施和行政裁决作用的有效发挥,又不利于保护当事人的合法权益。②③宫桂芝提出,行政裁决程序具有效率高的特点,但缺乏统一法律规定,过于简单笼统,主要表现为听取纠纷双方当事人的意见不够、适用的法律规范不全面、缺乏统一的备案审查制度等。③④姬亚平教授提出,我国对行政裁决程序没有统一的规定,散见于单行的法规、文件之中,往往是具有行政裁决职能的各个机关自行制定,在这些部门规定中,行政裁决程序内容相差很大,容易导致行政部门存在利己现象,而不能充分保护行政相对人的合法权益。④⑤齐树洁,丁启明

---

① 杨国平. 对行政裁决和谐主义功能的重新审视[J]. 探索与争鸣, 2010 (8): 112-114.
② 罗豪才. 行政法学[M]. 北京: 北京大学出版社, 2000: 221.
③ 宫桂芝. 行政裁决法治化的思考[J]. 学术交流, 1999 (1): 3-5.
④ 姬亚平. 行政裁决问题研究[J]. 理论导刊, 2008 (10): 82-84.

两位学者提出，A.受程序工具主义观念的影响，我国规定行政裁决的法律多以实体性授权为主，具体的程序性规则极少；B.多授权少控权的立法现状，导致行政裁决在实践中操作混乱，对权力运行的约束严重不足，行政裁决与行政执法在价值取向上的差异，未能在制度设计中得到良好反映；C.要确保行政裁决主体按照合理标准执行法律，才能防止行政权异化损害公民权利，这种合理标准应至少包括公开、回避、期限等反映正当程序原则的规定。D.在立法层次上可以考虑由行政程序法统一规定行政裁决的设立方式、基本原则、一般程序及救济方法，再结合实际情况细化不同类型行政裁决的具体程序、证据标准，包括申请与告知，回避制度，陈述与答辩，制作规范的裁决文书，送达程序。[①]

目前我国的行政裁决程序主要存在以下问题：第一，行政裁决程序立法需要反思，行政裁决法律规定存在程序性规定较少、简单和不统一的问题。由于我国绝大多数规定行政裁决的法律对于行政裁决程序缺乏具体的规定，或者即使有规定也比较简单，使得行政裁决过程缺乏必要的程序限制和有效监督，裁决结果不够公正。第二，立法对执法权的约束不足的结果是裁决机关自行制定行政裁决程序，不同裁决机关的程序内容相差很大，容易出现部门利己现象，不能充分保护行政相对人的合法权益。既影响裁决的实施和作用的发挥，又不利于保护当事人的合法权益。第三，我国规定行政裁决的法律中程序性规则极少，多授权少控权，导致对权力运行的约束严重不足。要确保裁决主体按照正当程序标准执法才能防止损害公民权利，可以由行政程序法统一规定或行政裁决程序法规定行政裁决的一般程序，再依据程序正当原则和结合实际情况细化不同类型裁决的具体程序，包括申请与告知，回避制度，陈述与答辩，制作规范的裁决文书，送达程序，从而完成行政裁决程序的完善。研究行政裁决程序时还要注意以下问题：第一，需要从程序法理论的角度去全面和系统反思行政裁决程序立法和执法方面的问题；第二，行政裁决程序应该如何完善需要全面和系统的构想。这些是本研究需要从程序法治化角度解决的问题。

目前，我国既没有制定专门的《行政裁决法》，也没有专门的《行政程序法》，

---

① 齐树洁，丁启明. 完善我国行政裁决制度的思考[J]. 河南财经大学学报，2015（6）：8-15.

有关行政裁决程序的规定主要散见于多个单行的法规、规章中，在整体上呈现出分散性、简单性与抽象性的特征。由于现行立法并没有对行政裁决程序做出明确、具体和统一的规定，导致散见于单行法规、规章中的现有行政裁决程序规定更多地体现了其制定机关的意志和利益，不同法规、规章的程序规定之间缺乏一致性与衔接性，在程序内容上更是缺乏统一性与完整性，这不仅增加了行政裁决实务中的适用难度，也使得现有的行政裁决程序难以真正实现对行政裁决机关的有效规制，逐渐沦为行政裁决机关的"办事流程"。也正基于行政裁决程序所存在的缺陷，在行政裁决的过程中经常出现行政裁决机关滥用职权甚至权力寻租的现象，难以保证行政裁决实体结果的公平正义，影响了人民群众对于行政裁决制度的信任和支持，近年来出现了《意见》所提到的行政裁决适用情形有所减少、在人民群众中的认知度逐渐降低、化解民事纠纷"分流阀"的作用没有得到充分发挥等情况就在所难免。事实上，相比灵活多变的行政实体法，行政程序法呈现出较强的共性特征。在现阶段难以制定统一的行政裁决实体法的情况下，通过完善行政裁决程序的统一性和完整性保证行政裁决结果的公平性与正义性，从而实现《意见》所提出的充分发挥行政裁决在化解社会矛盾纠纷、维护社会和谐稳定中的重要作用，完善有机衔接、协调联动、高效便捷的矛盾纠纷多元化解机制，切实保障人民群众合法权益，不仅必要，而且可行。

（三）行政规划程序

行政规划程序指的是制定行政规划时所应遵循的过程、步骤、顺序和方式的规则集合体。

对于这一问题，董保城教授提出了自己的观点。①依行政行为性质所可能对人民权义产生影响之轻重不同而设计出不同程序规定，德国行政程序法之程序性规定为"二分法"——为"一般行政程序"与"特别行政程序"两种类型，后者再细分为"正式行政程序"和"确定计划程序"，美国也有类似两分法，将听证分为正式听证和非正式听证，由于行政计划牵动人民权益之变动，德国将其列为比起正式行政程序更为严格细致之程序，必须听证。在听证程序中对于提出之计划之各种不同观点应详为讨论之，此种程序即为"确定计划"程序；②拟定计划程序之五大步骤，A.拟定计划之提出，所拟定计划是否必要，周详、合理、可行与妥当，应由拟定计划主体之直接上级机关透过民主、公开参与之程序，使计划经过公评后确定；B.拟定计划之公开与异议之提出，将计划刊登公报或展示，征询该计划所涉及相关职权其他机关之意见以及向社会大众提供咨询，汇集意见与咨询，拟定计划之主体与公开并听证之机关分别由不同机关且听证由专责单位或人员处理之规定；C.预告听证日期。应在计划影响地区发行之新闻纸刊载之；D.听证之进行，主持听证之单位或人员应使参与听证程序之当事人充分讨论，对于逾异议期间提出之异议亦得讨论之，并力谋各种不同意见之利益之调和；F.确定计划之裁决，主持听证之单位主管或人员做成听证报告书，送交确定计划之机关，确定计划之机关应根据拟定计划主体申请书内容及斟酌全部听证之结果后对该计划做成是否及如何核准。[①]

目前我国还没有制定专门的《行政计划法》，但是有部分学者对这一问题开展了研究，并提出了自己的见解，较为有代表性的是云南大学法学院杨临宏教授所提出的中华人民共和国行政计划法（专家建议稿）。如果将大陆地区的成果尤其是杨临宏教授所提出的中华人民共和国行政计划法（专家建议稿）与德国等国家和地区的法律规定进行比较，以及对比正当程序的基本要求，就可以发现其中的差别。第一，只规定了正式听证程序，没有规定非正式听证程序，这样势必会提升程序成本。第二，并没有关于听证主持人中立性的有关规定，使得行政规划的听证，行政机关的主导性过强，实际上使得行政规划很容易完全沦为行政规划机关的单位意志。第三，除了内容涉及土地的开发利用或限制使用的行政计划书外，没有规定行政计划书的公开程序，使得整个行政规划的行政公开和监督工作都难以得到保障。这些问题都是需要在制定和完善行政执法程序时需要注意解决的。

（四）行政征收程序

行政征收程序指的是行政征收时所应遵循的过程、步骤、顺序和方式的规则集合体。行政征收一直是社会转型期的一个热点问题，也是没有得到完全妥善解

[①] 翁岳生. 行政法[M]. 北京：中国法制出版社，2009：770-777.

决的问题，因此对于行政征收程序关注的学者也比较多。①吕图，刘向南，刘鹏三位学者提出，A.征地农民存在强烈不满的主要原因是征地程序设计与实施的不公平性，而公平感知程度低会显著增加失地农民产生冲突的意愿，公正的程序能够显著提高人们对公共政策的接受度，征地补偿的程序对补偿标准、补偿方式、补偿分配具有正向影响；B.实现程序公正的主要途径则是对相关主体程序性权利的保障，征地过程中农民的程序性权利界定为知情权、参与权、表达权和监督权四个方面，建议加强征地信息公开制度建设，规范参与程序，明确被征地农民的参与环节和参与方式，推动农民表达权实质化，健全征地监督机制和责任追究机制，保障农民的监督权。①②关保英教授提出，《行政强制法》对行政强制征收进行程序上的控制还缺乏针对性、完整性，行政强制征收的程序进路包括行政征收行为前置、行政征收阻滞的评估、强制征收理由的告知和实施主体的确立。②③肖金明教授提出，建立和完善行政征收程序是行政征收制度建设的核心问题，行政征收程序制度的完善和发展应当遵循如下思路：其一，广义地讲，行政征收程序包括了税费设定程序、征收执行程序和征收监督程序，除重视征收执行程序外，至少要强调税费设定程序化，比如开征新税、税率调整、收费决定等应当经过听证程序，其二，狭义地说，行政征收程序专指征收执行程序，为税费征收执行权设置运行程序，通过法定程序控约征收执行权，将有利于减少行政征收的主观性和随意性，有效保障公民、法人和其他组织的财产权；其三，行政征收应当排弃"征收权力——纳税、缴费义务"的传统单向思维，在税费征收和支出等各个层面上，通过程序创设相对人的参与和监督权利，防止和抑制行政征收权力的滥用和专断。③④杨叶红教授提出，当前的行政征收程序问题集中反映在集体土地征收的决策、实施和纠纷解决过程中，应当以正当程序理念来改造征收程序，建设民主科学的决策程序、阳光透明的执行程序、中立公正的纠纷解决程序。④⑤周莹副

---

① 吕图，刘向南，刘鹏. 程序公正与征地补偿：基于程序性权利保障的影响分析[J]. 资源科学，2018（9）：1742-1751.

② 关保英. 行政强制征收的程序控制探讨[J]. 法制与社会发展，2009（5）：102-111.

③ 肖金明. 行政征收的理念、原则与制度[J]. 中国行政管理，2002（6）：24-27.

④ 杨叶红. 行政征收的正当程序研究——以长株潭城市群建设进程集体土地征收为例[J]. 湖南社会科学，2011（5）：66-69.

教授提出，为了进一步推动行政征收的规范化和法制化，必须加强行政征收的程序建设，其核心是完善征收中的公众参与制度和信息公开制度，这些制度应贯穿于征收的设定与实施全部过程当中，行政机关在设定征收以及进行决策时要采取座谈会、听证会、专家论证会等多种形式广泛听取公众意见，公众有权就征收的目的、范围、条件、实施程序以及补偿的标准等"讨价还价"、发表意见或提出建议，要避免不征求民意的暗箱操作，以保证征收科学性和合理性，在实施征收以及进行补偿时要严格遵循征收法定原则、公开公正原则，健全和完善调查制度、告知制度、说明理由制度等，落实征收过程中公民的知情权、参与权和监督权。[①]

⑥刘向南，吕图，严思齐三位学者提出，A.研究发现征地过程中程序公正较货币补偿可能更为重要，相比较征地补偿及分配等实体性的财产权利，农民在征地过程中的知情、参与、表达、监督等程序性权利对保障其权益的实现，促进这一制度本身的良性演进，具有更为重要的根本性意义；B.辽宁省6市30村的调研显示，农民的程序性权利保障程度也不容乐观，大多数地方政府和村集体没有按照法定程序执行，个别地区农民的知情权、参与权、表达权和监督权完全没有得到保障，如公告发布不及时或不完整，农民只是被动接受，由于对征地信息了解较少，很难有效参与到征地过程之中，农民普遍反映缺乏表达利益诉求的渠道，仅有42%的村民参与过村民大会讨论决定征地事宜，听证会制度形同虚设，此外受访地区的当地法院均不受理此类诉讼，农民的程序性权利普遍保障程度不高甚至受到侵害，被征地农民也普遍反映希望征地工作更加公开透明，提高征地补偿标准，保护农民的合法土地权益；C.征地程序性权利保障的建议是加强和完善"两公告一登记"制度的执行与监督，给予农民平等的谈判权利，加强行政和司法监督。[②]

通过对行政征收程序进行理论和实证分析可以发现，征地农民不满的原因是征地程序设计与实施的不公平性，现有法律中对征收程序的规定缺乏针对性、完整性，缺乏专门的法律规定，现有规定的正当性不足，需要对行政征收程序的立

① 周莹. 完善行政征收中公民权益保障制度的思考[J]. 理论前沿，2007（5）：33-34.
② 刘向南，吕图，严思齐. 征地过程中程序性权利保障与农民满意度研究——基于辽宁省6市30村的调研[J]. 中国土地科学，2016（5）：21-28.

法进行反思，也需要对行政征收程序理论进行反思，这是解决行政征收问题的前提。行政征收程序所存在的问题集中反映在集体土地征收中，应当以正当程序理念建设民主科学的决策程序、阳光透明的执行程序、中立公正的纠纷解决程序，核心是完善公众参与和信息公开制度，落实公民的知情权、参与权和监督权。实现行政征收程序公正的途径是对相关主体程序性权利的保障，建议加信息公开制度，规范参与程序，明确农民的参与环节和方式，健全监督机制和责任追究机制。

（五）行政处罚程序

行政处罚程序指的是行政处罚时所应遵循的过程、步骤、顺序和方式的规则集合体。2017 年《行政处罚法》进行了修订，但是依然存在很多问题：①曹福来副教授提出，税务机关不遵守处罚法定程序主要表现为告知程序的主体、内容、告知之后的复核程序不规范、不合法；听证的条件偏窄，听证期限、回避制度不健全，听证中不听取正确意见等；执行中存在没有按规定进行催告就采取执行措施等问题。[①]②苏艺提出，A.占据《行政处罚法》半壁江山的程序性规定还停留在传统行政法模式的语境下，显得控权、围堵有余，而协商、疏导不足，甚至喧宾夺主地挤占了实体性规则的创制空间，即使程序在公正与效率方面仍存在紧张关系，也不应成为程序设计或繁或简的理由；B.《公安机关办理行政案件程序规定》认可了行政案件繁简分流机制，作为一般程序的一个特殊处理方式，快速办理机制不同于简易程序，对不适用简易程序，但事实清楚，违法嫌疑人自愿认错认罚，且对违法事实和法律适用没有异议的行政案件，公安机关可以通过简化取证方式和审核审批手续等措施快速办理，其适用空间介于一定数量以上的罚款与十日以下的行政拘留之间，初步建立了权利告知制度、处罚裁量机制、处罚前告知制度和程序回转机制以保障违法嫌疑人的权利，并采用更加简化的取证方式和审核审批手续以加快案件办理速度。[②]③武戈，周云两位学者提出，行政处罚听证程序存在的问题：听证适用范围过于狭窄，不包括限制人身自由、没收违法所得、没收非法财物；启动听证的程

---

① 曹福来. 规范税务行政处罚程序的法律思考[J]. 税务与经济，2017（4）：96.
② 苏艺. 论行政案件快速办理程序的构建——以《行政处罚法》的修改为契机[J]. 行政法学研究，2019（5）：73.

序只有依申请举行不能适应现实的需要；主持人的选任欠缺中立性、专业性，职权不明确；没有对听证笔录的效力作出规定，未在制度层面上确立案卷排它原则。需要完善职能分离制度、扩大听证程序的适用范围、健全听证期限。[①]

（六）行政强制程序

行政强制程序指的是实施行政强制行为时所应遵循的过程、步骤、顺序和方式的规则集合体。2011 年制定的《行政强制法》对于行政强制程序的规定过于简单，不够完善。因此，学界对于行政强制的问题较为关注。①李升，庄田园两位学者提出，德国是行政强制执行制度的发源地，早在 19 世纪中叶就有了相关的立法规定，但是，作为一个联邦制国家，德国并没有统一的行政强制执行法律，相反，联邦与各州都拥有各自的行政强制执行法律。在联邦层面最重要的立法就是1953 年生效的《联邦行政执行法》，作为该法补充的有 1961 年的《联邦执行官行使公权力直接强制法》，《联邦行政执行法》为行政强制规定了十分严格的程序与步骤，执行机关首先要进行告诫，给出一个期限，警告义务人如果期限届满仍不履行将采取强制手段；然后是对使用何种强制手段做出确认；最后才可以具体适用所确认的强制手段。[②]②杨建顺教授提出，A.《行政强制法》注重对行政强制措施的实施程序做出专门规范，强调从程序上规范行政强制措施权的实施，加强对公民、法人或者其他组织合法权益的保护：在对行政强制措施实施程序做出一般规定的同时，还围绕相关特殊程序作出规定；B.准确而全面地理解和运用行政强制措施的程序规制，不仅需要对这些专门的程序性规定进行系统性考察，而且还需要准确理解和把握行政强制措施的实施主体、适用条件和适用对象，从行政组织法和行政作用法层面探索对行政强制措施权进行规范的路径，探讨进一步完善权利保障和权利实现的方略。[③]③江凌燕副教授提出，行政强制执行行为一方面不属于行政法所明定的受诉范围，除非行政决定本身无效，原则上行政强制执行行为不具有可诉性。在行政强制执行程序违法与非法利益的法律冲突中，一方面"不

[①] 武戈，周云. 论我国行政处罚的听证程序[J]. 学术探索，2008（3）：71-75.
[②] 李升，庄田园. 德国行政强制执行的方式与程序介绍[J]. 行政法学研究，2011（4）：129-138.
[③] 杨建顺. 行政强制措施的实施程序[J]. 法学杂志，2011（11）：12-16.

法利益不受法律保护"，但另一方面不法利益的存在并不代表其就可以被非法剥夺，拥有不法利益的行政相对人的程序权利依然是存在的，所以解决冲突一是程序违法的补正，二是对程序违法者法律责任追究与承担。①④郭殊博士提出，A.行政强制执行程序的原则是法定原则、比例原则、效率原则、执行协助原则、参与原则、救济原则，程序内容包括告诫、行政相对人申辩与陈述理由、决定、实施、声明异议；B.行政主体违反法定强制执行程序时，对于是否应当撤销行政强制执行行为，必须考虑两个因素：第一，该行为是否损害了行政相对人的合法权益，损害则自然应当撤销，如不损害，则应当判决强制执行行为违法并维持，而通过司法建议要求该行政主体的上级机关给予其行政处分；第二，该行为是否产生了有利于行政相对人的法律后果，如果产生对相对人有利的法律后果且不违反法律、法规，也不损害国家、集体和他人的合法权益，那么法院不应判决撤销，而应通过司法建议警告行政主体。②⑤崔卓兰，张婧飞两位学者提出，除法律、行政法规外，地方性法规、部门规章、地方政府规章也大量设立行政强制，有些地方和部门的规范性文件也有设定行政强制的情况，层级越低的规范性文件设定的行政强制越多，行政强制执行权"滥"，行使行政强制执行权的机关应为公权力机关，或者是由公权力明确授权的机关；而现状是，各地方、各部门自己成立名目繁多的执行机构和人员，直接面对民众的执法主体没有法律强制权，却可以任意实施行政强制，随便运用公权力助长了低素质执法队伍滥用权力的倾向，政府职能部门几乎都设立了自己的执法队伍，去执行与自己部门相关的法律、法规、规章，这种状况也助长了执法机构"打架"，有好处的事争着做、承担责任的事互相推，职权重叠交叉问题严重，漏洞多多。③⑥谢芬提出：A.行政强制也是一种有限的社会资源，由此行政强制以及实施程序的谦抑属性也就成为现代行政强制程序所追求的价值目标，也是行政强制立法者所应当具备的理念；B.行政强制程序的

① 江凌燕. 非法利益的法律冲突——从我国立法尚未定论的可诉性难题谈起[J]. 广东行政学院学报，2014（3）：57-61.
② 郭殊. 论行政强制执行程序[J]. 社会科学，2003（6）：52-55.
③ 崔卓兰，张婧飞. 追求过程与结果的双重价值——围绕我国行政强制立法的探索[J]. 华南师范大学学报（社会科学版），2008（3）：3-9.

谦抑性基本含义主要体现在行政强制的最后手段以及程序的节制两个方面；C.行政强制谦抑性不足主要体现在主体缺乏自律，程序设计存在局限，强制程序随意启动，事前程序和听证程序不健全，期限制度规定有缺失；D.完善我国行政强制程序的谦抑性的构想：完善我国行政强制程序的谦抑性，加强与完善行政强制程序立法，完善和健全执法制度，改革传统的执行方式，建立科学的监督机制。[①]
⑦靳燕飞提出了以下观点：A.介绍了德国、奥地利、英国、美国、日本行政强制程序的基本规定，并提炼了对我国完善行政强制程序的启示，如强调比例原则，注重告诫和临时处分程序，强调司法监督，体现"尊重人权，保障自由"的精神，执行程序较为人性化等等；B.行政强制措施程序的立法缺陷有行政强制措施决定失当，回避程序缺失，出示执法身份证件规定模糊，程序主体范围过于宽泛；行政强制执行程序的立法缺陷有程序显失公正，缺乏再次催告程序，期间期日规定混乱，不再执行的期限较长，救济程序缺失；C.完善我国行政强制程序的建议有将尊重基本人权、敦促当事人履行义务、坚持正当程序作为行政强制程序的指导理念，由执法人员直接做出决定，主动出示执法身份证件，规定回避程序，规定再催告程序，明确再催告的期间期日，规定开庭审查和申请复议程序。[②]

行政强制法的发源地是德国，在19世纪中叶就有立法，但德国没有统一的行政强制法，联邦与各州都拥有各自的行政强制执行法律，这一点虽然与中国不同，但立法层次上与中国的现状有点相似。目前地方立法设立大量的地方性行政强制，层级越低的地方性立法甚至地方性文件设定的越多越滥，各个地方和各个部门自己成立执行机构和人员，没有法律授权却可以任意实施行政强制，而低法律素质的执法队伍更是容易滥用权力，也助长了执法机构职权重叠交叉问题。如果中国能够完善国家层面的行政强制立法，可以在很大程度改变行政强制立法和实施的各个地方不统一的现象。《行政强制法》名义上说注重对行政强制措施的实施程序做出规范，但由于各种程序制度不够全面和细致，也没有注重权力与权利的平衡，忽视了行政强制需要谦抑，尤其是通过完善的程序来约束行政强制权力主体，导

① 谢芬. 论行政强制程序的谦抑属性[D]. 湖南师范大学，2013：5-38.
② 靳燕飞. 论行政强制程序[D]. 湖南师范大学，2012：10-27.

致程序不够公正从而对公民、法人或者其他组织合法权益的程序保护还是不足的。同时，行政强制执行不属于法定的受诉范围，更没有详细规定行政强制程序违法和程序性责任，应该规定行政强制程序违法的补正和对程序违法者的法律责任追究与承担。完善行政强制程序，还需要立足立法与现实，要对程序性规定进行系统考察，尤其是还要注意从行政组织法和行政作用法层面去探索如何进行具体完善和规范。

（七）行政指导程序

行政指导程序指的是实施行政指导行为时所应遵循的过程、步骤、顺序和方式的规则集合体。目前学界对于第三代行政程序尤其是其典型行政指导程序不够敏感，因此关注的不多，主要学术观点有：①孔祥发教授提出，A.行政指导是否能既维护行政机关的权威，同时又不贬损行政相对人合法权益，关键就看有无完善的正当程序做保障；B.重实体轻程序的价值取向的状况，在行政指导的设立、运行及其效果的各个方面都有体现，如行政指导程序规定涉及的领域过窄且又过于粗疏，行政指导程序民主协商方面规定太少、太弱且不适用当今世界的行政民主化潮流的客观要求，对行政指导进行监督、救济等相应的程序规定缺失；C.行政指导程序的逻辑结构包括程序理性、程序中立、程序公开，要制定行政指导程序，包括专家论证制度、审议会制度，行政表彰、鼓励、奖励制度，行政劝告、告诫制度、加强和完善行政调解、协商和斡旋制度，息发布制度、说明理由制度、行政公开制度等。[①]②杨世增教授提出，A.行政指导程序，是指行政主体实施行政指导行为时所遵循的一定步骤、方式、时限和顺序等所构成的一个连续过程，主要有以下几方面的重要价值：规范和监督行政主体依法实施行政指导；为行政相对人提供参与和表达利益诉求的途径，保护行政相对人的法律权益；提高行政效率，减少行政资源的浪费；规范行政自由裁量权，促进行政指导的民主性、科学性和可接受性，保障行政相对人合法权益；B.我国行政指导程序存在的问题：理论研究缺乏，立法滞后；决策程序上透明度不够，缺乏民主参与；实施程序上行

[①] 孔祥发. 行政指导的程序保障[J]. 学术交流，2012（12）：65-68.

政相对人实体和程序权利得不到保障；救济程序上救济途径严重缺乏；C.完善我国行政指导程序的对策建议：完善行政指导程序立法，确立行政指导程序的基本原则为正当程序原则、合法合理原则、公开原则、民主自愿原则、信赖保护原则，建立健全行政指导程序的具体制度如调查程序制度、专家咨询与论证制度、行政指导决策信息公开制度、确立听证制度、说明理由制度、行政指导实施程序制度、行政指导告知或公布制度、程序停止制度、诱导利益兑现制度、行政指导备案制度、行政指导救济程序制度。[①][③]丁丽红博士提出，A.行政指导程序是指行政机关实施行政指导行为应遵循的具体方式和步骤，特别是步骤的总和；B.关于行政指导的程序规定总的来说过于疏漏，特别是许多领域尚无行政指导的必要法律规定，且有关的法律规定又过于粗疏，不利于行政指导措施合法地操作，民主、协商方面的规定太少，监督、救济的相应程序规定比较缺乏；不按已有程序实施行政指导的现象比较普遍，在操作中的变形现象严重，如将商谈、交换意见等体现行政民主的程序规定，操作成了带有强迫性的行政行为，自由裁量空间过于宽泛，易使行政法治空洞化；C.至少对以下几个方面应特别加以注意；a.对最基本、最常用的行政指导程序，如商谈、告知、说明事由、听取意见、交付资料等等，应作出明确具体而有一定弹性的法律规定；b.进一步增强行政指导程序规定的公开性、参与性和民主性；c.逐步健全与完善对行政指导行为进行监督和制约的程序规定；d.应在我国将要制定出台的专门行政程序法典中，就行政指导行为作出最必要、最基本的程序规定，而且可在条件成熟时专门制定出我国的《行政指导法》，就行政指导行为的实体和程序方面最基本的问题作出规定。[②]

把行政指导程序的概念定义为行政机关实施行政指导应遵循的步骤、方式、时限和顺序等连续过程这一观点是值得商榷的,实施行政指导的未必是行政机关,程序也不是过程，而是规则。新时代合作行政发展的背景下行政指导程序具有非常重要的意义，完善的行政指导程序不仅可以规范和监督行政指导程序权力主体依法实施行政指导，保护行政指导相对人的合法权益，提高行政指导效率，促进

[①] 杨世增. 试论我国行政指导程序的完善[J]. 云南行政学院学报，2012（3）：59-64.
[②] 丁丽红. 我国行政指导程序的缺陷与完善[J]. 河北法学，2004（3）：155-157.

行政指导的民主性、科学性和可接受性，更关键的是可以为协商行政、合作行政的程序完善提供路径。目前的行政指导法律规定依然存在重实体轻程序的价值取向，导致行政指导程序从理论研究到立法都存在严重滞后于现实需要的问题，行政指导实施过程中明显缺乏民主参与，行政指导相对人从实体性权利到程序性权利都得不到依法保障和救济，对于行政指导权力主体也缺乏应有的监督。

行政指导程序的基本原则是民主自愿原则和信赖保护原则，价值应是程序中立，完善的行政指导程序制度包括专家论证制度，审议会议制度，行政鼓励制度，行政协商制度，信息公开制度，说明理由制度，行政监督制度，调查制度，听证制度，回避制度，行政救济制度等。

二、行政执法程序的程序法学分类

如何从程序法学的角度对行政执法程序进行分类，目前还没有专门的研究成果。不过黄捷教授针对程序法所进行的程序法学分类可以提供借鉴：①程序法是有关活动的法，程序法分别指向各个具体的重要社会活动，是专门调整特定社会活动的法律系统是针对特定社会活动而预置的法律行为规则的集合体。以此为基础才能进一步认识到程序法的三大基本类型，源于对程序法属于活动法的认识，需要考虑将法学领域中所有对应和调整特定社会活动的法律归入为程序法的范围，程序法因此便不仅仅指向诉讼法，而是包括了所有对应和规范特定社会活动的法律系统；②程序产生于过程，但不能等同于过程，程序必须是能够使过程即程序性问题具有秩序和顺序的那些元素。这种元素应当是指能够使人们在过程中可以遵循的一套或一组行为规则，是数个或数十个，数百个，甚至更多行为规则组成的集群或集合体；③程序相对于程序行为人而言，其中的每一个规则都是具有约束性的，哪怕是一条有关授权性的程序规则，其相对行为人的意义亦必然是约束，程序中行为人最大的自由是没有规则；④所有的社会活动都有与之对应的或简单或复杂的程序，程序法是这些程序中特殊的一部分。程序法是国家针对社会生活中重要的社会活动或国家权力参与其间的特定社会活动，通过立法活动所预置设定的规则系统。所以程序法是法制化了的程序；⑤法律总体上分为三个层次，也就有了三大类型，分别是第一层次"构建或形成法律秩序的法律"、第二层次"救济或保障法律秩序的法律"、第三层次"强化或净化法律秩序的法律"，亦可分别称之为形成法律秩序的法、保障法律秩序的法、强化和净化法律秩序的法，这个划分同时适用实体法和程序法，法的三种类型相对实体法又可以分别另称为设定权利义务或权力责任关系的法，设定社会关系非秩序化后果的法，设定社会关系非秩序化严重后果的法，这里国家强制力保障实施的方式在三种实体法中并不直接表现出来，而一直是一种可测性的存在，只有在程序法中我们才能看到国家强制力实际发挥保障实施作用的不同表现，所有的实体性设定的内容皆是为不同层次程序法的适用提供目标、条件和基础，国家强制力保障实施在三种程序法中则突出地体现为执行性、救济性或矫正性、惩罚性；⑥形成法律秩序的程序法（如婚姻登记条例）处于法律功能体系架构第一层次，以执行为主，负责法律秩序的形成，实体法负责设定法律关系的应然状态，是构建中的构，程序法则使应然状态得以形成，是构建中的建，救济或保障法律秩序的程序法处于法律功能体系架构第二层次，与实体法中设定社会关系非秩序化后果的法相对应，负责使遭到阻碍或扭曲的法律秩序获得恢复或矫正，其功能以救济或保障为主，净化或强化法律秩序的程序法处于法律功能体系架构第三层次，是第二层次中的救济或矫正机制难以有效维护法律秩序时所需要的最后保障性活动，刑事惩罚性为主，负责使阻碍或扭曲法律秩序并达到犯罪标准的行为人受到国家刑事惩罚，从而使他们与正常社会产生暂时或永久隔离，使得法律秩序得以净化或强化，同时兼顾相应法律秩序获得恢复或救济，该三大层次的程序法规范着不同的法律活动，分别对应着实体法的不同设定，在实体状态变化和程序功能演绎中依次属于递进关系，并且后继的程序法总是兼有前面层次程序法的部分或全部功能；⑦国家行政权力直接作用于社会，执行国家法律实施对各种社会事务的管理服务，在纵向的社会关系中构建和形成法律秩序，维护社会稳定，正因为如此，行政权力运行中容易出现扭曲，即行政权力是实践中最容易发生错误的国家权力，或者说是最容易被认为发生了错误的国家权力；⑧处于第一层级的构建法律秩序的程序法，承担着在社会各个领域形成法律秩序的任务，是法治实现所需要的基础性法律，处于第二层级的程序法，民事诉讼法和行政诉讼法为主要代表——其地位介于三个层级中间，其在整个法治建设的意义中举足轻重、极为关键，这个层级的程序法律活动直接决定着法治的走向和状态，处于第三层级的程序法，以刑事诉讼法为代表，是法律捍卫自身秩序的最后手段；⑨程序法可以成为权力的樊笼、权利的公寓；⑩程序法存在良莠之别，所以程序法并不直接等于程序正义，程序法的品格——良程序法是秩序的护堤，莠程序法是滥权的温床或权利的牢笼，程序法自身的状态是法治能否有效建设的关键，程序法吻合程序正义与否亦是法治能否正义实现的关键；⑪第一层级所需求的大量通用型程序法，过去长期被置于非程序法的地位，如今纳入程序法范畴，但理论基础和立法实践都相对薄弱，处于第二层级的以民事诉讼法和行政诉讼法为主要代表的救济或保障性程序法，其本身属于传统的狭义程序法的范畴之内，总体上是长期受到较多重视的程序法，行政诉讼法作为程序性法律，其立法中的授权高于约束，与大多数程序性法律的表现悖反，与实体性法律的表现类同，尚存在较多的完善空间，第三层级的程序法以刑事诉讼法为代表，目前我国正面临着司法体制改革以及国家监察制度确立，所以该法依然存在较大的完善空间。①

　　黄捷教授划分了程序法的类型，依据他的观点，法律总体上分为三个层次，也就有了三大类型，分别是第一层次"构建或形成法律秩序的法律"、第二层次"救济或保障法律秩序的法律"、第三层次"强化或净化法律秩序的法律"，相对实体法又可以分别另称为设定权利义务或权力责任关系的法，设定社会关系非秩序化后果的法，设定社会关系非秩序化严重后果的法。相应的，形成法律秩序的程序法（如婚姻登记条例）处于法律功能体系架构第一层次，救济或保障法律秩序的程序法处于法律功能体系架构第二层次，净化或强化法律秩序的程序法处于法律功能体系架构第三层次，并对三个类型的程序法的现状进行了分析。这一分类是从社会活动的角度依据程序法在社会活动中的不同功能进行的划分，这一分类的意义在于可以依据不同层次现行程序的功能实现情况检视其缺陷，从而为完善奠定了基础。依据这一分类，行政执法程序法也可以分为三个层次，其中关于实施

---

① 黄捷. 论程序法的三种类型[J]. 湖南师范大学学报（社会科学版），2018（4）：58-66.

行政执法程序基础理论研究

行政执法行为过程中所应遵循的过程、步骤、顺序和方式的规则属于第一层次"构建或形成法律秩序的法律",关于对行政执法行为违反行政执法程序、侵犯行政执法程序权利主体的权利后如何依法进行救济的规则属于第二层次"救济或保障法律秩序的法律",关于如何依法追究行政执法程序权力主体因故意或重大过失违反行政执法程序所应承担的法律责任的规则属于第三层次"强化或净化法律秩序的法律"。显然,不同层次的行政执法程序规则的完善需要依据不同的方法,应不同层次程序法对构建不同类型的法律秩序所起的作用,以及对这些程序规则的正当性、程序性、实效性三个方面进行评价,总结行政执法程序的特点和功能,结合行政执法程序目前的运行状况,为破除由于我国历来"重实体、轻程序"的理念导致行政执法程序在运行中容易被"边缘化"的难题提出对策和建议,反向促进行政执法程序法在立法上的修缮,从而更好地构建行政执法秩序。同时,研究行政执法程序的类型还需要通过程序法的三种类型来对不同执法行为所对应的行政执法程序所属的类型及和其他类型执法程序之间的关系与衔接进行探讨,从而进行进一步细分,以便依据不同的行政执法程序类型的不同特点和需要进行相应的完善,也可以为实证化分析与论证奠定基础。

第四章　行政执法程序立法论

完善行政执法程序是深入贯彻和落实党的十八届四中全会公告《中共中央关于全面推进依法治国若干重大问题的决定》的必然要求。全会公告所提出的"形成完备的法律规范体系、高效的法治实施体系、严密的法治监督体系、有力的法治保障体系……坚持依法治国、依法执政、依法行政共同推进……实现科学立法、严格执法、公正司法、全民守法"证明了完善行政执法程序的重要性和必要性，而全会公告所提出的"建设中国特色社会主义法治体系，必须坚持立法先行，发挥立法的引领和推动作用，抓住提高立法质量这个关键。要恪守以民为本、立法为民理念，贯彻社会主义核心价值观，使每一项立法都符合宪法精神、反映人民意志、得到人民拥护。要把公正、公平、公开原则贯穿立法全过程，完善立法体制机制"则指明了完善行政执法程序的前提和基础——完善行政执法程序立法。

第一节　行政执法程序的立法现状

一、国家立法

（一）相关国家立法的梳理

国家层面的立法包括宪法、法律、行政法规和部门规章。具体来说：①宪法层面。宪法中没有关于行政执法程序的直接规定。②法律层面。目前没有制定出关于行政执法程序的专门法律，也就是说，关于行政执法程序没有直接和专门的《执行执法法》和《行政执法程序法》，但是在《行政许可法》《行政强制法》《行政处罚法》《治安管理处罚法》等相关法律中包含着有关行政执法程序的规定，这些法律主要有《行政许可法》《行政强制法》《行政处罚法》《治安管理处罚法》《海关法》《出境入境管理法》《环境保护法》《税收征收管理法》《人口与计划生育法》《土地管理法》《矿产资源管理法》《水法》《档案法》《反恐怖主义法》《国家安全法》《大气污染防治法》《烟草专卖法》《电力法》《反间谍法》《安全生产法》《人民警察法》《职业病防治法》《政府采购法》《反垄断法》《反不正当竞争法》《食品安全法》《产品质量法》《价格法》《消费者权益保护法》《商标法》《专利法》《著作权法》《广告法》《船舶吨税法》等。③行政法规层面。目前没有关于行政执法与行政执法程序的专门行政法规，但在《铁路运输安全保护条例》《政府采购法实施条例》《政府信息公开条例》等行政法规中包含着有关行政执法程序的规定，而涉及行政执法的行政法规主要有《政府采购法实施条例》《居住证暂行条例》《不动产登记暂行条例》《企业信息公示暂行条例》《商标法实施条例》《医疗器械监督管理条例》《保守国家秘密法实施条例》《城镇排水与污水处理条例》《信息网络传播权保护条例》《著作权法实施条例》《气象设施和气象探测环境保护条例》《校车安全管理条例》《招标投标法实施条例》《放射性废物安全管理条例》《车船税法实施条例》《资源税暂行条例》等。④部门规章层面。目前关于行政执法程序的专门部门规章较少，主要有《交通运输行政执法程序规定》，但在《国土资源行政处罚办法》《土地权属争议调查处理办法》等部门规章中包含着有关行政执法程序的规定。而涉及行政执法的部门规章主要有《气象信息服务管理办法》《职业健康检查管理办法》《国家物资储备管理规定》《侵害消费者权益行为处罚办法》《政府核准投资项目管理办法》《外商投资项目核准和备案管理办法》《公司注册资本登记管理规定》《国内水路运输管理规定》《国内水路运输辅助业管理规定》《政府采购非招标采购方式管理办法》《网络发票管理办法》《经营高危险性体育项目许可管理办法》《娱乐场所管理办法》《快递市场管理办法》《拍卖监督管理办法》《生产煤矿回采率管理暂行规定》《业余无线电台管理办法》《财政票据管理办法》《机动车登记规定》《机动车驾驶证申领和使用规定》《消防监督检查规定》《出入境人员携带物检疫管理办法》《劳务派遣行政许可实施办法》《公路工程勘察设计招标投标管理办法》等。

（二）国家立法中相关规定的总结

通过梳理国家层面的法律性制度可以发现，这些法律性制度中关于行政执法程序的规定主要呈现以下特点：

（1）宪法。《中华人民共和国宪法》中没有关于行政执法程序的任何直接规定。

（2）法律。①《行政许可法》中规定的行政许可程序有 30 条 4000 字左右，占到了全部内容的 35%左右，关于程序规定的内容包括了申请、受理、处理、公开、陈诉、申辩、说明理由、时限、回避、听证、检测、鉴定、监督检查、救济、追责等程序，整体上较为详细、具体。其不足之处在于：第一，陈诉、申辩、变更、回避程序只规定了名称，缺乏具体的内容。第二，监督检查程序的规定过于简单抽象，自由裁量空间过大。第三，行政许可部分程序的公开性不足，如规定听证时间和地点只是"必要时"才公告。②《行政强制法》中规定的行政强制措施实施程序和行政机关强制执行程序有 37 条 4900 字左右，占到了全部内容的 55%，关于程序规定的内容包括了强制措施实施程序、查封扣押程序、限制人身自由程序、冻结存款汇款程序以及行政强制执行的催告、陈述、申辩、听取理由、送达、代履行等程序。其不足之处在于：第一，规定的程序不全面，如行政强制措施的公开程序、听证程序都缺乏规定。第二，很多程序都只规定了名称，缺乏具体的内容，如陈诉、申辩程序。③《行政处罚法》中规定的行政处罚程序有 20 条 2000 字左右，占到了全部内容的 25%左右，关于程序规定的内容包括了告知、陈述、申辩、处罚、调查、送达、听证、救济、执行、时限、监督等程序。其不足在于：第一，有些程序规定的过于简单，如调查程序，自由裁量的空间过大；第二，有些程序只规定了名称，缺乏具体的内容，如监督程序；第三，部分程序的正当性不足，如没有规定听证通知的公开方式，没有规定听证笔录应作为行政处罚的依据。④《治安管理处罚法》中规定的治安处罚程序有 36 条 4000 字左右，占到了全部内容的 20%左右，关于程序规定的内容包括了受理、调查、传唤程序、回避、询问、检查、告知、陈述、申辩、送达、听证、救济等程序。其不足在于：第一，有些程序规定的过于简单，如受理程序、调查程序，自由裁量的空间过大；第二，有些程序只规定了名称，缺乏具体的内容，如听证程序；第三，缺乏关于程序公开的有关规定。⑤《海关法》对于报关、检查、收税、监管、执法监督和回避程序做了简单的规定。⑥《出境入境管理法》对于外国人和交通工具出入境的检查、调查、盘问、遣返、救济程序做了简单的规定。⑦《反垄断法》和《反不正当竞争法》中规定了调查、陈述、申辩、举报、救济制度，却只对调查程序进行了简单的规定，自由裁量权过大，对于其他制度的程序以及听证、公开等必要程序都没有进行规定。⑧《广告法》中只对投诉程序作了简单的规定，其余程序则未作规定。⑨《商标法》对申请、审查、异议、复审、撤销、救济等程序作了简单的规定，而对于续展、变更、转让和使用许可等程序则未做规定。⑩《专利法》对申请、审查、异议、复审、撤销、救济等程序作了简单的规定，而对于宣告无效、强制许可等程序则未做规定。⑪《税收征收管理法》《环境保护法》《安全生产法》《政府采购法》《土地管理法》《人口与计划生育法》《人民警察法》《反间谍法》《职业病防治法》《档案法》《反恐怖主义法》《国家安全法》《大气污染防治法》《文物保护法》《烟草专卖法》《电力法》《矿产资源管理法》《水法》《食品安全法》《产品质量法》《价格法》《消费者权益保护法》都是实体性法律规定，没有对程序进行规定。

（3）行政法规。①《政府采购法实施条例》中对于采购本身程序规定的较为详细，但是缺乏关于评审专家产生程序、评审程序、回避程序、举报程序以及投诉的调查、质证程序的规定。②《居住证暂行条例》中关于居住证的申请、换发程序规定的较为详细。③《不动产登记暂行条例》中规定的不动产登记申请程序较为详细，查验程序较为简单，而变更和注销程序则没有规定。④《企业信息公示暂行条例》中关于信息的修改、抽查、举报和追责的程序规定过于简单。⑤《商标法实施条例》对于商标的申请、受理、审查、异议、评审程序规定的较为详细，但是对于更正、转让、续展、撤销、宣告无效程序则规定的较为简单。⑥《医疗器械监督管理条例》对于对检验程序作了简单的规定，对于医疗器械的监测、监督检查、举报程序基本没有规定。⑦《保守国家秘密法实施条例》中对于检查、鉴定程序作了简单的规定，关于保密、补救、调查的具体程序没有作出规定。⑧《校车安全管理条例》中的许可程序规定的较为详细，监管和审验程序规定的较为简单。⑨《招标投标法实施条例》的评标程序规定的非常详细具体，但招标、投标、公开程序以及投诉及其调查、处理程序则规定的非常简单。⑩《放射性废物安全管理条例》对于申请、变更、延续程序做了简单的规定，但没有规定监督检查程序。⑪《城镇排水与污水处理条例》《信息网络传播权保护条例》《著作权法实施条例》《气象设施和气象探测环境保护条例》《车船税法实施条例》《资源税暂行条例》都是实体性法律规定，没有对程序进行规定。

（4）部门规章。①《政府核准投资项目管理办法》详细规定了核准程序，但对于评估程序、专家评议程序、信息公开程序、变更程序和监督管理程序则未做规定。②《国内水路运输管理规定》对申报和监督管理程序作了简单规定，主要内容是时限，对于其余程序则未做规定。③《国内水路运输辅助业管理规定》对申报作了简单规定，主要内容是时限，对于监督管理程序的规定则较为详细，但依然不够全面，缺乏申辩、陈述、救济等程序的规定。④《公路工程勘察设计招标投标管理办法》中关于招标、投标、开标、评标、中标和监督管理程序规定的较为详细。⑤《政府采购非招标采购方式管理办法》对于政府采购、非招标采购方式的程序作了较为详细的规定。⑥《劳务派遣行政许可实施办法》中关于劳务派遣行政许可的程序非常详细，但是对于监督管理程序规定却缺乏规定。⑦《机动车登记规定》对于注册登记、变更登记、转移登记、抵押登记、注销登记的程序规定较为详细。⑧《机动车驾驶证申领和使用规定》对于机动车驾驶证申领、考试、发证、换证、补证和监督管理程序规定的较为详细。⑨《消防监督检查规定》中关于监督检查的程序非常详细，但是对于日常监督检查和执法监督却没有规定具体的程序。⑩《出入境人员携带物检疫管理办法》中对于检疫审批、申报与现场检疫、检疫处理的程序规定较为简单。⑪《经营高危险性体育项目许可管理办法》《快递市场管理办法》《业余无线电台管理办法》《财政票据管理办法》中关于许可和监督检查的程序规定非常简单，缺乏申辩、陈述、救济等程序的规定。⑫《气象信息服务管理办法》《职业健康检查管理办法》《国家物资储备管理规定》《侵害消费者权益行为处罚办法》《外商投资项目核准和备案管理办法》《公司注册资本登记管理规定》《网络发票管理办法》《娱乐场所管理办法》《拍卖监督管理办法》《生产煤矿回采率管理暂行规定》都是实体性法律规定，没有对程序进行规定。

（三）国家立法中存在的问题

梳理这些法律法规中关于行政执法程序的规定可以发现，有关行政执法程序的规定存在着以下问题：①宪法只有指导性，而难以直接适用。《中华人民共和国宪法》中没有关于行政执法程序的任何直接规定，但宪法的基本原则、公民的基本权利与义务、国家机构的划分与职权的规定可以为行政执法程序的制定与完善提供指引。②没有执法程序的规定。如《土地管理法》没有规定争议裁决程序，《烟草专卖法》《水污染防治法》《电力监管条例》《铁路运输安全保护条例》《档案法》《突发事件应对法》没有程序性规定。③执法程序制度不完整。如《行政许可法》没有规定调查程序和公开程序，《行政强制法》《审计法》没有规定听证程序和回避程序，《治安管理处罚法》和《土地权属争议调查处理办法》没有规定听证程序，《环境保护法》没有规定督查管理程序，《医疗机构管理条例实施细则》缺少登记和审批程序，《政府采购法》和《政府采购法实施条例》都没有规定行政裁决程序，《政府信息公开条例》缺少听证和社会评议程序，《文化市场行政执法管理办法》没有规定回避程序，《传染病防治法》《水法》只规定了监督检查程序。④执法程序的规定过于简单。如《行政许可法》的监督检查程序，《食品安全法》的公开程序、检查程序、强制程序，《价格法》的听证程序、监督检查程序，《水法》的监督检查程序，《道路交通安全法实施条例》的处罚程序，《税收征管法》的税务检查程序，《土地管理法实施条例》的土地征用程序，《国有土地上房屋征收与补偿条例》的征收程序，《药品管理法》和《药品管理法实施条例》的监督管理程序，《审计法实施条例》的公开程序都规定的过于抽象和简单，赋予了执法人员非常大的自由裁量空间。⑤执法程序的正当性不足。现有关于行政执法程序的规定基本都维持了行政执法机关的强势地位，对于行政执法相对人和其他参与人的权利维护和保障都显得不足。以《政府制定价格听证办法》为例，虽然对听证程序规定得很详细，可是依照该程序规定，听证过程中定价机关对于听证会具有强势的控制权，还规定听证会的意见只作为定价机关决策的"考虑"而非依据。

二、地方立法

地方性立法主要包括地方性法规和地方政府规章，现行有关行政执法程序的地方立法比国家立法更加丰富和全面。

（一）相关地方立法的梳理

1. 地方性法规。涉及行政执法的地方性法规主要有：（1）湖南省。《湖南省行政事业性收费管理条例》《湖南省行政执法条例》。（2）广西壮族自治区。《广西壮族自治区行政事业性收费管理条例》。（3）黑龙江省。《黑龙江省行政执法程序规定》《黑龙江省行政执法与监督条例》《黑龙江省行政许可监督条例》《黑龙江省规范行政执法条例》。（4）宁夏回族自治区。《宁夏回族自治区行政执法监督条例》《宁夏回族自治区行政复议条例》。（5）青海省。《行政许可监督管理条例》《青海省罚款和没收财物管理条例》《青海省行政机构设置和编制管理条例》。（6）甘肃省。《甘肃省建设行政执法条例》《甘肃省行政执法监督条例》。（7）云南省。《云南省行政执法监督条例》《云南省行政复议条例》《云南省行政事业性收费管理条例》《云南省行政执法证件管理条例》。（8）贵州省。《贵州省行政事业性收费管理条例》《贵州省行政复议条例》。（9）四川省。《四川省行政执法监督条例》《四川省城市管理综合行政执法条例》。（10）广东省。《广东省行政执法队伍管理条例》《广东省行政许可监督管理条例》《广东省行政机构设置和编制管理条例》《广东省行政执法责任制条例》《广东省行政执法监督条例》。（11）湖北省。《湖北省行政事业单位国有资产监督管理条例》《湖北省行政执法条例》。（12）河南省。《河南省行政执法条例》。（13）山东省。《山东省行政执法监督条例》《山东省行政复议条例》《山东省行政性事业性收费管理条例》。（14）江西省。《江西省行政执法监督条例》。（15）福建省。《福建省行政事业性收费管理条例》《福建省行政执法条例（草案）》。（16）吉林省。《吉林省行政复议条例》《吉林省行政执法条例》。（17）辽宁省。《辽宁省行政执法条例》。（18）河北省。《河北省行政许可条例》。（19）山西省。《山西省行政性事业性收费管理条例》《山西省行政执法条例》。（20）重庆市。《重庆市行政事业性收费管理条例》《重庆市行政执法责任制条例》《重庆市行政执法监督条例》。（21）北京市。《北京市行政性事业性收费管理条例》《北京市行政程序条例》。（22）新疆维吾尔自治区。《新疆维吾尔自治区行政事业性收费管理条例》《新疆维吾尔自治区民族团结进步工作条例》《新疆维吾尔自治区塔里木河流域水资源管理条例》。（23）陕西省。《陕西省行政事业性收费管理条例》。

（24）内蒙古自治区。《内蒙古自治区行政执法监督条例》。（25）安徽省。《安徽省行政执法监督条例》。（26）浙江省。《浙江省县级以上人民政府行政执法监督条例》。（27）上海市。《上海市城市管理行政执法条例》。

2. 地方政府规章。涉及行政执法的地方政府规章主要有：（1）湖南省。《湖南省行政执法人员和行政执法辅助人员管理办法》《湖南省行政许可监督检查规定》《湖南省行政处罚听证程序规定》《湖南省行政机关奖励管理办法》《湖南省行政性收费实行预算管理办法》《湖南省行政事业性收费管理办法》《湖南省行政执法证和行政执法监督证管理办法》《湖南省人民政府关于贯彻实施《实施湖南省行政程序规定》《湖南省行政程序规定》。（2）新疆维吾尔自治区。《新疆维吾尔自治区行政执法监督办法》《新疆维吾尔自治区行政事业性收费票据管理办法》《新疆维吾尔自治区行政机关实施行政许可监督规定》《新疆维吾尔自治区行政机关规范性文件制定程序规定》《新疆维吾尔自治区行政事业性收费管理规定》《新疆维吾尔自治区实施行政处罚程序规定》《新疆维吾尔自治区行政处罚听证程序实施办法》。（3）宁夏回族自治区。《宁夏回族自治区行政执法证件管理办法》《宁夏回族自治区行政执法争议协调处理办法辅助人员管理办法》《宁夏回族自治区行政听证程序规定》《宁夏回族自治区行政许可监督办法》《宁夏回族自治区行政许可过错责任追究办法》《宁夏回族自治区行政执法证件管理办法》《宁夏回族自治区行政区划管理及边界争议处理办法》《宁夏回族自治区行政规范性文件制定和备案办法》《宁夏回族自治区行政责任追究办法》《宁夏回族自治区行政事业性收费收缴分离规定》《宁夏回族自治区行政性事业性收费管理规定》《宁夏回族自治区行政机关工作人员奖励办法》《宁夏回族自治区行政程序规定》。（4）广西壮族自治区。《广西壮族自治区行政规范性文件制定程序规定》《广西壮族自治区行政执法责任制实施办法》《广西壮族自治区行政过错责任追究办法》《广西壮族自治区行政执法监督办法》《广西壮族自治区行政执法程序规定》《广西壮族自治区行政性事业收费管理暂行规定》《广西壮族自治区行政规范性文件备案审查规定》。（5）西藏自治区。《西藏自治区行政机关公务员违反政治纪律行为处分规定（试行）》《西藏自治区行政执法人员资格认证和行政执法证管理办法》《西藏自治区人民政府行政执法监督暂行规定》《西藏自治区行政执法证件管理暂行办法》《西藏自治区行政执法过错责任追究办法》《西藏自治区行政处罚情况统计报告制度》《西藏自治区行政执法评议考核办法（试行）》《西藏自治区行政执法检查制度》《西藏自治区行政执法投诉制度》。（6）内蒙古自治区。《内蒙古自治区重大行政决策程序规定》《内蒙古自治区行政处罚听证程序规定》《内蒙古自治区行政区域界线管理办法》《内蒙古自治区行政执法责任制规定》《内蒙古自治区行政规范性文件备案审查规定》《内蒙古自治区行政权力监督管理办法》《内蒙古自治区行政事业单位国有资产管理办法》《内蒙古自治区行政事业性收费管理规定》《内蒙古自治区行政应诉规定》《内蒙古自治区法治政府建设指标体系》《内蒙古自治区行政执法证件管理办法》《内蒙古自治区行政复议案件办理程序规定》《内蒙古自治区民政厅行政执法全过程记录实施办法》《内蒙古自治区行政执法证件管理办法实施细则》。（7）青海省。《青海省行政执法证件管理办法》《青海省行政机构设置和编制管理办法》《青海省行政工作人员行政过错责任追究暂行办法》《青海省行政效能投诉办法》《青海省行政执法案卷评查工作规范》《青海省行政规范性文件制定和备案办法》《青海省行政执法过错责任追究办法》《青海省行政执法责任制实施办法》《青海省行政执法证件管理办法》《青海省行政事业性收费管理办法》《青海省行政处罚听证程序暂行规则》《青海省人民政府重大行政决策程序规定》《青海省行政执法证件管理办法》。（8）甘肃省。《甘肃省行政复议若干规定》《甘肃省行政过错责任追究办法》《甘肃省行政效能监察办法》《甘肃省人民政府重大行政决策程序暂行规定》《甘肃省行政规范性文件管理办法》《甘肃省行政执法监督规定》《甘肃省行政执法证件管理办法》《甘肃省行政处罚听证程序暂行规定》《甘肃省行政事业单位国有资产管理办法》《甘肃省行政区域界线管理办法》《甘肃省行政许可过错责任追究试行办法》《甘肃省实施行政许可程序暂行规定》。（9）陕西省。《陕西省依法行政监督办法》《陕西省依法行政监督程序暂行规定》《陕西省实施行政许可程序暂行规定》《陕西省行政区域界线管理办法》《陕西省行政执法责任制实施办法》《陕西省行政事业性收费管理办法》《陕西省行政执法责任制办法》《陕西省打击侵权假冒行政执法与刑事司法衔接工作实施办法》《陕西省行政执法证件管理办法》。《陕西省行政执法全过程记录规定（试行）》《陕西省重大行政执法决定法制审核办法（试行）》《陕西省重大行政决策程序暂行规定》（10）云南省。《云南省重大行政执法决定法制审核办法》《云南省重大行政决策程序规定》《云南省行政处罚程序规定》《云南省行政区域界线勘定办法》《云南省行政执法证件管理规定》《云南省行政事业性收费许可证管理规定》《云南省行政事业性收费票据管理规定》《云南省行政执法监督规定》《云南省行政复议规定》《云南省行政区域边界争议处理实施办法（试行）》《云南省行政机关规范性文件制定和备案办法》《云南省行政许可监督检查办法》《云南省行政奖励暂行规定》《云南省行政事业企业领导干部任期经济责任审计办法》《云南省行政赔偿规定》《云南省行政执法证件审验办法》（11）贵州省。《贵州省行政复议听证规定》《贵州省行政听证规定》《贵州省规范性文件制定程序和监督管理规定》《贵州省行政执法奖励办法》《贵州省行政事业性收费管理条例实施细则》《贵州省行政执法证管理办法》《贵州省行政执法监督证管理方法》《贵州省行政执法过错责任追究办法》《贵州省行政执法责任制和评议考核规定》《贵州省行政复议人员资格管理办法》《贵州省行政许可实施程序暂行规定》《贵州省行政执法监督办法》。（12）四川省。《四川省行政规范性文件管理办法》《四川省行政处罚听证程序规定》《四川省行政机关征集与披露企业信用信息管理办法》《四川省规范行政执法裁量权规定》《四川省行政复议决定履行及督察规定》《四川省行政机构设置和编制管理办法》《四川省行政执法证管理办法》《四川省行政审批违法违纪行为责任追究办法》《四川省行政机关工作人员行政过错责任追究试行办法》《四川省行政规范性文件制定和备案规定》《四川省行政执法监督检查证管理办法》《四川省重大行政决策程序规定》《四川省行政执法公示规定》。（13）海南省。《海南省行政执法规则》《海南省行政首长问责暂行规定》《海南省行政执法过错责任追究暂行办法》《海南省行政区域边界争议处理办法》《海南省行政事业性收费收支管理办法》《海南省行政赔偿程序规定》《海南省行政执法责任制实施办法》《海南省行政处罚听证程序规定》《海南省行政执法和行政执法监督规定》。（14）广东省。《广东省行政机关规范性文件管理规定》《广东省行政审批事项目录管理办法》《广东省重大行政决策听证规定》《广东省行政处罚听证程序实施办法》《广东省行政应诉工作规定》《广东省行政复议实施办法补充规定》《广东省行政复议实施办法》《广东省行政复议工作规定》《广东省各级人民政府实施行政处罚规定》。（15）湖北省。《湖北省行政复议实施办法》《湖北省行政规范性文件管理办法》《湖北省行政问责办法》《湖北省行政机关归集和披露企业信用信息试行办法》《湖北省行政执法争议协调办法》《湖北省行政执法监督检查暂行规定》《武汉市人民政府重大行政决策程序规定》《湖北省行政事业单位国有非经营性资产转经营性资产管理暂行办法》《湖北省行政权力清单管理办法》《湖北省行政效能监察试行办法》《湖北省行政许可监督检查办法》《湖北省行政执法责任追究暂行办法》《湖北省行政处罚听证规则》《湖北省行政执法证件和行政执法监督检查证件管理办法》《湖北省人民政府重大行政决策程序规定》。（16）河南省。《河南省行政效能监察办法》《河南省行政区域界线管理办法》《河南省行政规范性文件管理办法》《河南省行政执法证件管理办法》《河南省行政机关执法条例实施办法》《河南省行政事业性收费许可证管理办法》《河南省行政事业性收费管理暂行规定》。（17）山东省。《山东省行政程序规定》《山东省行政执法全过程记录办法》《山东省行政审批规定》《山东省行政执法错案责任追究办法》《山东省行政处罚听证程序实施办法》《山东省行政性事业性收费管理条例实施办法》《山东省行政执法和行政执法监督检查若干规定》《山东省行政区划管理办法》《山东省行政执法人员资格认证和行政执法证件管理办法》《山东省行政投诉办法》《山东省行政许可过错责任追究办法》《山东省行政区域界线管理办法》《山东省行政执法证件管理办法》《山东省行政程序规定》《山东省行政程序规定》。（18）江西省。《江西省重大行政执法决定法制审核办法》《江西省行政许可事项目录管理办法》《江西省行政执法与刑事司法衔接工作办法》《江西省行政机关实施行政许可听证办法》《江西省县级以上人民政府重大行政决策程序规定》《江西省行政机关实施行政许可监督办法》《江西省行政处罚听证程序规定》《江西省行政执法责任制办法》《江西省行政事业性收费收支两条线管理办法》《江西省行政执法证件管理办法》《江西省行政事业性收费票据管理规定》《江西省行政区域界线管理办法》《江西省行政机关规范性文件制定程序规定》《江西省行政执法监督实施办法》《江西省行政执法监督规定》。（19）福建省。《福建省行政应诉办法》《福建省行政机关规范性文件备案审查办法》《福建省行政监察案件移送规定》《福建省行政执法程序规定》《福建省行政事业性收费票据管理办法》《福建省行政性违法收费处理办法》《福建省行政事业性收费及专项基金财务管理办法》《福建省行政监察案件移送规定》《福建省行政事业性收费管理规定》《福建省行政审批事项委托实施规定》《福建省行政区域界线管理办法》《福建省行政执法监督管理暂行办法》《福建省行政执法资格认证与执法证件管理办法》。（20）安徽省。《安徽省行政执法人员管理办法》《安徽省人民政府重大行政决策公众参与程序规定》《安徽省行政许可中介服务管理办法》《安徽省行政机构设置和编制管理规定》《安徽省行政事业单位国有资产管理暂行办法》《安徽省行政执法责任追究暂行办法》《安徽省行政机关规范性文件制定程序规定》《安徽省行政机关文件公开发布管理规定》《安徽省行政执法证件管理暂行办法》《安徽省行政事业单位国有资产管理办法》《安徽省行政执法监督暂行办法》《安徽省行政事业性收费年审管理办法》《安徽省行政机关规范性文件制定程序规定》《安徽省行政机关规范性文件备案监督办法》《安徽省行政审批监督管理规定》《安徽省行政处罚听证程序规定》《安徽省重大行政执法决定法制审核规定》。（21）浙江省。《浙江省行政程序办法》《浙江省重大行政决策程序规定》《浙江省行政处罚裁量基准办法》《浙江省行政执法过错责任追究实施办法》《浙江省行政处罚结果信息网上公开暂行办法》《浙江省行政规范性文件管理办法》《浙江省行政区域界线管理办法》《浙江省行政许可监督检查办法》《浙江省行政执法证件管理办法》《浙江省行政执法全过程记录工作办法》。（22）江苏省。《江苏省行政许可监督管理办法》《江苏省行政程序规定》《江苏省行政执法责任追究办法》《江苏省行政许可听证程序暂行规定》《江苏省行政处罚听证程序规则》《江苏省行政执法证件管理办法》《江苏省行政事业性收费（非商事收费）票据管理暂行办法》《江苏省行政事业单位预算外资金财政专户储存收支两条线管理暂行办法》《江苏省行政事业单位国有资产管理办法》《江苏省行政复议听证办法》《江苏省行政许可监督管理办法》《江苏省行政执法监督办法》《江苏省城市管理行政执法规范》。（23）黑龙江省。《黑龙江省行政区域界线管理办法》《黑龙江省行政事业性收费和罚没票据管理办法》《黑龙江省行政事业性收费资金管理办法》《黑龙江省行政事业单位国有资产管理暂行办法》《黑龙江省行政区域界线管理办法》《黑龙江省行政复议案件听证审查规定》《黑龙江省行政执法责任制规定》《黑龙江省行政执法和行政执法监督检查暂行规定》。(24)吉林省。《吉林省行政执法监督办法》《吉林省行政许可听证实施办法》《吉林省实施行政处罚若干规定》《吉林省行政处罚听证程序实施办法》《吉林省行政执法证件管理办法》《吉林省行政执法错案责任追究办法》《吉林省行政执法责任制规定》《吉林省行政机关信访工作实施细则》《吉林省行政复议若干规定》《吉林省行政区域界线管理办法》《吉林省行政机关内部多个机构办理行政许可事项暂行办法》《吉林省行政复议条例》。(25)辽宁省。《辽宁省行政调解规定》《辽宁省重大行政决策程序规定》《辽宁省行政权力公开运行规定》《辽宁省行政事业单位国有资产管理办法》《辽宁省行政处罚听证程序规定》《辽宁省行政执法程序规定》《辽宁省行政复议听证程序规定》《辽宁省行政机构设置和编制管理规定》《辽宁省行政执法监督规定》《辽宁省行政复议决定履行督察规定》《辽宁省行政执法过错责任追究办法》《辽宁省行政执法证件管理办法》《辽宁省行政复议实施办法》《辽宁省行政执法监督补充规定》《辽宁省行政复议规定》《辽宁省实施行政许可程序规定》《辽宁省行政执法程序规定》。(26)山西省。《山西省行政机关改进作风提高效率的规定(试行)》《山西省行政执法责任制规定》《山西省行政机关归集和公布企业信用信息管理办法》《山西省人民政府关于修改《山西省行政事业性收费票据管理规定》的决定》《山西省行政事业性收费票据管理规定》《山西省行政性事业性收费管理条例》《山西省人民代表大会常务委员会关于修改《山西省行政性事业性收费管理条例》的决定》《山西省行政执法检查规定》《山西省行政机关规范性文件制定程序暂行办法》《山西省实施行政许可程序办法》《山西省行政执法证件管理办法》。(27)河北省。《河北省行政许可目录管理办法》《河北省行政许可委托实施办法》《河北省行政机关行政应诉办法》《河北省暴雨灾害防御办法》《河北省人民政府关于修改《河北省行政执法证件和行政执法监督检查证件管理办法》的决定》《河北省行政执法和行政执法监督规定修正案》《河北省行政执法过错责任追究办法》《河北省行政权力公开透明运行规定》《河北省行政执法证件和行政执法监督检查证件管理办法》《河北省行政复议听证程序规定》《河北省行政复议案件办理程序规定》《河北省行政执法辅助人员管理办法》《河北省行政执法和行政执法监督规定》《河北省行政执法统计规定》。（28）重庆市。《重庆市行政立法基本规范（试行）》《重庆市行政机关规范性文件审查登记办法》《重庆市行政机关行政应诉方法》《重庆市行政规范性文件管理办法》《重庆市行政执法基本规范（试行）》《重庆市行政许可补偿暂行办法》《重庆市行政决策听证暂行办法》《重庆市行政审批制度改革若干规定》《重庆市行政赔偿费用核拨及管理办法》《重庆市行政赔偿实施办法》《重庆市政府重大决策程序规定》《重庆市行政处罚听证程序规定》《重庆市行政执法人员管理办法》。（29）上海市。《上海市重大行政决策程序规定》《上海市行政处罚案件信息主动公开办法》《上海市行政执法证管理办法》《上海市行政执法过错责任追究办法》《上海市行政许可办理规定》《上海市行政事业性收费管理暂行规定》《上海市行政处罚听证程序规定》《上海市设定临时性行政许可程序规定》《上海市地名管理行政处罚程序规定》《上海市城市管理行政执法程序规定》《上海市行政执法人员执法行为规范》。（30）天津市。《天津市行政执法监督规定》《天津市行政执法违法责任追究暂行办法》《天津市行政审批管理规定》《天津市行政许可违法责任追究暂行办法》《天津市行政许可监督检查规定》《天津市行政执法投诉办法》《天津市人民政府关于修改〈天津市行政罚款管理规定〉的决定》《天津市人民政府关于修改〈天津市行政执法和行政执法监督暂行规定〉的决定》《天津市行政罚款管理规定》《天津市行政事业性收费管理规定》《天津市行政执法和行政执法监督暂行规定》《天津市行政事业性收费票证管理办法》《天津市行政执法责任制暂行规定》《天津市行政处罚听证程序》《天津市依法行政考核办法》。（31）北京市。《北京市行政机关归集和公布企业信用信息管理办法》《北京市行政性、事业性收费审批管理暂行办法》《北京市行政执法机关移送涉嫌犯罪案件工作办法》《北京市行政规范性文件备案规定》《北京市行政调节办法》《北京市行政问责办法》《北京市行政规范性文件备案监督办法》《北京市行政区域界线管理办法》《北京市行政措施备案规定》《北京市行政事业单位国有资产管理暂行办法》《北京市实施行政许可听证程序规定》《北京市行政处罚听证程序实施办法》《北京市行政执法和行政执法监督暂行规定》《北京市执行兵役法规规章行政执法程序规定》《北京市实施行政处罚程序若干规定》。

（二）地方立法中相关规定的总结

仔细梳理关于行政执法程序的地方性立法可以发现，目前相关的地方性立法主要分为以下几种情况：①制定出行政执法程序的专门立法。黑龙江省制定出《黑龙江省行政执法程序规定》，辽宁省制定出《辽宁省行政执法程序规定》，福建省制定出《福建省行政执法程序规定》，广西壮族自治区制定出《广西壮族自治区行政执法程序规定》，四川省制定出《四川省行政执法程序暂行规定》（已废止）等。②制定出行政程序整体性或部门立法。如安徽省制定出《安徽省行政处罚听证程序规定》，北京市制定出《北京市行政处罚听证程序实施办法》，甘肃省制定出《甘肃省行政处罚听证程序暂行规定》，武汉市制定出《武汉市人民政府重大行政决策程序规定》，湖南省制定出《湖南省行政程序规定》《湖南省行政处罚听证程序规定》，江苏省制定出《江苏省行政程序规定》《江苏省行政处罚听证程序规则》，江西省制定出《江西省行政处罚听证程序规定》，宁夏回族自治区制定出《宁夏回族自治区行政程序规定》，山东省制定出《山东省行政程序规定》，浙江省制定出《浙江省行政程序办法》，陕西省制定出《陕西省依法行政监督程序暂行规定》等。③制定出的行政执法专门立法。如河南省制定出《河南省行政机关执法条例》，海南省制定出《海南省行政执法规则》，河北省制定出《河北省行政执法和行政执法监督规定》，黑龙江省制定出《黑龙江省行政执法与监督条例》，湖北省制定出《湖北省行政执法条例》，湖南省制定出《湖南省行政执法条例》，吉林省制定出《吉林省行政执法条例》，辽宁省制定出《辽宁省行政执法条例》，山西省制定出《山西省行政执法条例》，重庆市制定出《重庆市行政执法基本规范》等。④制定出行政执法部门立法。如广东省制定出《广东省行政执法监督条例》《广东省行政执法责任制条例》，贵州省制定出《贵州省行政执法责任制和评议考核规定》，湖南省制定出《湖南省行政执法证和行政执法监督证管理办法》，江苏省制定出《江苏省行政执法监督办法》《江苏省行政执法责任追究办法》，江西省制定出《江西省行政执法监督条例》，内蒙古自治区制定出《内蒙古自治区行政执法监督条例》，宁夏回族自治区制定出《宁夏回族自治区行政执法监督条例》，青海省制定出《青海省行政执法过错责任追究办法》，山东省制定出《山东省行政执法监督条例》，上海市制定出《上海市行政执法人员执法行为规范》，天津市制定出《天津市行政执法责任制暂行规定》，西藏自治区制定出《西藏自治区行政执法检查制度》，新疆维吾尔自治区制定出《新疆维吾尔自治区行政执法监督办法》，云南省制定出《云南省行政执法监督规定》。

（三）地方立法中存在的问题

梳理这些地方立法可以发现以下不足：①相比国家立法，地方由于需要直接履行执法职能，因此对于关注行政执法的立法更加重视，有关行政执法的地方性立法数量更多，覆盖面更广。②地方立法对于实体性立法的重视程度远高于程序性立法，因为有关行政执法的实体性立法数量远多于程序性立法。③绝大多数省市缺乏专门的行政执法程序地方立法。只有五个省制定出了专门的行政执法程序立法，分别是黑龙江省、福建省、广西壮族自治区、辽宁省和四川省，其中四川省还在几年前废止了这一地方立法。其他省份要么是在统一的行政程序法中对行政执法程序做出一定的规定，要么是对行政执法的某一部分程序进行专门规定，要么是在统一的行政执法中对行政执法程序做出一定的规定。④在现行的行政执法专门立法中关于行政执法程序的规定太少。如《湖北省行政执法条例》正文50条6000多字中关于行政执法程序的直接规定只有大约5条900字，《重庆市行政执法基本规范》正文130条10500字中关于行政执法程序的直接规定只有大约23条1950字，比重皆未超过20%。⑤现行的行政执法程序规定存在一定的缺陷。与国家立法一样，这些缺陷主要表现为程序制度规定的不完整，程序规定过于简单，正当性不足。如《重庆市行政执法基本规范》规定，行政执法机关在"拟作出不利于行政相对人的行政执法行为"时，才必须"事前告知行政执法行为的主要内容、理由和依据，并充分听取行政相对人的意见"，这明显侵犯了行政相对人的知情权。《福建省行政执法程序规定》没有规定听证程序、行政相对人的救济程序，没有赋予行政相对人、利害关系人和社会公众监督权。《广西行政执法程序规定》没有就听证报告书的法律效力做出任何的规定，等于在实际上虚化了听证程序的作用。《黑龙江省行政执法程序规定》的调查程序过于简单，甚至没有规定调查必须由 2 个工作人员进行并出示证件。《湖南省行政程序规定》中有些程序规定的公正性不足，如听证程序。

第二节　行政执法程序立法的实施

一、行政执法程序实施的相关经验

（一）吉林省

近年来，吉林省在行政执法领域积极落实"五权工作"，针对行政执法权力开展了著名的"五权"执法工作改革。柏维春教授详细介绍了吉林省"五权"工作思路，所谓"五权"指的是"改革限权、依法确权、科学配权、阳光示权、全程控权"，其中改革限权的核心是明晰权力边界和作用范围，依法确权的核心是权力授受和行使要符合法律，科学配权的核心是构建以分权为原则的权力结构，阳光示权的核心是权力大小、范围、运行过程及结果公开透明，全程控权的核心是对权力运行实施全方位监督。[①]

（二）深圳市

赵妍、郑曙村两位学者介绍说，"行政三分制"最早起源于英国，是二战后各国建立起的"小政府、大社会"改革过程中形成的政府管理模式。[②]深圳的"行政三分制"是在获得国务院批准的前提下，所实施的体制改革，在全国率先探索不同于以往的全新政府治理体制，将政府的各个部门分为决策、执行、监督三大

[①] 柏维春. 五权联动规范权力运行的有益探索——以吉林省为例[J]. 甘肃理论学刊，2013（5）：79-82.

[②] 赵妍，郑曙村. 当前我国行政三分制改革研究综述[J]. 江苏省社会主义学院学报，2010（6）：72-76.

类，改变传统体制下政府部门集决策、执行、监督为一体，自己立法、自己执行、自己监督的行政权力运作模式。

（三）江苏省

江苏省的行政执法改革主要集中在权力运行监控机制、行政权力网上公开透明运行实践模式和综合行政执法信息化平台等几个方面：①权力运行监控机制。汪春勋、刘焕明两位学者提出，为构建完善的惩防体系，江苏实施权力运行监控机制建设，其通过优化权力流程，"绘制运行图、找准风险点、明确操作人、落实监控法"，以达到权力在内控中规范，在阳光下运行，在网络上监督。权力运行监控机制的建设具有诸多的正面作用，但也面临着一些挑战，如部门主要领导游离于监控之外，监控机制被喻为"手电筒"——对下不对上等等，破解这些难题需要构建大内控体系，解决控不住、控不到的问题；借鉴国内外的先进经验，增加行政透明度，破除审批过程中的"体外循环"；②江苏行政权力网上公开透明运行实践模式，忻超，胡广伟，胥家鸣三位学者提出，江苏"权力阳光"机制、服务型政府支撑平台、科学的生态系统、基于数据的考核机制、数据资源共享体系，形成了业务驱动的改革、扁平政府的构建、公共服务均等化、技术使能的管理。③苏州工业园区的综合行政执法信息化平台，张瑾，郭彩琴两位学者介绍，苏州工业园区综合行政执法信息化平台基础信息系统、事部件处置系统、市政绿化系统、市容环卫系统、综合行政执法系统、智慧安监系统、综合管理与指挥系统等七个系统共同运行，通过整合、对接、延伸及扩展机制实现综合行政执法局内部以及园区四个街道之间的协同与畅通，对内整合城管、安监、国土、水政、渔政原有的内部执法信息化资源，对外整合地理库、法人库、人口库三库资源，横向对接园区各权威部门的权威数据，重点对接行政审批局的事前审批信息、市场监管局的事中事后监管执法信息、信用办的信用信息、纪工委监察局的纪检监察信息，共享综合行政执法局内部的事中事后监管执法信息；纵向对接上级部门的条线信息系统，对内延伸至各属地单位，对外延伸至四个街道，突破中新合作区、地块红线、单位围墙的界限，借助现代监控设施24小时不间断拍摄，人机结合，实现园区数字化城市管理的全覆盖，综合执法业务系统主要包括基于政务通的综合执法业务处理、日常管理、日常办公、一张图监管、执法移动审批五大政务通应用，综合执法移动办案系统，综合执法企业通、居民通应用等。[①]

（四）北京市

北京市执法改革的代表是东城区的联合执法模式。王丛虎、刘卿斐两位学者介绍了北京市东城区的联合执法模式，成立区城市管理综合执法委员会城管、公安、交通、工商、食药、安监、消防等7个部门为常驻部门，另有48个部门为挂牌部门，各综合执法组可根据实际整合其他部门人员参加。[②]

（五）天津市

《天津市街道综合执法暂行办法》详细介绍了天津市的执法改革，其中的代表是天津市东丽区的属地执法模式，要求各区县人民政府的法制机构负责本行政区域内街道综合执法工作的具体组织和推动，并对本行政区域的行政执法部门和街道办事处落实本办法的情况以及街道的综合执法工作进行监督，而全市的执法主体主要是街道办事处，要求街道办事处设立街道的综合执法机构，具体负责执法工作。

（六）上海市

上海市闸北区和静安区所推行的垂直执法模式，指的是成立区城市管理行政执法局，被明确为执法主体，实现综合执法部门与管理部门的适度分离。[③]

（七）青岛市

青岛市黄岛区的综合行政执法改革在全国非常有名，其主要内容包括综合执法长效机制，集成式执法、执法规范化和执法高效能等做法。人民论坛专题调研组介绍：①综合执法长效机制，青岛市黄岛区建立健全了一系列综合执法长效机

---

① 张瑾，郭彩琴. 从数字城管到综合行政执法信息化：苏州工业园区的实践[J]. 中国行政管理，2018（10）：153-154.

② 王丛虎，刘卿斐. 城市管理综合行政执法模式与适用研究——基于基层高绩效执法组织的构建[J]. 中国行政管理，2018（10）：60-65.

③ 王丛虎，刘卿斐. 城市管理综合行政执法模式与适用研究——基于基层高绩效执法组织的构建[J]. 中国行政管理，2018（10）：60-65.

制，具体如下：建立了 50 余项涵盖行政管理、执法业务、监督考核、作风建设、后勤保障等方面的制度体系，统一了办公场所和办公车辆等方面的执法标识与执法着装、车辆装备，统一了综合执法领域的法律文书规范，将青岛西海岸新区全域划分为五大片区，由综合执法大队一分为五驻片区办公，实行专业执法中队以专业执法为主、以综合监管为辅和镇街派驻中队以简易事项综合执法为主、以属地监管为辅相结合，厘清了专业执法中队和镇街综合执法中队的职责，大力推进执法重心下移，形成了"指挥在机关，执法在大队，管理在镇街中队"的管理体制。按照"互联网+综合执法"思路，黄岛综合执法局研发推行"四位一体"的执法办案智能系统，该系统包括执法办案管理系统、案件审批手机 APP 终端、移动执法终端、移动执法箱，加强与公安、法院和检察院的衔接，设立公安派驻大队，派驻行政执法巡回法庭，派驻检察室；②集成式执法、执法规范化和执法高效能，肖金明教授介绍，黄岛区综合行政执法改革形式上的看点主要表现在集成式执法、执法规范化和执法高效能等方面，一是形成了统一执法，涵盖城管、交通、海洋、国土、文化、旅游等多部门多领域的全部和部分执法，形成集成式执法执法扰民的现象；二是促进了规范执法，尤其改变了以往各地城管执法普遍存在的执法失范现象，包括重复执法、交叉执法、选择执法等现象，改善了行政执法机构的形象；三是提升了执法效能，在解决乱执法的同时解决了由于执法力量不足、多重执法障碍等原因造成的多领域执法不到位现象，维护了行政管理秩序，改善了经济社会发展环境，综合行政执法保证了法律的有效实施、维护了法律权威和法律秩序，提升了执法公信力和市民满意度，获得了地方党委政府的充分肯定和相关政府部门的初步认同，在总体上实现了法律效果、社会效果、政治效果的统一，深层看点在于它推进了行政执法体制和行政管理体制的科学化、合理化，一是基于"决策-执行-监督"原则，构建和完善综合性行政执法体制，在管理与执法适度分离的前提下形成了以"决策-执行、专业-综合、巡察-协察、案审-法制"等为表征的结构化执法体系；二是基于"执法-管理-服务"逻辑，实现了一体化管理模式，以纵深推进的综合行政执法连同不断普遍化的政府购买公共服务，在基层地方促进传统行政管理及其实现方式的重构，有利于形成以管理为核心、以执法为保障、以服务为本质的政府治理新模式；三是基于"参与-执法-合作"思维，完善和发展行政主导、市民参与、社会协同的综合行政执法体系，促进市民参与综合行政执法过程，加强行政执法机构与社会组织的合作，更加有利于实现综合行政执法目标；③黄岛区综合行政执法体制改革还有其他若干具体看点：在执法观念上，形成"依法行政-综合执法-执法为民"的系统观念，一是将执法为民作为综合行政执法的根本原则；二是将依法行政作为综合行政执法的工作原则；三是将严格规范公正文明执法作为综合行政执法的活动原则，以综合行政执法践行严明执法、依法行政、执法为民的理念和原则，真正做到了以法为依循、以民为依归，在工作体制上，一是开展面向市民的宣传和沟通工作，促使市民更多地了解、理解综合行政执法，拓展和深化综合行政执法活动中的市民参与；二是完善与政府、政法部门的关系，按照法治原则审慎改进公检法与行政执法的关系，尤其改进了与政府职能部门的关系，面向政府职能部门建立信息共享和反馈机制，通过综合执法发现行政管理漏洞和政府服务不足，及时提出改进管理和加强服务的建议，促进政府管理质量和服务水平的不断提升；三是营造与镇街社区的良好关系，将基层社会治理与综合行政执法有机结合起来，通过综合行政执法促进社会管理创新，在保障机制上，逐步形成了"党的建设-行政执法-队伍建设"保障体系，通过优化党建、良化队伍，深化执法改革；通过加强党的基层建设，促进执法工作；通过加强行政执法队伍专业化建设，完善"依法治队-凭纪治队-以德治队"三位一体内部治理机制，确保综合行政执法规范化和高效能。[①]

（八）浙江省

浙江省制定了《行政执法文书材料立卷规范》，据浙江省档案局胡文苑介绍：《浙江省行政执法文书材料立卷规范》使得案卷能够提供据以做出具体行政行为的全部证据，即将行政程序取得的证据、行政行为展开的过程，均予以固定或记录并且通过案卷能够客观呈现，同时能满足新《行政诉讼法》对行政证据的要求，解决电子政务环境下，电子数据如何接纳为档案并满足证据真实性、关联

[①] 人民论坛专题调研组. 综合行政执法改革的新范本——青岛市黄岛区综合行政执法改革探索与实践[J]. 人民论坛，2017（04）：114-116.

性、合法性要求；使得案卷立卷制度能够适应执法多样性和权力事项网上办理的现实需要。[①]

二、行政执法程序实施的不足

现实中，行政执法及其程序的实施还是存在很多问题与不足的，主要体现在：①梅丽鹏提出，反垄断行政执法程序合法性表现在：一是反垄断执法主体有明确的反垄断执法管辖权；二是处理举报材料和调查处理案件严格按照法律法规规定而且符合法定程序；三是充分保障行政相对人的合法权益和救济，严格执行执法回避制度、听证制度、保密制度和告知制度；四是行政处罚程序完备；五是案件经过法制核审；六是送达符合法定形式。由于反垄断执法部门的授权范围、初步调查权的设定、中止调查和承诺规定、宽免政策、听证规定等执法程序设定不同导致执法后果差异，结合实际案例探讨由于执法部门规章不同导致造成的反垄断法分裂执行和执法条块化和威权不足的后果，着重分析了发改委和工商总局两执法部门在执法风格和执法方式及执法透明度不同形成的执法竞争和效率低下，反垄断程序不完善、自由裁量权过大导致行政相对人合法权益不能得到有效保障及司法对反垄断执法审查力度不够和问题。[②]②王万华教授提出，北京行政执法中仍然存在以下几个方面问题需要完善立法予以规范：执法体制不顺带来多层执法、多头执法问题，行政机关之间缺乏内部行政程序机制来解决由此产生的各种问题；公民、企业权利在执法过程中缺乏程序保障；执法不作为、拖延履职、执法不力；行政执法常态执法机制不足，执法不规范；执法裁量权行使缺乏明确的规则指引，选择性执法、执法标准不统一、人情执法等执法不公问题较为突出；执法效能不足；执法决定的效力制度缺乏规范，影响执法内容的实现；送达难，行政执法存在的问题主要有：多头执法多层执法问题较为普遍，地方主义、部门主义现象严重；权利在执法中缺乏保障，执法乱作为现象依然存在；执法人员法定职责必须为意识不强，执法不作为、执法不力现象严重；执法过程缺乏规范，执法裁量权

[①] 胡文苑. 规范行政执法档案服务法治政府建设——《浙江省行政执法文书材料立卷规范（试行）》发布实施[J]. 中国档案，2016（1）：34-35.
[②] 梅丽鹏. 反垄断行政执法程序合法性研究[J]. 价值理论与实践，2016（1）：75-76.

缺乏明确的规则指引；执法效能不高；执法决定的效力制度缺乏规范；执法文书
送达制度普遍没有建立。①③戢浩飞博士提出，行政执法的问题主要有执法方式不
当、执法方式单一、缺少公众参与、执法系统不健全。②④张春林提出，广西实施
综合行政执法程序存在层级不高、内容相对滞后以及范围受限等不足，广西实施
综合行政执法程序存在不足的原因主要归结于正当程序的理念贯彻以及制度彰
显。③⑤朱战威博士提出，反垄断执法程序长期从属于以效率为主导的实体内容，
主要表现为立案前调查与评估程序缺失、经营者承诺制度的参与性不足、裁决书
欠缺说理性，其价值需求的独特性未受到应有重视。④⑥张海萍教授提出，行政程
序违法主要表现在行政程序依据不健全、不按行政程序执法、对违反行政程序的
行为司法审查范围过窄等，原因在于行政程序缺乏独立的法律地位、有些行政机
关首长对行政程序不予重视、执法人员缺乏对行政程序的法律意识、人治代替法
治、对行政行为的司法审查范围过窄、行政立法不完善，违反行政程序的行政行
为没有得到有效的责任追究，严重影响了我国行政法治建设的步伐。⑤⑦莫于川教
授提出，放眼当今的行政法制实务，没有一个行政机关对于行政程序违法承担罚
责表示担心，表现为他认为自己有权做的事情，例如做出某项城市治理的地方重
大决策，他就会非常任性地行使权力、非常任性地去做，毫不顾忌行政决策失误
的问题发生，为什么？因为他不怕行政程序违法当被告：首先是只有极小的概率
会当行政被告，其次是大不了最终败诉后再重走一下程序照样我行我素，该干嘛
还干嘛。⑥⑧孙红军博士提出，中国地方政府法治化成就包括法治政府建设氛围日
渐浓厚、政府决策水平不断提升、制度建设质量切实提高、社会公共服务能力不

① 王万华. 法治政府建设的地方程序立法推进——制定《北京市行政程序条例》的几个问题
[J]. 法学杂志，2015（8）：14-25.
② 戢浩飞. 治理视角下行政执法方式变革研究[M]. 北京：中国政法大学出版社，2015：101-104.
③ 张春林. 广西实施综合行政执法程序规定的思考[J]. 广西民族大学学报（社会科学版），2017
（6）：182-186.
④ 朱战威. 从效率到公正：价值转换下反垄断执法程序之嬗变[J]. 安徽大学学报（哲学社会科
学版），2015（6）：111-117.
⑤ 张海萍. 行政程序违法及对策探析[J]. 中国行政管理，2006（1）：21-24.
⑥ 莫于川. 通过完善行政执法程序法制实现严格规范公正文明执法[J]. 行政法学研究，2014（1）：
17-24.

断增强、行政执法行为不断规范、行政争议解决机制不断完善、行政执法监督效能不断提升，中国地方政府法治化的实践困境包括各级地方政府仍然过于依赖行政手段，运用法治思维和法治方式不够；社会价值多元，社会心理失衡，对推进地方政府法治化提出新挑战；新兴媒体成为推进地方政府法治化必须应对的全新课题；地方政府立法"不良"与执法"不善"问题并存；地方政府运作"财权"与"事权"界限不清；地方政府监督的"体制内"与"体制外"双重软化；制约中国地方政府法治化的原因分析：法律制度体系尚不完善、制度供给不足，人治影响根深蒂固、法治观念尚未全面确立，政府角色定位尚不准确、角色错位、越位和不到位情况依然存在，"以物为本"的观念影响仍然很深、"以人为本'的理念尚未真正树立，中国地方政府法治化目标包括从政策行政走向法治行政、建成依法行政的政府：依政策治国理政已经成为我们的一种传统和习惯，重政策、轻法律有特定的社会历史与现实背景，依政策行政在我国特定的文化氛围中、有浓重的人治特质，推进地方政府法治化必须实现从政策行政向法治行政的转变，从政策行政走向依法行政的着力点；从全能走向有限，建成有限政府：有限政府是法治政府的内在要求，权力有限；地方政府权力不是无边的，职能有限；地方政府不是万能的；从价值追求走向制度实践，建成责任、诚信、廉洁与服务型政府；权责统一，建成责任政府；诚实守信，建成诚信政府；廉洁高效，建成廉价政府；善政善治，建成服务型政府；中国地方政府法治化路径有动力机制：上下互动与联动，下压；执政党与中央政府的顶层设计不断完善，上推；民众权利意识觉醒和维权意识增强，协力；上下联动推进地方政府法治化；程序机制：主导律己、参与透明与环节细化，地方政府律己严谨化、社会主体参与明晰化、政社互动程序规范化；路径选择：出发点与归宿点的法治连贯；理念更新：中国地方政府法治化的前提；制度创新：地方政府法治化的核心要求；行为约束：地方政府法治化的关键所在；社会自治：夯实地方政府法治化的社会基础；结论：推进地方法治政府法治化、建设法治政府是一个过程、一个系统工程，地方法治政府建设离不开执政党和中央政府的"下压"，地方法治政府建设也离不开自治型市民社会的建设和民众的"上推"。①⑨廖原教授提出，目前我国行政内部监控制度存在的主要问题有：监督体系存在欠缺；最为常用的层级监督也存在诸多问题；专设的监督部门的法律地位被虚置。②⑩卢剑锋博士提出，行政决策非法治反思是行政决策体制不合理、行政决策监督滞后、行政决策责任虚置、行政决策法律体系不完善、决策者的法治观念与法治能力不强，行政决策法治化历程的经验与教训是：完善法制、尊重法制是行政决策法治化的基础，促进决策权力与公民权利的互动是行政决策法治化的根本，构建党—政府—人大的合理关系是行政决策法治化的关键，规范中央与地方权限是行政决策法治化的重要内容。③⑪卢扬帆副教授提出，我国法治运行中，仍存在诸如立法回应社会需求不足、过程冗长、质量不高，行政执法权责未厘清、程序不规范、成本过高，司法效能不佳、纠错机制不健全与公信力不彰等突出问题，究其根源：一是普遍的法治水平依然不高；二是法治建设的努力绩效不佳，包括立法、行政与司法过程的经济性和效率性不足，同时法治在保障公民权利、维持公共秩序尤其是促进经济社会发展等方面未能充分发挥效力。④⑫胡东教授提出，已经建立起具有中国特的行政法律体系和制度体系，初步实现了对行政权的有效规范。已经建立起具有中国特色的行政法律体系和制度体系，初步实现了对行政权的有效规范，在行政行为法方面，以被称为"行政三法"的《行政许可法》《行政处罚法》《行政强制法》为基础，初步形成了具有浓厚中国特色的行政行为法体系；在行政监督与救济方面，以《行政复议法》《行政诉讼法》《国家赔偿法》为基础，初步构建起了较为通畅的行政监督（救济）法体系；在行政程序法方面，《湖南省行政程序规定》开地方政府制定行政程序规章之先河；但行政执法还有待进一步规范，近年来，公务人员的法治理念不断增强，执法能力和水平不断提高，但有些领域还存在严重违法现象，例如在农村土地征用、城市房屋拆迁、城市管理综合执法等领域，执法不严、不规范的情况还大量存在，搞"专项整治"等运动式执法习惯依然在某些执法领域盛行，一些地方和

---

① 孙红军. 中国地方政府法治化：目标与路径研究[D]. 苏州大学，2016：205-404.
② 廖原. 行政内部监督法治化的阻却因素分析[J]. 学术论坛，2013（6）：47-51.
③ 卢剑锋. 行政决策法治化研究[M]. 北京：光明日报出版社，2011：58-65.
④ 卢扬帆. 地方法治的绩效及其评价机制初探[J]. 学术界，2017（8）：31-43.

部门为官不为、执法懈怠等问题也比较严重，缺乏严格、科学的行政违法责任追究机制，纠错和问责机制运行成效不佳。[①]

第三节　行政执法程序立法实施的影响因素

要完善行政执法程序，必须要考察现实中影响行政执法程序实施的具体因素，主要包括执法权力主体素养不高、立法与执法状态存在冲突、程序活动需要的环境不佳和理论文化意识缺乏四个因素。

一、执法权力主体素养不高

关于我国行政执法权力主体素养不高这一问题是在社会上广受公认和诟病的，也是一直解决的较为缓慢的问题。关于这一问题，很多学者都提出了自己的看法：①戴小明教授提出，应严格行政执法者的选拔录用、纯洁行政执法者队伍，进行多层次、多方位的业务培训来培养行政执法者综合的文明执法素质，全面、扎实地推行行政执法责任制来推进文明执法。[②]②姚来燕博士提出，行政执法存在的问题主要表现在：行政执法主体庞杂；行政执法主体职权不清；暴力执法与暴力抗法；执法人员素质存在不高如价值观念错位、搜集证据能力不足、综合运用法律能力不足、执法程序不规范。[③]③王芳提出，服务型政府视野下行政执法不规范的表现之一为执法人员素质参差不齐。[④]④王国永提出，行使行政权的行政执法人员尚无法律层面的专门管理制度，零散的法律规定、众多规章对于行政执法证的混乱管理与作为公权力的行政权不相匹配：危害执法公正和国家法治化；与行政权地位不相称且有碍与司法权的衔接；难以造就应对复杂执法过程的行政执法队伍，实践中直接导致了行政执法证的权威受到不良影响，行政执法人员的资格欠规范约束以及行政执法

① 胡东. 改革开放 40 年行政法治建设的成就、问题与展望[J]. 学术交流，2018（12）：10-13.
② 戴小明. 行政执法的内涵及特点探析[J]. 中南民族大学学报（人文社会科学版），2003（4）：69-72.
③ 姚来燕. 行政执法与公民权利保障[J]. 云南行政学院学报，2008（4）：142-146.
④ 王芳. 服务型政府视野下的行政执法规范化[EB/OL]. 人民论坛网，2019-01-29.

人员素质和能力难以适应依法行政的要求等问题产生。①⑤郑宁波，王周户两位学者提出，城管综合行政执法体制存在城管法律地位尴尬、执法依据混乱、执法权限模糊、执法人员素质偏低、滥用自由裁量权等问题。②⑥王万华教授提出行政执法存在诸多问题，需要加强行政执法程序立法予以规范，如执法人员"法定职责必须为"意识不强，执法不作为、拖延履职、执法不力等现象比较普遍存在，造成法律得不到有效实施，一些违法行为长期得不到制止、纠正。③

　　显然，行政执法权力主体存在的素养问题是较为共性的，如行政执法人员无专门法律制度管理、执法主体法律地位尴尬、执法依据混乱、执法权限模糊、人员素质偏低、执法能力不足、执法程序不规范、滥用自由裁量权危害执法公正和法治化，难以适应依法行政的要求。解决这一问题的举措主要是提升执法权力主体的程序法治素养，具体办法包括严格执法者选拔录用，培养执法者执法素质，推行行政执法责任制。研究这个问题还要注意：第一，需要严格区分行政执法权力主体与行政执法人员，两者并非完全一体，因此对于行政执法权力主体和人员所存在的问题也需要能够分门别类的提出不同的解决措施；第二，需要从法治的角度去分析和解决问题，不能局限于描绘表面现象或者从行政管理学的角度去反思。第三，需要从程序法治的角度去分析问题、寻求解决的方法。第四，不能局限于阐述行政执法主体和人员的问题与不足，还要去归纳行政执法主体和人员应有的法治素养，尤其是程序法治素养究竟包括哪些内容。

二、立法与执法状态存在冲突

　　无可否认，近年来我国的法制化进程进一步加快，行政立法越来越完善。但是，从行政执法具体状况看，现行立法依然不能完全满足行政执法的实际需要，在某些领域和某些程度上甚至与执法状态存在冲突，从而影响了行政执法的效果。对此，肖金明和沈俊福两位教授分别提出了自己的观点：（1）肖金明教授提出，

---

① 王国永. 刍议与行政权不匹配的行政执法人员管理制度[J]. 行政论坛，2013（5）：77-82.
② 郑宁波，王周户. 论城管综合行政执法体制的缺陷与完善[J]. 西北大学学报（社会科学版），2017（1）：70-76.
③ 王万华. 完善行政执法程序立法的几个问题[J]. 行政法学研究，2015（4）：68-83.

①政府立法品位低，至少有两个方面的表现：一是立法从政府甚至行政部门角度出发，把立法当作谋求有效管理的手段，没有去充分注意立法后法所规范的社会关系能否健康发展，没有把公民权利和社会自由摆在应有的位置，甚至没有把公共利益摆在应有的位置；二还是从政府或行政部门出发，把立法当作谋取权力和利益的手段，不是站在国家或政府的高度上在立法中衡量各种利益关系，而是过多地看重地方或部门的权力和利益，从而导致把应该考虑进来的抛弃在立法之外，把不应该考虑的想方设法纳入立法考虑之中，甚至以地方或部门利益为核心在立法中做出特殊的利益安排，最终导致政府或部门在立法中争权限、划地盘；②如果提高政府立法的品位，能否作如下尝试：一是发挥政府法制工作部门或机构在政府立法中的作用，二是强调政府立法要平衡各种利益关系，三是重视立法程序保障问题，四是建立立法的评价和修正机制。①（2）沈福俊教授提出，部分地区和部门对立法本意的理解有较大偏差，原因是仅仅从字面上去理解法律的规定，应当以现代法治的正当程序理念为基础，从法律的功能、法律的精神和实质法治的角度来理解法律的规定，不应当通过司法解释机制，而应当通过加强立法解释机制，来协调立法本意与行政执法实践之间的冲突。②

显然，现行行政执法立法主要存在两方面问题：①政府的行政执法立法品位低，主要表现是把立法当作管理和谋取权力、利益的手段，没有把公民权利和自由甚至公共利益摆在应有的位置，把不应该考虑的纳入立法中，导致政府或部门在立法中争权限、划地盘，提高政府立法品位需要发挥政府法制部门的作用，立法平衡各种利益关系，重视立法程序保障，建立立法评价和修正机制。②行政执法的立法理解和执行之间存在偏差，部分地区和部门对立法本意的理解有较大偏差，应以正当程序为基础，从法律的功能、精神和实质法治的角度来理解法律，加强立法解释机制来协调立法本意与行政执法实践的冲突。无论哪一方面问题，都需要通过完善行政执法程序立法来解决，科学立法并加强立

---

① 肖金明. 立法品位和行政执法错位的思考[J]. 法学，1999（9）：3-5.
② 沈福俊. 立法本意与行政执法实践的冲突与协调——以行政处罚听证范围的理解与适用为分析对象[J]. 法商研究，2007（6）：102-110.

法解释工作。但是这只是在一定程度上解决了行政立法存在的问题以及如何进行解决，还要注意的问题主要有：第一，必须深刻分析为什么行政执法立法会存在这些问题，尤其是比较注重立法目的，从立法程序的角度去反思这些问题。第二，应系统阐释行政立法应该呈现出什么样的理想状态。第三，从程序法治的角度去思考如何解决这些问题。第四，关于行政执法程序立法需要开展专门性和系统性的研究。

三、程序活动需要的社会环境不佳

受到"重实体、轻程序"传统的不良影响，迄今为止我国行政执法程序实施所需要的社会环境依然不佳，很多学者对此都提出了自己的见解：①郑传坤、青维富两位学者提出，发展行政执法责任制的社会背景是市场经济、民主政治和社会主义法治，受 WTO 规则的影响，需要借鉴西方法治行政。[①]②肖金明、冯威两位学者提出，A.执法环境第一类环境是全球化、知识化、信息化、市场化、民主化、法治化的宏观背景，第二类环境是政治因素，包括执政党政治领导权、国家立法权、国家司法权以及其他政治权力的影响，第三类环境是社会因素，包括社会团体、公共舆论、公民权利等因素的作用；B.行政执法环境评估的第一个指标是法律体系，第二个指标是监督制约机制，第三个指标是行政执法体制及行政执法保障水平。[②]③支振锋教授提出，A.通观全球，只有那些具备经济发达、政治稳定、社会有序、政府有力等各项条件的国家，才有不错的法治，或者能够法治转型成功；B.对于成功的法治转型或法制建设而言，就至少需要考虑三个环节的因素：作为环境性必要条件的国家能力、法律体系完善或制度供给，以及法治运行实践，前两个环节属于法治建设的宏观方面，而运行环节则既有宏观的一面，也有微观的一面，整体上的国家权力行使，包括行政、立法和司法，属于宏观方面；而具体个案中的执法、立法与司法，以及贯穿于公权力行使及公民日常生活的每

[①] 郑传坤，青维富. 行政执法责任制理论与实践及对策研究[M]. 北京：中国法制出版社，2003：186-215.
[②] 肖金明，冯威. 行政执法过程研究[M]. 北京：山东大学出版社，2008：336-348.

个公民的守法，则属于法治建设的微观方面。[①][④]闫博慧副教授提出，A.行政执法活动是执法主体与外界相互作用的动态过程，既表现为执法环境对执法的制约和执法者对执法环境的适应，又表现为执法环境受制于执法活动和执法活动对执法环境的改造，行政执法环境，是指与行政执法活动相关的、直接或间接地影响或作用于行政执法活动的环境因素，它决定了执法的难易程度和落实行政决定的难易程度；B.实践证明，高质量、高效能的执法离不开良好的执法环境作保障，执法环境不好，再完善的法律制度也不可能得到切实的贯彻执行，执法工作中就会出现有法不依、执法不严、违法不究等现象；C.政府职能、行政体制、决策机制、行政程序与行政监督制度等都属于架构行政执法环境的重要因素，行政执法环境中的领导因素随着国家法治化程度的提高，各级部门及其领导的法律素养有了明显的提高，但与建设社会主义民主法治国家的要求仍存在不少差距，主要表现为有些党政部门和领导干部在理解国家法律及政策方面存在一定偏差：一是对依法行政存在一定偏见，二是以局部利益作为价值评判标准，三是人为地把严格执法与保驾护航对立起来；行政执法环境中的执法人员因素：一是认为执法就是处罚、忽视了行政执法机关担负的服务社会和服务大众的根本职责，二是个别执法者廉洁执法自律意识较差，三是执法队伍适用法律的水平普遍不高，四是不注重依法办案，甚至不遵守办案纪律；行政执法环境中的公众法律意识要素：一是缺乏遵纪守法的自觉性；二是缺乏依法维护自身权益的意识。改善的途径是加强培训和考核。[②][⑤]吕尚敏博士提出，影响执法者行动的正式因素有上级意志、行政相对人的抗辩、法定机关的监督、法律，非正式因素包括行政习惯与经验、大众传媒、利害诱导、亲疏关系。[③]

　　上述观点解决了行政执法环境包括哪些因素的问题，行政执法法治化环境重要性的问题，对执法环境的具体评估指标也做出了探索，对于行政执法程序活动环境的问题进行了一定程度的探索和研究。对行政执法程序的活动环境进行总结可以得

[①] 支振锋. 改善法治建设的微观环境[J]. 法制与社会发展，2015（5）：86-89.

[②] 闫博慧. 关于完善中国行政执法环境的思考[J]. 河北学刊，2011（4）：156-159.

[③] 吕尚敏. 行政执法人员的行动逻辑——基于典型行政执法事件的分析[J]. 云南行政学院学报，2010（4）：122-125.

出以下结论：①行政执法程序活动的环境是与行政执法活动相关的、影响或作用于行政执法程序活动的环境因素，决定了执法的难易程度和落实行政决定的难易程度。行政执法程序活动的宏观环境是全球化、知识化、信息化、市场化、民主化、法治化，行政执法程序活动的政治环境是政治领导权、国家立法权、国家司法权的影响，行政执法程序活动的社会环境是社会团体、公共舆论、公民权利的作用。②行政执法程序活动环境中领导因素的问题是对依法行政存在偏见，以局部利益作为价值评判标准，把严格执法与保驾护航对立起来。执法人员因素的问题是认为执法就是处罚、忽视了服务社会和服务大众的根本职责，个别执法者廉洁执法自律意识较差，适用法律水平不高，不注重依法办案。公众法律意识要素的问题是缺乏遵纪守法的自觉性，缺乏依法维权的意识。③行政执法程序活动的环境评估指标是法律体系、监督制约机制、行政执法体制及行政执法保障水平。因此，要净化行政执法程序活动的环境就要处理好以下问题：第一，行政执法程序活动的环境包括宏观环境和微观环境，宏观环境包括经济因素、政治因素、社会因素，执法时面临的具体环境是微观环境，包括执法程序中的领导因素、执法人员因素、相对人因素、监督因素等。第二，行政执法程序实施必须要考虑程序活动环境的问题。第三，行政执法程序活动的环境评估指标包括立法体系、执法、监督和保障机制，净化行政执法程序活动的环境其实就是要完善行政执法程序的立法体系、执法、监督和保障机制。现在还需要解决的问题在于：第一，不能过于侧重于考虑法治以外的因素，而对于行政执法程序环境中的法治因素及其不足较为忽视。第二，执法环境评估指标过于笼统和整体性，不仅需要细化，还需要系统性总结和归纳。第三，需要从行政执法程序的角度去思索执法程序环境存在的问题以及需要如何改善和解决。

四、理论文化意识缺乏

"重实体、轻程序"是古代人治中国的"优良"传统，并且一直影响到现在，关于这一点，很多学者都看得很清楚。（1）王果纯教授提出，A.程序法治意识就是关于程序法治的意识形态，是民主意识和法律意识在宏观上（以国家活动领域为主）交融整合的特殊社会意识；从广义的意识内容分析，对程序法治意识可以这样表述：人们关于程序法治及其现象的认知、理想、心理、评价、观念、学说的总称，它体现着人们对民主政治的追求，体现着人们对程序法权威的承认与尊崇，体现着人们对程序法制的价值、地位与作用及发展规律探索与实践的科学态度及科学成果；B.程序法治的心理，是人们对于程序法治及其现象的表面的、直观的认识和情感，是人们依据程序法治及其现象能否符合自身物质和精神的需要而产生的喜好和厌恶的心理态度，属于程序法治意识的感性认识阶段；程序法治的观念，是对程序法治客观现实通过理性思维产生的结果，即程序法治的思想，是程序法治意识的基本形态，程序法治的观念包括其内含的程序法权威观念、程序价值观念、权力观、程序权利保护观念、权利平等观念、依法行政原则和审判独立原则等若干属观念方面各具特定的内涵，整合成为程序法治意识的基本构成；C.培养和塑造程序法治意识应把握以下环节：首先，必须大力发展市场经济和推进民主政治建设，其次，必须全面开展法律教育和法学研究，三是改进普法宣传工作，四是开展程序法治的理论与实践问题的研讨。[1]（2）曾绍东，俞荣根两位学者提出，在中国人看来，当程序正义与实质正义矛盾冲突的时候，服从实质正义是天经地义的，在这一点上，从普通百姓到受过专门法律训练的法律人，没有什么不同，原因无他，这是中国的法律人和普通民众生活在共同的司法文化环境里，受共同的司法文化熏陶的结果，法律知识并不能改变文化基因；在美国民众眼里，一个案件只要法院按照正当程序进行审判，不管结果如何都是公正的，可接受的，尽管明知审判结果与实质正义不符，也会说"yes"，这是一种典型的程序优先的司法文化，西方司法文化是程序中心主义，程序既是手段又是目的，只要严格遵守逻辑理性的程序就是公正的：中国司法文化是实质中心主义，以实质正义统领程序正义，实质正义是目的，程序正义是手段。[2]（3）贺卫方教授提出，程序本身是一种文化。[3]（4）刘丽梅副教授提出，①中国传统文化对程序正义的制约：一是贱诉讼，二是漠视权利，三是有罪推定，四是家长制，五是重"情"

---

[1] 王果纯. 程序法治意识初论[J]. 湖南师范大学社会科学学报，2005（1）：60-65.
[2] 曾绍东，俞荣根. 程序：正义还是不正义——司法改革中的文化传统影响[J]. 华东政法大学学报，2012（2）：129-134.
[3] 贺卫方. 程序本身是一种文化[J]. 中国图书评论，2006（7）：9.

轻"法"，六是传统人格中的消极方面；②我国现实的法律文化对程序正义的制约，我国立法的指导思想过分强调程序的附属性作用，忽视程序的自身价值；③当代中国对程序正义移植的法律文化条件：营造程序正义民众化的法律文化氛围，形成正当的权力评价观念，树立"实体"与"程序"并重的诉讼文化观，在法律规范中体现程序正义的基本要素形成程序正义的制度文化。[①]（5）季卫东教授提出，现实中滥用形式和程序要件的弊端其实正是缺乏正当程序观念的结果，为此我们的确有必要对照公开、对等、透明以及公平等程序价值来检验和完善现行的程序规范。[②]（6）邓琼，龚廷泰两位学者提出，法治氛围是人们在践行法治的过程中，形成的普遍敬畏、认同、尊崇法律的可感知的整体社会状态和社会氛围，是一种从敬畏法律、遵从法治到自觉守法的感性认知和理性自觉的过程，它由法律制度、法律心理、法律观念、法律行为等基本要素构成，法治氛围只有在法治作为治国理政基本方式的社会条件下才能形成，宪法、法律具有至高无上的权威性，社会主体通过宪法、法律的有效实施，看到司法对公民权利的有效保障和对违法犯罪行为的有力惩处，深切感受到法律的公平正义。[③]（7）盖涛，徐熙芝两位学者提出，当从以下几个方面加强公务员的行政程序正义意识：加快行政程序立法的步伐，彻底转变行政实体正义观念、树立程序正义意识，完善有关行政程序的配套制度，加强公务员的正当程序意识培训，完善监督奖惩机制。[④]（8）田承春教授提出，公民程序法治意识的塑造有利于良法体系的构建、执法主体的自律、司法权威的树立、利益诉求的理性。塑造我国公民程序法律意识，应当在立法方面树立"程序优位"意识、执法方面树立"程序优先"意识、司法方面树立"程序至上"意识、守法方面树立"程序信仰"意识，最终形成公民对程序法的信赖、尊重、爱戴、推崇、敬慕的稳定心理状态和行为方式。[⑤]（9）林舒提出，"法治"首

---

① 刘丽梅. 程序正义的法文化考察[J]. 社会科学战线，2008（6）：41-46.

② 季卫东. 法律程序的形式性与实质性——以对程序理论的批判和批判理论的程序化为线索[J]. 北京大学学报（哲学社会科学版），2006（1）：109-131.

③ 邓琼，龚廷泰. 法治氛围的概念分析[J]. 江海学刊，2016（2）：207-212.

④ 盖涛，徐熙芝. 公务员的行政程序正义意识[J]. 长白学刊，2009（4）：155.

⑤ 田承春. 和谐社会构建中的公民程序法治意识塑造[J]. 四川师范大学学报（社会科学版），2008（6）：38-43.

先是一种观念，这种观念要求人们习惯于将社会事务纳入法律和制度的轨道中来加以分析、思考、处理，立法不执法，就会加剧法律权威的失落。（10）黄捷，段平华两位学者提出，A.程序法治文化是普遍崇尚程序正义的法律制度，法律活动，法律态度，思想认知，行为习惯等社会现象和生活方式；B.程序法治的核心是程序正义的思想和认知，程序法治文化则是围绕着程序法治而呈现出的，并且弥漫在人们思维、生活和制度等各领域中的程序观念元素和制度、行为表达，是一种化在制度中的程序正义模式和化在人们心中的程序正义思想的多元融合体，正当程序理论和程序法学说分别都是程序法治文化的有机构成部分，发达的程序法理论是程序法治文化不可缺少的内容。[①]（11）马璨提出，A.法律文化是整个文化构成的一个分支，是在一定社会物质生活条件决定作用的基础上，由国家政权所创制的法律规范、法律制度，以及人们关于法律现象的态度、价值、信念、心理、感情、习惯及理论学说所组成的复合有机体；B.程序法律文化分为制度文化和观念文化，前者主要指各种程序制度的总和，包括诉讼法律规定和实体法中的程序性规定；后者主要指人们对待程序的态度，即人们对程序法律规定的认知、情感与评价；在制度化因素逐渐成为定量的时候，观念文化就成为决定各种法律制度能否真正发挥作用的变量因素。只有在充分厘清了解我国重实体轻程序法律观的渊源，从根本着手，改进国民法制教育方式，贯彻加强公民权利意识，打造一支职业化、优良化的立法、行政、司法队伍，进一步完善程序法律制度尤其是评价追责制度，才能真正建立一个公平公正的法治社会。[②]（12）人力资源和社会保障部国际合作司副司长马何祖提出，各级公务员都要增强行政程序意识，严格按照行政程序行使职权、履行职责，一是加强对行政程序的学习培训，二是加快行政程序制度建设，三是抓住行政许可、行政处罚、行政强制等关键环节，四是严格监督检查。[③]（13）王平博士提出，问责权法治化的基本要件：形式要件是体系完备、程序明晰，精神要件是主权在民原则彰显，实质要件是问责权职、权、责相

[①] 林舒. 立法、执法与法治观念[J]. 山东大学学报（哲学社会科学版），2003（4）：6-7.
[②] 马璨. 我国程序法文化起源之比较研究[J]. 人民论坛·学术前沿，2011（9）：120-121.
[③] 马何祖. 增强行政程序意识提高依法行政能力[J]. 中国人才，2010（15）：58-59.

对称。①（14）陈章乐博士提出，市场化是法治化的经济基础，民主化是法治化的政治基础，国际化是法治化的外部动力。②（15）徐显明教授提出，法治精神的要素有善法、恶法价值标准的确立；法律至上地位的认同；法的统治观念的培养；权利文化人文基础的建立。③（16）王玲博士提出，法治的实质要件，指的是法律对公共权力、国家责任、个人权利、社会自由、公民义务的原则和制度，法治的形式要件包括法制的统一性，法律的一般性，规范的有效性，司法的中立性，法律工作的职业性。④（17）孙笑侠教授提出，法治究其本义是指规则的治理，没有遵守和敬畏规则的习惯，就没有真正意义上的法治，敬畏规则比信仰法治更重要。⑤

显然，解决这一问题的根本举措在于要培养整个社会包括每一个组织和公民的行政执法程序理论文化意识。在此之前还要解决以下问题：①需要对相关概念进行了界定：行政执法程序法治意识是人们关于行政执法程序法治及其现象的认知、理想、心理、评价、观念、学说的总称，行政执法程序法治文化是崇尚程序正义的社会现象。②需要探讨行政执法程序文化意识产生的来源，从而针对中国的问题进行对症下药。行政执法程序法治意识是民主意识和法律意识的交融整合，体现人们对民主政治的追求，对行政执法程序法权威的承认与尊崇。中国人重实质正义是在司法文化环境里受共同熏陶的结果，传统文化贱诉讼，漠视权利，有罪推定，家长制，重"情"轻"法"，现实法律文化强调行政执法程序的附属性，忽视行政执法程序的自身价值。③需要解释究竟什么是行政执法程序理论文化意识，对于行政执法程序理论文化意识的内涵进行阐释：行政执法程序法律文化分为行政执法程序制度文化和行政执法程序观念文化。行政执法程序法治心理属于行政执法程序法治意识的感性认识阶段，行政执法程序法治观念是理性思维阶段，包括行政执法程序法权威观念、行政执法程序价值观念、行政执法权力观念、行政执法程序权利观念。行政执法程序法治氛围由行政执法程序法律制度、行政执法程序法律心理、行政执法程

---

① 王平. 问责权法治化研究[D]. 苏州大学, 2010: 150-159.
② 陈章乐. 社会主义法治化初论[D]. 中共中央党校, 2002: 123-137.
③ 徐显明. 论法治国家的构成要件[J]. 法学研究, 1996 (3): 58-59.
④ 王玲. 俄罗斯联邦法治化进程研究——政府推进模式的选择[D]. 吉林大学, 2007: 141-142.
⑤ 孙笑侠. 法治发展的差异与中国式进路[J]. 浙江社会科学, 2003 (4): 3-11.

序法律观念、行政执法程序法律行为等基本要素构成。前者主要指各种行政执法程序制度的总和；后者指人们对待行政执法程序的态度。④究竟如何培养行政执法程序理论文化意识，可以考虑以下办法：发展市场经济和民主政治，开展法律教育和研究，改进普法宣传，营造程序正义民众化的法律文化氛围，在立法树立"程序优位"意识、执法树立"程序优先"意识、司法树立"程序至上"意识、守法树立"程序信仰"意识，完善行政执法程序法律评价追责制度。

所以，要培养全社会的行政执法程序理论文化意识，必须要培养全社会的行政执法程序法治意识、氛围、心理、观念、文化。中国传统文化是实质中心主义、反程序正义的文化，而行政执法程序法治文化产生的根源是市场经济和民主政治，这就需要先营造程序正义民众化的法律文化氛围需要发展市场经济和民主政治，在立法树立"程序优位"意识、执法树立"程序优先"意识、司法树立"程序至上"意识、守法树立"程序信仰"意识，还要完善行政执法程序法律评价追责制度。这样才能系统地解决行政执法程序理论文化意识存在的各种问题，同时还要从行政执法程序的角度结合行政执法立法与执法活动针对行政执法程序特有的理论文化意识进行阐释和探讨，这是需要完善行政执法程序继续深入探讨解决的问题。

第四节　完善行政执法程序必须实现法制统一

由于国家层面立法的不完善导致行政执法程序立法变成了现实中的各地方立法的"封建割据"，对行政执法的实施造成了不利影响，要完善行政执法程序必须实现行政执法程序的法制统一。

一、实现行政执法程序法制统一的必要性

现实中，行政执法程序法制统一是不统一的，行政执法程序法制是否应该统一？对此，很多学者都提出了自己的观点，主要包括：①韩舸友，徐晓光两位学者提出，法律统一原则是法治原则的基本要求，其首先要求一个国家法律制度、法律规范的统一，各种部门法律和地方法律都要服从于宪法，统一于宪法，必须

与宪法精神、宪法原则、宪法规定相一致，不得与之相违背，立法各层级之间不是平行关系，而是存在一种"下位法服从上位法"的制约关系，层级低的法不得与层级高的法相冲突、相抵触。立法权力统一于最高国家权力机关，地方立法权限要服从国家立法权，不得与之相对立，立法效力要统一，即我国的全部法律规范文件按其性质、地位不同而具有不同的法律效力，形成的是一个统一于宪法和法律的整体。①②朱未易教授提出，地方法治的文化样态、规则体系、治理行为构成了国家法治思维、制度和方式的基础，但是这并不妨碍地方法治与国家法治的统一性和一致性，地方法治与国家法治是特殊与普遍、个别与一般、差异与普适、具体与抽象、多元与统一的辩证性、关联性的互动和互恰的发展过程。②③徐向华教授提出，评估已实施的地方立法统一审议表明，统一审议在实现其预设的两项法定功能：不当利益的扼制和法制统一的维护方面取得了一定功效。③④彦法，日晶两位学者提出，中国立法体制变化的重要轨迹之一便是奉行强化和鼓励地方立法的立法权分配政策，地方立法与中央立法非对立的两个方面：地方立法在一定范围内可以填充中央立法空白，结合当地实际情况实施中央立法；地方立法与中央立法"不抵触"原则的一定程度的特殊性属处理两者关系的操作规则。④⑤查志刚，任左菲两位学者提出，统一行政执法程序是京津冀协同发展区域内建构法治政府的内在要求，对区域重大行政执法问题，及时制定出台统一行政执法程序，推进区域内行政执法体制改革，针对具有区域性行政执法事项开展联合执法。统一行政执法程序能保证执法标准相对统一，以预防和解决协同发展过程中出现的问题和纠纷，保障京津冀协同发展的合法有序进行。⑤⑥刘莘，覃慧两位学者提出，A.《立法法》新赋予 235 个设区的市地方立法权，所带来的问题是享有立法权的主体数量急剧增加，立法主体呈现出多元化的发展趋势，对国家法制统一实现的

① 韩舸友，徐晓光．"变通权"与国家法制统一[J]．中央民族大学学报（哲学社会科学版），2005（6）：70-73．
② 朱未易．地方法治何以可能和正当[J]．广东社会科学，2016（5）：230-239．
③ 徐向华．地方立法统一审议制度的法定功能[J]．法学，2007（11）：57-72．
④ 彦法，日晶．既要统一立法也要地方立法[J]．中国法学，1994（2）：50-53．
⑤ 查志刚，任左菲．京津冀协同发展中统一行政执法程序法制研究[J]．河北师范大学学报（哲学社会科学版），2016（5）：139-144．

也带来了一定的挑战；B.《立法法》为我国法制的统一提供了重要的途径与手段，从法律保留原则的适用、法律优先原则扩大化适用、规范性文件的备案与审查出发，架构了集事前划定立法权限与事后立法监督于一体的四道防线：事前，法律保留原则框定了划分中央与地方、权力机关立法到行政机关立法的范畴；法律优先原则的扩大化适用确立了各个立法主体按照宪法法律优先的原则，遵循下位法服从于上位法的层级效力规律来立法。事后，通过对规范性文件的主动审查激活了事后监督的备案制度；启动对法规的合宪合法的被动审查，纠正违宪违法的法规，从而实现对立法的监督。①⑦王春业教授提出，京津冀区域协同发展过程中还存在着地方立法间冲突以及以立法手段实现地方保护主义的法治壁垒，对区域一体化的深入将产生不利影响，因此，必须加强京津冀地方立法间的协调，为区域发展创造和谐一致的法治环境，在现有法律框架下要创新立法协作方式，加强区域内地方立法间的紧密协作，并根据京津冀区域发展要求，对各自的地方立法及时进行废改立，实现区域法治一体化。②⑧封丽霞教授提出，A.依据国家主义与契约主义两种不同理念，各国央地立法事权划分大致可以归纳为"行政分工型"与"法定分权型"两种模式；B.行政分工型主要出现在单一集权制国家中，从地方立法权的来源来说，各项地方立法权源自中央的授权与分配，中央对地方各级立法起着决定性支配作用；C.法定分权型主要出现在"合作型"央地关系之下的联邦制国家，其主要做法是，在中央与地方之间，以及不同地方之间，各方都在自己的法定权限范围内拥有专属立法权；D.地方立法权的范围不是由中央单方面加以决定的，而是基于宪法或法律的规定而获得的；E.按照立法调整事务的性质或属性、重要程度、影响范围以及调整方法四个基本标准，以及"二分法"（将全部立法事项一分为二，即中央立法事项与地方立法事项）、"三分法"（将全部立法事项分为联邦专属立法事项、联邦与各联邦成员共同立法事项以及联邦成员的剩余立法事项，通常对前二者采取明确列举的方式，对后者采取含）和"四分法"（将

---

① 刘莘，覃慧. 论我国"法制统一"的保障体系——兼评修正后《立法法》的有关规定[J]. 江苏社会科学，2015（4）：161-169.
② 王春业. 论京津冀区域协同发展中的法治促进[J]. 南京社会科学，2018（1）：100-104.

全部立法事项分为联邦专属立法事项、各联邦成员专属立法事项、联邦与各联邦成员共同立法事项、剩余立法事项），可以对中央专属立法事项、地方专属立法事项以及中央地方共同立法事项的范围进行界定；F.从央地立法事权划分的标准来看，我国采取的是兼有立法调整对象的性质、重要程度以及调整方法等因素在内的综合性标准，从央地立法事权划分的权力渊源形式来看，我国地方立法权既有宪法保障形式也有法律赋予形式，从内部构成来看主要包括中央专属立法权、中央与地方共同立法权两种类型，从立法主体来看，形成了中央向地方逐级分权的多元立法格局，中央与地方各级政府在事权方面高度同构、"上下对口"和"上下一般粗"，使得我国中央与地方自上而下立法职责同构的现象也很明显，缺乏针对不同层级地方在立法职能和事权方面的合理化、精细化区分，央地立法事权法治化改革的基本思路是必须实现央地立法职责划分从行政化向法治化、从政策主导向法律主导转变：需要明确以立法调整事务的"影响范围"或"外部性程度"作为划分的基本标准，还要建立央地立法事权划分的适时变动与动态调整机制、充分发挥司法的间接微调功能。[①]所以，无论从哪个角度看，行政执法程序法制都是需要统一的。

二、行政执法程序法制统一需要解决的问题

显然，之所以至今没有实现行政执法程序法制统一，是因为存在各种问题需要解决：①从立法内容的角度看，保障公民权利与提升行政效能是立法要实现的双重目的，保障公民权利要解决执法乱作为问题，主要机制包括确立行政基本原则、保障公民知情权与参与权、完善行政执法证据制度等；提升行政效能要解决执法不作为与慢作为问题，主要机制包括理顺执法机关纵向横向关系，简化申请处理程序，提升行政执法信息化程度等。完善行政权力运行机制的设想除了要按照管理学的原理来完善行政权力的运行机制外，还需要从法律的角度着手，完善行政组织法和加强行政程序立法。②从立法价值的角度看，在立法的价值取向上应坚决摒弃法律工具主义的陈腐观念，弘扬人民主权和保障人权的民主理念；在

[①] 封丽霞. 中央与地方立法事权划分的理念、标准与中国实践——兼析我国央地立法事权法治化的基本思路[J]. 政治与法律，2017（6）：16-32.

立法格局的配置上要改变"重实体、轻程序"的传统，加强行政程序法制建设；明确界定立法权限的划分，严格规范和控制授权性立法，确保立法工作有序进行；在立法过程中，应充分发挥国家权力机关的主导作用，提高规范性文件的科学性和公正性。③从法源冲突的角度看，在影响行政执法水平的诸多因素中，法源冲突尤其是规章之间、其他规范性文件间的冲突是一个重要原因。在社会主义法律体系业已建成的背景下，整合立法资源，理顺法律、法规、规章和其他规范性文件的关系，将是解决法源冲突问题的根本途径；改造现有的行政诉讼制度以强化对规章和其他规范性文件的审查力度，同时辅以行政执法体制改革、扩大集中行使处罚权的适用范围，是避免行政执法法源冲突的有效途径。④从法律解释的角度看，法律解释是行政执法的必经环节，行政执法人员进行应用性法律解释是行政执法的现实需要，具有高度的正当性。行政执法人员享有应用性法律解释权与我国现行法律解释体制并不相悖，具有合宪性和合法性。行政执法中的应用性法律解释，不同于立法解释，也不同于学界通常所说的"行政解释"，具有非机关性、应用性、多样性、有效性和非终局性的特点。我国应当尽快承认在行政执法实践中事实存在的执法者个人的应用性法律解释权，并且加强规范和监督。⑤从配套制度建设的角度提看，综合执法体制改革，需要相应的法律制度予以配合，包括以下法律制度的支持：其一，一事不再理的法律制度。其二，统一行使权力的法律制度。其三，行政协助的法律制度。其四，执法冲突裁决的法律制度。⑥从立法特征的角度看，行政程序的立法在全国范围内都呈现出明显的对法律、国务院决定进行贯彻落实的"回应型"立法的特征。第一，有国家法律和国务院规定的程序立法普及率就高，没有的相关立法就少。第二，对同一制度，各部门和各地立法表现出明显的相似性。第三，国家法律和国务院规定出台前后的一段时间出现立法高峰。这种现象称为"集中立法"，一方面可以看作是中央立法推动地方行政立法的进步，从另一个角度看就是一种突击立法。

三、实现行政执法程序法制统一的路径

因此，行政执法程序法制统一的原因恰恰是为了应对不同地方立法多元化带

来的挑战：《立法法》赋予 235 个设区的市地方立法权，带来的问题是立法主体数量增加，呈现多元化发展趋势，对国家法制统一带来挑战。法律统一是法治的基本要求，要求各种部门法和地方法都要服从于宪法、统一于宪法，必须与宪法精神、宪法原则、宪法规定相一致。立法各层级之间不是平行关系，而是存在一种"下位法服从上位法"的制约关系，层级低的法不得与层级高的法相冲突、相抵触。地方立法权限要服从国家立法权。立法效力要统一，全部法律规范文件按其性质、地位不同而具有不同的法律效力，形成一个统一于宪法和法律的整体。地方立法间存在冲突以及以立法手段实现地方保护主义的法治壁垒，对区域一体化产生不利影响。必须加强地方立法间的协调，统一行政执法程序是各地协同发展的内在要求，能保证执法标准相对统一，预防和解决协同发展中出现的问题和纠纷，保障各地协同发展的合法有序进行。而对于如何科学地进行央地立法事权划分，需要依据国家主义与契约主义两种理念，中央与地方政府在事权方面高度同构、"上下对口"和"上下一般粗"，使得中央与地方立法职责同构的现象明显，缺乏针对不同层级地方在立法职能和事权方面的合理化、精细化区分。央地立法事权法治化的基本思路是实现央地立法职责划分从行政化向法治化、从政策主导向法律主导转变：明确以立法调整事务的"影响范围"或"外部性程度"作为划分标准，建立央地立法事权划分的适时变动与动态调整机制。行政执法程序法制统一的路径是《立法法》从法律保留原则的适用、法律优先原则扩大化适用、规范性文件的备案与审查出发，架构了集事前划定立法权限与事后立法监督于一体的四道防线。地方立法统一审议在实现不当利益的扼制和法制统一维护方面取得了功效。还要创新地方立法协作方式，根据区域发展要求对各自的地方立法进行废改立，实现区域法治一体化。保障行政执法程序性权利、保证行政执法权力运行规范化和受到有效约束的对策就是制定统一的行政执法程序法，完善行政执法程序法制是实现公正文明执法、依法行政、建设法治政府、民主政治、依法治国的内在要求。

第五章　行政执法程序立法构成论

行政执法程序的重要性已得到了学界的公认，在行政执法状况不容乐观的今天，先从完善立法入手，制定专门的《行政执法程序法》可以考虑成为我国行政执法法治化建设进程中的现行举措。然而，关于行政执法程序立法相关理论问题如"行政执法程序法"立法构成的研究依然不够深入和全面，还要对之进行充分的研究和论证。

第一节　行政执法程序体系构成的理论问题

要研究行政执法程序体系的构成，首先要弄清楚关于行政执法程序立法体系构建的几个基本问题，行政执法程序立法体系构建的基础，行政执法程序立法体系构建的方法，行政执法程序基本原则在行政执法程序立法体系构建中的所起的作用，以及现代服务行政对行政执法程序立法体系构建的作用与价值。

一、行政执法程序立法体系构建的基本问题

（一）何为体系

行政执法程序立法体系构建的前提是要弄清楚什么是体系，行政执法程序立法体系的构建其实就是行政执法程序立法的体系化。对于体系化这个问题，赵宏博士是这样解释的：①体系化是将"既存的各色各样的知识或概念，依据一项统一的原则，安在一个经由枝分并且在逻辑上相互关联在一起的理论构架中"核心在于系统的内在统一性和一贯性；②以基本原则、抽象概念和法释义学为核心元素，德国行政法被塑造为一种建立在经验与逻辑、传统与现实基础上的完整体系；③本土资源的匮乏和外国经验的有限，都让我们只能通过零敲碎打、逐个突破而渐次推进学科发展；正因如此，行政法学建构从一开始就缺乏整体统筹和系统思

考，不同的价值取向、不同的研究重点，都可能导致学者对学科不自觉地进行条块分割，并在各自的领域内自说自话，已有的研究成果也多缺乏整体视野和通盘考虑，显得零散杂乱。①

同理，行政执法程序立法体系的构建其实就是把有关行政执法程序的概念、功能、定位、价值、基本原则、基本制度等内容统一置于一个具有内在统一逻辑性的统一框架中，经由某一种具体的立法模式以立法的形式表现出来。行政法学体系化的构建容易因不同的价值取向、不同的研究重点乃至不同的学科方法而呈现"封建割据"状态，行政执法程序立法体系的构建则只能从程序法学的角度、依据程序正当原则对行政执法中的程序进行立法，并形成内在一致的立法体系。

（二）行政执法程序立法体系的构成

关于行政执法程序立法体系的构成这个问题，可以借鉴王名扬教授关于行政法的观点进行归纳。王名扬教授认为，①行政法概念有广狭义之争，狭义行政法认为行政法是关于行政活动的程序的法律，不包括行政活动的实体法；广义行政法则认为行政法是关于公共行政的法律，不仅包括程序行政法，也包括实体行政法；狭义行政法的优点是掌握行政法的核心问题，能够实现控制行政权力的目的，能够对行政法提供一个统一的概念和一般性原则；缺点是程序法与实体法有不可分的联系，同时排除了内部行政法；广义行政法的优点是从全面观点看待行政法的问题，符合行政法的实际情况和需要，但狭义行政法是广义行政法的基础；②行政法的意义在于约束行政机关的权力，保障私人的权利。行政法的目的在于公平、正确、效率、对公民负责；③在 1893 年古德诺出版比较行政时，美国才第一次出现行政法这个名称，行政法的发展是和行政活动的发展同步进行的，根据社会需要而逐步扩张，侧重点从防止行政机关滥用权力侵害私人权利到扩大公众对行政决定程序的参与再到提供福利与服务为中心；④美国行政法包括行政制度的基本原则和组织，行政程序，行政的监督和控制等几个部分。②毫无疑问，由于对于程序的定义存在分歧，关于行政执法程序立法体系的构成首先就要明确规定

① 赵宏. 行政法学的体系化建构与均衡[J]. 法学家，2013（5）：34-54.
② 王名扬. 美国行政法[M]. 北京：中国法制出版社，1995：39-60.

行政执法程序的概念。此外，还要对行政执法程序功能、定位、价值、基本原则、基本制度等内容进行规定，以便对具体的行政执法程序类型起到统一的指导作用。

（三）行政执法程序立法体系构建存在和需要解决的问题

行政法学体系的建构方面存在和需要解决的问题在行政执法程序立法体系的构建中一样存在：①于安教授提出：行政法体系改革应当注重三个基本问题，从改进法律保留和法律渊源制度两方面扩展行政法治的范围，在行政法的主导议题方面提倡保护个体权利和规范公共行政的双向制，在行政法的中心概念上给予行政决策更重要位置并淡化行政行为的概念。[①]②朱芒教授提出：发展了二十多年的中国行政法学至今仍未完成自身的理论体系化，其原因之一在于"具体行政行为"等核心概念基本属于被解释的法律概念，因而理论中缺乏统领性的抽象概念；原因之二在于既有概念无法统合法学发展以及提出的诸如"行政程序"和"行政规制"等新问题；原因之三在于既有法学方法上的形式框架难以容纳现代行政所需要的政策目的。[②]③施密特·阿斯曼教授提出：行政法应保护人民的权利，以对抗行政权，法律也赋予行政法定权限以有效执行行政任务。为完成此双重委托任务，构建了行政法体系框架。[③]

显然，行政执法程序立法体系的构建一样存在确定统领性的核心概念的问题，存在如何完成保护权利和规范权力双重性任务的问题，存在统合行政法学领域和程序法学领域最新发展成果的问题，存在创新法学方法论的问题。参考王名扬教授、施密特·阿斯曼教授、赵宏博士、于安教授、朱芒教授等学者的观点，可以对此做出如下的解答。①行政执法程序立法体系的构建其实就是把有关行政执法程序的概念、功能、定位、价值、基本原则、基本制度等内容统一置于一个具有内在统一逻辑性的统一框架中，经由某一种具体的立法模式以立法的形式表现出来。②行政执法程序立法体系的构建首先要确定这一体系的基础是狭义的行政执法还是广义行政执法这一问题，毕竟两者的内涵和外延都是不一样的，有各自的优势

---

① 于安. 我国行政法体系改革的基本问题[J]. 国家检察官学院学报，2012（4）：84-90.
② 朱芒. 中国行政法学的体系化困境及其突破方向[J]. 清华法学，2015（1）：6-18.
③ [德]施密特·阿斯曼. 行政法体系及其构建[J]. 刘飞译. 环球法律评论，2009（5）：150-160.

和劣势。③行政执法程序立法体系的构建必须要分析和总结行政执法程序法的意义和目的，因为这两者是构建行政执法程序立法体系的指引，要构建行政执法程序立法体系，必须弄清楚新时代行政执法程序法的意义和目的。④行政执法程序立法体系不是一成不变的，而是随着社会需要的发展而发展的，这一点可以从美国行政法的发展中看出来。⑤中国行政法体系建构存在的主要问题包括缺乏整体统筹和系统思考、缺乏统领性的抽象概念、既有概念无法统合行政法学发展的新问题、既有形式框架难以容纳现代行政所需要的政策目的等问题，以至于至今没有完成体系化，行政执法程序立法体系的构建要吸取这一教训，解决上述问题。⑥行政执法程序立法体系构建的路径可以参考德国行政法以基本原则、抽象概念和法释义学为核心元素，扩展行政执法程序法治化的范围，提倡保护权利和规范权力的双向制，以行政执法行为为核心构建起来。行政执法程序立法体系不仅包含行政执法程序法总论与分论，还包括宪法体系、行政法体系对行政执法程序立法体系的影响。此外，还要分析和总结行政执法程序立法的意义和目的，因为这两者是构建行政执法程序立法体系的指引，决定了行政执法程序立法体系的具体组成，行政执法程序立法体系正是在这两者指引的基础上构建出来的。行政执法程序立法体系的发展是和行政活动的发展同步进行的，其目的逐渐从防止行政机关滥用权力侵害私人权利发展到扩大公众对行政执法程序的参与，再到提供福利与服务为中心，这些都必然会对行政执法程序立法体系的发展造成影响。在这一方面，美国和德国的行政法体系可以提供参考，如可以参考德国行政法以基本原则、抽象概念和法释义学为核心元素。总而言之，要构建行政执法程序立法体系，对于行政执法程序立法体系构建的基本问题的分析与考证还需要继续全面和深入，不能仅仅从行政执法程序立法体系构建基本问题的某一方面或某一要素的角度进行分析和论证，需要对于这一问题展开全面而系统的研究，针对现实存在的各种问题提出具有实用性的成果，并最终提出系统化的详细方案。

二、行政执法程序立法体系构建的基础与方法

关于这一问题，学者们提出了自己不同的见解，对于行政执法程序立法体系

构建的基础与方法反思很有启示意义。①王名扬教授依据美国行政法学的研究历史是这样认为的：法律传统、对行政法的认知、国家观念等因素都影响行政法体系的构建。①②赵宏博士提出：A.体系构建的方法主要由概念法学和评价法学所阐发；B.对于概念法学而言，一个法体系是依据形式逻辑的规则，以抽象的概念体系为基础构建的，这个体系具有自足性，是"一种纯粹根据逻辑和公理进行涵摄和演绎的系统"；虽然概念法学致力于法的科学化，却将整个法体系建立在形式逻辑的基础之上；对于复杂生动的生活现实的拒斥，使其构筑出的只是与生活现实两相剥离的"概念谱系"；这种概念谱系过分依赖于抽象逻辑，漠视纷繁多样的法律实践，因此"常常诱使价值剥离，切断规范间的意旨关联"；尽管在形式逻辑上无懈可击，并在设计安排上展现出完美的图标式对称，但概念法学的法体系却存在着价值导向和精神内核的黑洞；C.以拉伦茨为代表的评价法学尝试将法体系的建构从对形式要素的倚重，转向对实质要素的探求；拉伦茨用具有内在关联的、彰显规范意旨的法律原则替换了概念法学中的"抽象概念"，并借此使法体系的一致性不再建立在形式逻辑，而是价值导向的基础上；D.成功的法体系构建必须兼顾概念法学所强调的逻辑性，以及评价法学所强调的价值性；对于法学科系统建构而言，有两项任务至关重要：首先就是寻找和确定作为上位价值的秩序观念，其次就是对系统内部逻辑一致的反复锤炼；E."价值同一性"和"逻辑一致性"，都已包含在了德国行政法的体系化建构过程中，并具体表现在以法律原则、抽象概念以及法释义学作为体系建构的核心要素的处理上；F.法律原则将诸多概念、形式和结构有效地统合为一个有机整体；它的存在和确立既确保了系统构成要素的"首尾一贯和相对稳定"，同样协助各种构成要素与法体系整体的相称定位；G.行政行为是功能化的体系基础概念，除提供行政活动的基本单元和是否适法的一般基准外，还以此概念为起点，行政法体系的各项要素都被有效地衔接和连贯起来；H.法律原则揭示了法体系的价值导引，抽象概念又提供了法体系的基本单元，那么将这些元素进行有效链接，并使德国行政法体系最终成为一个逻辑自治、

---

① 王名扬. 美国行政法[M]. 北京：中国法制出版社，1995：60-61.

独立自足的有机整体的，则是它的法释义学方法。^①③朱芒教授提出：A.近年来出现了"面向行政的行政法"或"规制行政法学"的学术走向，其研究的关键点不在与"具体行政行为"相关联的司法审查标准之处，而是更注重行政本身的过程及其法律对此的规制方式和实效；这类的研究，一方面改变了原本行政法研究注重法律形式要件的方法，转而侧重行政活动的目的，由此使法学方法中原本至关重要的形式性和对应司法的两个属性受到了质疑；另一方面，由于行政过程因行政领域的复杂分割，而导致这方面的行政法学研究在一开始就必须进入到了具体而细致的特定行政领域，而不是抽象的理论论述层面；B.如果依然采用"行政行为"或"具体行政行为"的抽象方法去统合某个特定领域的行政活动的话，那么，其结果无疑还是设立适用于该领域的行政法学总论，或者说是行政法学总论适用于该领域的方法，其作用对相关行政活动仍然是将此整合到行政行为或"具体行政行为"的外延中而已；在各论层面上所需进行的学术抽象作业，肯定应该包含将这两者的整合，而建构中国行政法学体系之时，这两者理应被统合其中；C.理论体系的建构工作，首先需确定什么行政领域作为关联领域进行分析，同时又需要决定应该选择什么概念作为基本概念；D.当讨论"面向行政的行政法"等命题之时，如何避免行政（规制）法制建设脱离法治国家基本目的的走向。^②④施密特·阿斯曼教授提出：A.行政法总论由分论发展而来，内含秩序理念，指引分论的演变方向，此种互动关系及影响过程正是行政法体系的出发点；体系思考构筑了规范秩序与统一概念，此一前提下建构的行政法具有矫正价值矛盾及专业领域背离现象的能力，有助于行政行为透明性的形成，可对现今不断演变的行政任务做出回应；体系学是既存者，也是未来的演变者，是随行政任务的演变而持续完善的产物；B.行政法各论领域的事务性质、实务运作及规范模式；在建构总论与各论学说交互影响关系上，发展了行政法体系理念的核心—关联领域；C.行政法学的体系与概念需要一个切入观点来选取或规范事实，这样才能发展成学理；体系建构的基本概念包括利益、行政任务、行政类型、责任结构；D.行政法体系化

① 赵宏. 行政法学的体系化建构与均衡[J]. 法学家，2013（5）：34-54.
② 朱芒. 中国行政法学的体系化困境及其突破方向[J]. 清华法学，2015（1）：6-18.

之个人权利取向，仍然是其最重要之因子，其从在所有法律层次都保障其效力之基本权推导出来。①

关于行政执法程序立法体系构建的基础与方法这一问题可以得出这样的结论：①行政执法程序立法体系构建的基础，包括行政执法程序传统、对行政执法程序的认知、国家对于行政执法程序立法的重视等因素，以及行政执法程序的基本原则、核心概念以及法释义学。②行政执法程序立法体系的构建方法主要有概念法学和评价法学阐释两种，但概念法学方法构建的行政执法程序立法体系存在着价值导向和精神内核的问题，评价法学完全借助法律原则使行政执法程序立法体系的一致性建立在程序正义价值导向的基础上又忽视了核心概念和抽象逻辑，因此行政执法程序立法体系的构建必须兼顾概念法学所强调的逻辑性，以及评价法学所强调的价值性，并首先要寻找和确定作为上位价值的秩序观念如正当和效率，其次就是对系统内部逻辑一致进行反复锤炼。③行政执法程序立法总则的研究以及与分则的关系对于行政执法程序立法体系的构建非常重要。④行政执法程序立法体系的构建需要核心概念，这个核心概念可以参考德国行政法体系构建的利益、行政任务、行政类型、责任结构等基本概念，尤其要尤其要重视程序性权利。⑤行政执法程序法是功能化的行政执法程序立法体系的核心概念，除提供一般基准外，还以此概念为起点，衔接和连贯行政执法程序立法体系的各项要素，将这些元素进行有效链接，并使行政执法程序立法体系成为逻辑自治、独立自足的有机整体。⑥"面向行政的行政法"或"规制行政法学"的学术走向，更注重行政本身的过程及其法律对此的规制方式和实效，因此行政执法程序立法体系研究需要侧重行政执法活动的目的，导致行政执法程序立法体系研究进入到了具体的特定行政领域。⑦行政执法程序立法的总则和分则在建构行政执法程序立法体系时应统合，并避免脱离依法治国和依法行政这一基本目的。此外，对于行政执法程序立法体系构建的基础需要结合行政执法的现实发展需要进行实证分析与总结归纳，构建方法需要结合我国现实实际提出较为具体的、具有实用性的结论，

---

① [德]施密特•阿斯曼. 行政法体系及其构建[M]. 林明锵译. 北京：北京大学出版社，2012：138+374.

需要对之作体系化的整理并纳入行政法立法，区分不同行政执法行为所需程序的特殊性，并通过基本原则指引来诊断其正当性。

三、行政执法程序基本原则在体系构建中的地位与作用

要保证行政执法程序立法体系内在逻辑的统一性，就要重视行政执法程序基本原则在体系构建中的地位与作用，通过具有共性指导作用的基本原则来对行政执法程序立法体系的各个构成部分进行统一规范和指引。关于这一点，很多学者也持相同或相近态度。①王名扬教授这样回答的：了解行政法基本原则有利于对全部行政机构有一个概括性的了解，如美国行政法的每一个基本原则都有其产生的特定历史背景和独特的意义。①②赵宏博士说：迈耶首先将"依法律行政"的原则注入德国行政法，这一理念使行政法系统自此拥有了鲜明的价值导向和精神内核，作为一种稳定的、完整的、明确的法秩序理念的起点，它将诸多概念、形式和结构有效地统合为一个有机整体，它的存在和确立既确保了系统构成要素的"首尾一贯和相对稳定"，同样协助各种构成要素"与法体系整体的相称定位"。②③施密特•阿斯曼教授提出，法治国及民主这两个基本原则的结构在总体上形塑了行政法体系。③④周佑勇教授提出：行政法规范应该成为一个有序的整体，这就需要行政法基本原则的作用，行政法基本原则存在于行政法规范之中，同时又是这些行政法规范共同体现出的基础性原理、准则和基本精神，使得行政法规范在多样性中贯穿着统一性，在纷繁复杂中形成有序的整体；行政法基本原则具有使行政法规范冲突得以协调、消解的功能，能够起到增强行政法制统一的作用；将原则引入法律体系之中，使法律体系从一个在逻辑上和正当性上资历自足的体系转换到一个流动的、开放的体系，既是为补成文规则之不足的需要，也是为限缩自由裁量权的需要。④

可见，行政执法程序基本原则对于了解我国行政执法机构及其行为所产生的特定历史背景具有重要意义，对于构建行政执法程序立法体系自然也有同样的重

① 王名扬. 美国行政法[M]. 北京：中国法制出版社，1995：77.
② 赵宏. 行政法学的体系化建构与均衡[J]. 法学家，2013（5）：34-54.
③ [德]施密特•阿斯曼. 行政法体系及其构建[J]. 刘飞译. 环球法律评论，2009（5）：150-160.
④ 周佑勇. 行政法基本原则研究[M]. 武汉：武汉大学出版社，2005：4+14+279.

要性，可以使行政执法程序立法体系拥有共同的价值导向和精神内核，可以调解行政执法程序规则之间的冲突，体现出行政执法程序规则的共性，使行政执法程序立法体系拥有鲜明的价值导向和精神内核，将诸多概念、形式和结构有效地统合，从而可以将体系内的诸多构成要素有效地统合为一个有机整体。行政执法程序基本原则还有利于通过其产生的特定历史背景和独特的意义了解行政执法机构及其行为产生的意义。此外，行政执法程序基本原则需要结合中国实际进行实证分析与比较分析来进行梳理和确定，与核心概念相结合对行政执法程序立法体系进行具体的构建。

四、现代服务行政对行政执法程序立法体系构建的作用与价值

新时代是现代服务行政高度发展的时代，因此行政执法程序立法体系构建要研究现代服务行政对之的作用与价值。关于这个问题，很多学者都提出了有益的观点。①王名扬教授介绍：A.有关现代服务的行政立法显著增加，并由行政机关执行，服务构成现代行政法的特点；B.美国公众对于行政机关提供现代服务的现状不满导致了法院加强了对于行政活动的监督，法院将正当法律程序的保护范围扩大到社会福利补助项目，扩大公众对行政程序的参与以监督行政机关为公众提供更多的福利与服务。①②于安教授提出：A.对转型社会国家再构建过程中的行政法治而言，应当更在乎行政体系本体的约束性制度的改革和构建，构建面向公共行政和保护公民权益的双轨型行政法体系，把行政组织及其运行作为主导议题之一，根据实际情况不断概括和调整本发展阶段公共行政的基本法律准则，全面进行行政体制、决策机制及其实施评价机制的法律制度构建；B."行政行为"或者"行政决策"这样的中心概念，对于行政法总则体系有至关重要的方向性构建作用，由于行政法法律渊源出现了硬法与软法的新结构，原来以实体规则约束力为主要内容的"行政行为"概念将会逐渐走向式微，还由于"行政决策"的容纳度高，所以选择"行政决策"作为行政法总则和行政法学总论的中心概念将更有前途。②③朱芒教授提出了："具体行政行为"概念已经无法包容我国行政法律制度

---

① 王名扬. 美国行政法[M]. 北京：中国法制出版社，1995：393-404.
② 于安. 我国行政法体系改革的基本问题[J]. 国家检察官学院学报，2012（4）：84-90.

现今的需求，这表现为以下两方面的内容，其一，新制度对应的新概念；近来行政法学中，因立法的发展所产生了一系列与实定法紧密相关的一些概念，如行政程序、行政调查、行政指导、政府信息公开、公私合作、民营化、私人行政等概念；其二，新形态对应的新作用；在欧美国家作为历史进程三个阶段的秩序行政、福利行政和保障行政，在当今的中国，由于全国社会发展的不均衡，这三种形态却是同生共存于同一时间空间；这样的法制现状中，"具体行政行为"所应担负的功能必然会较之欧美国家的要更为繁多和更为复杂，而这些已经脱离了"具体行政行为"概念现有属性所能承担的范围。①④李洪雷教授介绍：A."新管理论"对中国行政法发展的意义，朱维究、徐文星两位学者在引介英国公法传统中的"功能主义学派"相关学说的基础上，强调了"新管理论"对中国行政法发展的意义，认为基于生态福利法治行政国家的理念，政府的角色由消极行政、干预行政、管制行政转向了给付行政和服务行政，由一中心、一元化的行政管理转向了多元化、多中心的社会治理，因此行政法的发展趋势就是全方位的社会管理法，提出当今我国社会的根本问题不在于国家职能过于庞大，必须收缩；而在于国家职能在许多领域的缺位，诸如教育、社会保障、劳动就业、生态环境、资源保护等；B.于安教授从给付行政和社会行政法发展的角度讨论了行政法体系的变革，认为应通过建立协调发展导向型行政法，协调社会权与民事自由权之间的关系，并为政府履行发展职能提供合法性准则，协调发展导向型行政法制度建设的重心，是建构以政策协调为目标的行政组织体制和行政决策制度，并保障全体社会成员平等参与和平等发展的权利。行政的合法性保障机制主要是对政策性决策的政治控制和行政监督；保障方法也将更多地依靠政策分析、绩效评估和信息公开制度，法院诉讼和对抗性审理等用于保护个人权利的传统方法不再是主要角色；C.李洪雷教授自己认为，中国行政法的目标和功能不应局限于对私人权利自由的保障，也应为提高行政效率效能、保障公共利益、进行利益协调提供制度保障；行政法制度建设不仅要致力于对秩序行政的规范与制约，也要探究对服务行政的保障之道，中国行政法学的未来发展，应将规制国（政府规制）和福利国（社会行政、服务

---

① 朱芒. 中国行政法学的体系化困境及其突破方向[J]. 清华法学，2015（1）：6-18.

行政或福利性质）的相关理论和制度作为行政法学研究的重要领域，与此相关的是在一般行政法（行政法总论）之外，深入到部门行政法（行政法各论）领域之中，在其中，不再以司法为中心，视野仅及于行政的边缘；而是要深入政府活动的核心，与经济学家、公共行政学家一起，探究提高行政效率、效能、保障公共利益、进行利益协调的途径。^①

关于这一问题，王名扬教授、于安教授、朱芒教授、李洪雷教授等学者结合美国行政法发展的情况阐释了现代服务的发展对行政法发展的推动作用，间接说明了现代服务的发展对行政法体系构建产生的巨大影响。通过现代行政的发展、政府角色的转变阐释了现代行政法目的与功能的变化，从而对转型社会国家的行政法律制度建设及行政法体系构建发生所用，指明了未来行政体系构建研究的方向。结合现代行政的发展变化阐释行政法中心概念的变化，论证了传统中心概念"行政行为"的种种不足，尤其是难以涵盖现代服务行政中的各种行为，并提出了自己的修改建议。通过借鉴上述学者的观点，关于这一问题可以得出如下的结论：①有关现代服务的行政立法显著增加并由行政机关执行，构成现代行政法的特点，然而我国的行政执法程序立法并未深刻呈现这一变化。美国公众对于行政机关提供现代服务的现状不满导致了美国行政法的巨大变化，对行政法体系构建也带来了巨大的影响，希望我国广大人民群众对于现代服务行政的要求能够促进行政执法程序立法，构建的行政执法程序立法体系能够面向公共行政和保护公民权益，根据实际情况概括和调整本公共行政的基本法律准则，全面进行行政体制、决策机制及其实施评价机制的法律制度构建。②基于生态福利法治行政国家的理念，政府的角色由消极行政、干预行政、管制行政转向了给付行政和服务行政，由一中心、一元化的行政管理转向了多元化、多中心的社会治理，因此行政执法程序法的发展趋势就是全方位的社会治理程序法，当今我国社会的根本问题在于行政执法职能在许多领域的缺位，需要通过治理主体多元化建立协调发展导向型行政执法，协调社会权与民事自由权之间的关系，建构以合作行为为目标的行政

---

① 李洪雷. 中国行政法（学）的发展趋势——兼评"新行政法"的兴起[J]. 行政法学研究，2014（1）：112-119+126.

执法组织体制和行政执法程序制度，并保障全体社会成员平等参与行政执法的权利。③行政执法的合法性保障机制主要是对执法过程进行程序控制和监督。行政执法程序的目标和功能不局限于对程序性权利自由的保障，也应为提高行政执法效率效能、保障社会公共利益、进行利益协调提供程序制度保障，探究对服务行政和合作行政的保障之道。此外，需要结合中国现代服务行政的发展就现代服务行政对行政执法程序立法体系构建如何具体发生作用进行全面和系统的分析，就现代服务行政发展推动下如何在核心概念、基本原则等方面就行政执法程序立法体系改革创新提出具体的、具有建设性的方案与建议。

综上所述，改革开放后我国行政法学基础理论经过40多年的发展，在研究成果数量、研究内容的广度和深度、研究力量的补充与发展等方面都取得了显著成绩，为行政执法程序立法的制定、修改与完善奠定了坚实的基础。就行政执法程序立法体系的研究来说，这是行政法学理论研究相对忽视的一个问题，只有对这一问题有了深入了解，才能对行政执法程序乃至整个行政执法的新时代发展有一个全面而系统的了解。在这一问题上，需要通过历史分析、比较分析的研究方法，分别从行政执法程序立法体系构建的基本问题、行政执法程序立法体系构建的基础与方法、行政执法程序基本原则在体系构建中的地位与作用、现代服务行政对行政执法程序立法体系构建的作用与价值等方面进行分析和论证，解决何为行政执法程序立法的系统化，行政执法程序立法体系构建需要考量哪些因素、解决哪些问题，行政执法程序基本原则和现代服务行政对于行政执法程序立法体系构建的作用等多方面存在的问题，分析了中国行政执法程序立法至今未能完成体系化的原因，从而为深入研究行政执法程序立法理论和实践都可以奠定基础。同时，还要注意对于行政执法程序立法体系的理论研究不能仅仅通过历史分析和文献分析的方法进行阐述，在借鉴外国先进经验的基础上还要针对我国的立法和执法实践进行实证分析，结合中国现实进行深入地比较分析与研究，就外国先进经验如何进行借鉴和移植进行深入分析。这是完善行政执法程序立法所必须面对的和需要进行深入研究的问题，值得行政法学研究者们予以更多关注。

第二节　行政执法程序立法体系构成的基本内容

"构成"在现代汉语主要有形成以及组成部分或结构两种含义，行政执法程序立法体系构成主要指的是行政执法程序立法体系包含哪些组成部分，而这些组成部分全部都是围绕着行政执法程序体系构成的基本概念依据一定逻辑分布的。

一、行政执法程序法的概念

(一) 关于"行政执法程序法"定义的分歧

"行政执法程序立法体系构成"的基本概念为"行政执法程序法"，依据行政程序法概念的学术观点，关于"行政执法程序法"定义的界定目前主要有以下三种代表性观点：①行政执法程序法是规定国家行政组织执法活动程序的法律规范的总称，包括行政执法组织程序法、行政执法决策与执行程序法、行政执法监督程序法、行政诉讼法等方面的程序规定。因此，行政执法程序法有广狭义之分，广义的包括行政诉讼法，狭义的仅指规范行政执法机关和相对人在行政执法程序中的权利义务的法律规范的总称。②行政执法程序是行政执法主体行使行政执法职权的步骤、方式和过程，因此行政执法程序法是有关行政执法主体行使行政法权的步骤、方式、过程之法律规范的总称，或者说行政执法程序法是关于行政执法过程、手续与方式的法律规范的总和。③行政执法程序法是为实现公共行政职能为目的而设立的规范行政执法法律关系主体在行政执法活动中的程序法律规范的总和。在应松年教授观点的基础上，还可以进一步主张行政执法程序法规范的对象包括行政执法相对方参与行政执法程序以及与行政执法直接关联的行政主体其他行为的程序。

(二) "行政执法程序法"的定义应综合考虑行政主体与行为

关于行政执法程序法概念的这三种观点实际上是基于行政法学的不同研究视角所提出的，分别从行政主体法、行政行为法和行政组织法的角度去定义行政执法程序法的。①将行政诉讼法纳入行政执法程序法范畴这一点，不敢苟同，笔者以为行政诉讼法确实属于程序法的范畴，却不是行政执法程序法。②把行政执法程序法的调整范围局限于行政执法机关，而排除了行政执法相对人，这不仅在理论上无法自圆其说，也不符合行政实务工作的现实情况。③第三种观点其实质是外部行政行为程序法，将调整对象定性为行政执法法律关系主体。认为行政执法程序法是为实现公共行政职能为目的而设立的规范行政执法法律关系主体在行政执法活动中的程序法律规范的总和，即行政程序法不仅调整行政执法主体的行为程序，而且调整行政执法相对人及利益相关人的行政程序，应松年教授的观点与其相似。综上所述，笔者较为赞同第三种观点。

二、行政执法程序法的功能

第三章已述，关于行政执法程序法功能的观点学说很多，其分歧主要在于阐释的角度不同，基本可以划分为以下六种：①从控权和保权的角度阐释的，主要代表人物有盐野宏、刘云华两位学者。②从社会功能角度阐释的，主要代表人物有章剑生、马怀德两位学者，盐野宏教授的观点也有部分内容符合。③既立足于控权和保权，又考虑社会功能的，主要代表人物有姜明安、颜三忠、杨海坤、刘洋林等学者。④兼顾到与实体法关系的，主要代表人物有哈特穆特·毛雷尔教授。⑤认为行政程序法兼有正负两方面功能的，主要代表人物有张步峰教授。⑥如何实现行政程序法的功能，代表人物为季卫东教授。他认为这需要内部和外部条件以及相对和绝对条件。

上述观点运用于行政执法程序的话存在以下问题需要修正：①从控权和保权的角度阐释的观点说明了行政执法程序法最重要、最本质的功能，这一点是可以肯定的。但是具体到各个学者各自的观点，则还存在一些不足。A.盐野宏教授的观点有两个问题，一是将保障的对象局限于个人，忽略了组织；二是忽视了行政执法程序对效率价值的追求。B.刘云华副教授的观点是从控权、保权到法治，是一个从点到面、由小及大的过程。但行政执法程序法最本质的功能还是控权和保权，法治是所有良法的功能，不是行政执法程序法特有的。②从社会功能的角度阐释是没有错的，但这些功能没有显现出行政程序法自身的特点。A.章剑生教授的观点主要着眼于行政执法程序的社会功能，同时强调了行政执法程序的自身独立性，没有从行政法本身的角度去阐释。B.马怀德教授的观点政治色彩更浓，也没有从行政法本身的角度去阐释。③既立足于控权和保权，又考虑社会功能的。A.颜三忠教授的观点更为全面，从实体、程序和效率三个方面对行政程序的功能进行阐述。B.姜明安教授提出行政执法程序的根本功能在于控权和保权，同时又阐释了行政程序法典的法治意义。C.杨海坤，刘洋林两位学者建议可以从市场经济角度和促进政治体制改革，保障人权这两个方面思考行政执法程序的功能，较为着重从社会与政治两个角度去阐释。④兼顾到与实体法关系的。这是哈特穆特·毛雷尔教授观点的特点，其不足主要在于将行政执法程序法定性为行政执法实体法的服务者与辅助者，抹杀了行政执法程序法的独立性。⑤认为行政执法程序法兼有正负两方面功能的。张步峰教授的观点非常有自己的特点，他借鉴了社会学家默顿的观点，提出行政执法程序也具有正、负两种功能，将程序的不足也纳入了功能范畴，这一观点有利于综合全面的考虑行政执法程序的正面和负面作用，在立法时有助于尽量地减少负面作用的出现。⑥季卫东教授的观点也非常有借鉴价值，行政执法程序法立法时确实要综合考虑几个条件，以便能够在适用时能够实现既定的功能。综上所述，行政执法程序法的功能应该分为规范功能与社会功能，规范功能是从行政执法本身的角度去阐释，主要包括保障实体法得以公正实施、制约行政权力、保障相对人权利等，社会功能则是从行政程序的社会作用的角度去阐释，可以包括提高行政效率、提高行政行为的社会接受程度、遏制和消除腐败、克服官僚主义、建设法治政府等。同时，制定行政执法程序法典时应该尽可能地综合考虑各种条件和因素，降低执法程序自身不足所带来的作用和影响。

三、行政执法程序法的定位

学界关于行政执法程序法定位的观点也不统一，但不同观点之间并非存在矛盾，而是阐释的侧重点不同，主要包括以下三种观点，其中邢鸿飞教授的观点更为全面：①侧重于描述行政执法程序法与行政执法实体法以及相关法律的关系来表明自己关于行政执法程序法立法的观点，代表人物为胡建淼、杨建顺、刘连泰等学者。A.胡建淼教授认为，行政程序法应当是程序法而非实体法，不主张对行政主体及职权做过多的规定，应当是行政行为法而非行政立法法和行政救济法，应为行政程序的基本法而非补充法。B.杨建顺、刘连泰两位学者提出，一般情况下，程序法是辅助性的，即辅助实体法功能的实现；例外情况下，程序法是填补性的，即在没有相应实体法适用于个案时，允许在不违反法律基本原则的前提下，遵循程序法的规定"造法"，前者是由程序法的"外在价值"决定的，后者则由程序法的"内在价值"决定的。[1]②侧重于行政程序法与其他行政单行法中程序规定的关系来阐释对行政程序法定位，代表人物为姜明安教授。他对统一法典与其他单行法的关系作了详细探讨和论证，提出：其一，在一般情况下，统一法典应视为行政程序的基本法，其效力应优于作为行政执法程序一般法的单行法；其二，单行法补充规定统一法典中未规定的相应特定行政行为的特别程序，此种程序当然是必须和有效的；其三，新制定的单行法如因特别需要，对统一的行政程序法典已规定的一般行政程序做出了某种变更规定，则应在相应的特定行政行为领域适用新法优于旧法、特别法优于普通法的原则，及相应单行法的规定优于统一法典的规定。[2]③通过立法理念来全面阐释《行政程序法》的定位，代表人物为邢鸿飞教授，他提出行政程序法的定位包括六个热点问题，即《行政程序法》的程序法问题、行政程序法的法典化问题、行政程序法的公法问题、《行政程序法》的权力规范问题、《行政程序法》的内外行政程序问题以及《行政程序法》的行政司法程序问题；A.《行政程序法》主要应规定程序性问题，但同时还宜规定一些必要的实体内容；B.可以制定一部单行的行政程序法典，但这部法典不是所有行政行为的简单罗列，只规定各种行政行为所共同遵守的最基本、最主要的程序规则，只规定那些难以通过单行法规范的特定种类的行政行为；C.《行政程序法》应淡化公法与私法的区别与界限，在公法领域尽可能多地引入私法的理念、原则和制

---

① 杨建顺，刘连泰. 试论程序法与实体法的辩证关系——评"法即程序"之谬[J]. 行政法学研究，1998（1）：3-5.
② 姜明安. 制定行政程序法应正确处理的几对关系[J]. 政法论坛，2004（5）：14-20.

度，进而加快公法私法化的进程，使得行政权的行使及运作，朝着更加民主、更加理性的方向发展，使行政权真正取之于民、用之于民，并最终实现行政主体与行政相对人利义务的平衡；D.《行政程序法》在制度设定上，不仅要体现"以权力制约权力"的思想，而且要展示"以权利制约权力"的理念；E.《行政程序法》在主要规定外部行政程序的基础上，适当规定一些内部行政程序，并不违背法理；F.我国《行政程序法》应在我国的行政程序立法体系中拾遗补阙，只要现有程序性立法尚未涉及，将来也难以通过单行程序法予以规范的行政行为，均应在《行政程序法》中作规定。①④台湾地区学者的观点。董保城教授提出，台湾地区"行政程序法"的立法初衷是具有"统一规范行政程序"的功能，实践中却由于兼顾各种行政行为的特殊性及避免大举修订法律，维持其稳定性，从而将"行政程序法"定位为普通法与补充法的性质，这显然削弱了"行政程序法"原本应有的统一规范程序性功能。②

显然，研究这一问题并提出自己的《行政程序法》（草案建议稿）的大陆学者们如姜明安、马怀德、应松年等学者，对此的态度较为一致，都认为《行政程序法》的立法目的是具有"统一行政程序"的功能。但是同时他们也承认，由于行政行为种类繁多、具体情况较为复杂，统一的《行政程序法》是无法在立法上兼顾各种行政行为的具体程序要求的，因此草案普遍都较为简单，主要对总则部分进行了规定，并且主要规定了较为原则性的内容。这样的《行政程序法》一旦出台，也难免会出现与台湾地区同样的情况，即难以维持基本法的地位，而变成具体行政程序的补充法。

关于行政执法程序法定位目前还没有统一的阐释，笔者以为定位既包括行政执法程序法与行政执法实体法的关系，也包括行政执法程序法与其他行政执法单行法中执法程序规定的关系，同时还包括行政执法程序法自身的立法理念，涉及控权与保权、公法私法化等。①关于与行政执法实体法以及相关法律关系。行政执法程序法就是单独的执法程序法，是行政执法程序的基本法。所以，没有必要

① 邢鸿飞. 我国《行政程序法》如何定位[J]. 南京社会科学，2003（5）：73-77.
② 翁岳生. 行政法[M]. 北京：中国法制出版社，2009：783.

对行政执法主体及职权做过多的规定，也无需包括行政执法立法法和行政执法救济法。不过需要详细说明如何对必要的行政执法实体法作出规定，如何衔接好行政执法立法法和行政执法救济法，以及如何处理与行政执法单行法之间的关系。②关于行政执法程序法与其他行政执法单行法中程序规定的关系。行政执法程序统一法典应视为行政执法程序的基本法，效力优于单行法；单行法补充规定统一法典中未规定的特别程序；新制定的单行法如因特别需要可对统一法典做出变更规定，而且要明确归纳究竟什么样的情况下单行法可以变更法典的规定。③关于行政程序法自身的立法理念。行政执法程序法的定位就是"控权法"和"保权法"，需要公法私法化这一定位是非常准确的。综上所述，《行政执法程序法》需要通过私法化来实现"控权"和"保权"，是独立于行政执法实体法的单独存在，是行政执法程序基本法，一般情况下行政执法单行法只能对其进行补充规定，不得与之相抵触。同时，因为行政执法程序的价值和基本原则都过于抽象，因此可考虑在《行政执法程序法》总论中增加类似行政执法程序测评标准的规定，将具体行政执法行为进行分类，就各类具体行政执法行为提出一个较为契合的总体性要求，使之成为《行政执法程序法》分论的一个指引，这是一个非常值得探索的课题。还应规定其他有关行政执法程序的法律法规所规定的行政执法程序在严格性上不得低于《行政执法程序法》的标准才能有效。这样就可以保证和维持《行政执法程序法》作为行政执法程序"基本法"的地位。

四、行政执法程序法的基本原则

关于什么是行政法的基本原则，学界分歧非常大，主要观点有：①西方和台湾地区的观点。A.人性尊严之尊重与保护。陈清秀老师在介绍台湾地区行政法的一般法律原则时，把人性尊严之尊重与保护列在第一位。人性尊严被蔡志方老师称为行政法之最高指导理念。德国基本法第一条第一项也是这么规定的："人性的尊严是不可侵犯的，一切的国家权力均有义务尊重及保护人性的尊严。"B.禁止恣意原则。指在行政的领域里，行政机关在做出决定之际，仅能依事理的观点为行为。C.明确性与可预测性原则。行政机关对于其行政行为固然为因应社会的变迁与情事的变更，而可以朝令夕改，但仍应注意遵守可预测性原则，避免其行为让人民产生无法预测的损害。D.禁止过分原则。对于人民自由权利的限制，必须在必要范围内为之。①②大陆地区关于行政程序法基本原则的学说非常多，主要包括十多种观点，这些观点之间有很多相同点，如程序正当原则、程序法治原则、效率原则，但也存在非常多的不同点：A.姜明安教授在自己的著作和试拟稿中认为基本原则有公开原则，公平、公正原则，参与原则，效率原则，依法行政原则，平衡原则，参与原则，正当程序原则，平等原则，诚信和信赖保护原则，比例原则，救济原则；B.胡建淼教授提出，尽管不同国家与地区的行政程序法典所表达的基本原则不同，但把"合法、合理、效率"作为行政程序法基本原则的核心内容对待，这一点是雷同的，行政程序的基本原则是程序法定与程序正当。正当程序是行政法的核心。②C.章剑生教授认为，基本原则是行政公开原则，行政公正原则。D.张慧平博士提出，行政程序法应遵循程序法定原则、比例原则、信赖保护原则、行政公开原则等四项基本原则，体现了行政程序法程序与实体并存的特点，并承担了价值和规则沟通桥梁的角色。③E.周安平教授认为，基本原则是程序法定。④F.韩大元、王贵松两位学者提出，基本原则包括程序法治原则、行政民主原则、行政公正原则、讲究效率原则。⑤G.应松年教授拟定试拟稿的基本原则有：合法性原则、公开原则、参与原则、听取意见原则、公正原则、做出决定原则、比例原则、诚信和信赖保护原则、效率原则。⑥H.马怀德教授拟定试拟稿的基本原则有：程序合法原则、程序公开原则、听取意见原则、参与原则、公正原则、理性化原则、效率原则、比例原则、诚信原则、权利救济原则。⑦I.李俊斌提出，基本原则包括程序法定原则，程序公正原则，程序公开原则，补充统一原则，程序参与原

① 翁岳生. 行政法[M]. 北京：中国法制出版社，2009：156-169.
② 胡建淼，章剑生. 行政程序立法与行政程序法的基本原则[J]. 浙江社会科学，1997(6)：63-69.
③ 张慧平. 行政程序法基本原则研究[J]. 河北法学，2004（1）：79-82.
④ 周安平. 行政程序法的价值、原则与目标模式[J]. 比较法研究，2004（2）：140-148.
⑤ 韩大元，王贵松. 论制定中国行政程序法的宪法基础[J]. 宪治与行政法治评论，2004（1）：140-148.
⑥ 应松年.《行政程序法（试拟稿）》评介[J]. 政法论坛，2004（5）：21-27.
⑦ 马怀德. 中国行政程序立法探索[J]. 求是，1999（1）：3-5.

则，程序效率原则，行政程序法规则的法制化与人性化原则。J.江利红教授提出，基本原则包括公开原则、参与原则、回避原则、听证原则、禁止单方接触原则、职能分离原则。K.张引，熊等华两位学者提出，宜确立公正、效率、公开等三项原则。L.单锋教授提出，行政程序法基本原则的确立应当以公平原则为价值导向，吸收实体原则、私法原则，从而建立起包括公平优先、兼顾效率原则，公开原则，比例原则，诚实信用原则在内的行政程序法基本原则体系。M.吴德星博士提出，基本原则包括行政民主原则、行政法治原则、行政公平原则、行政效率原则、行政公开原则。N.杨海坤，刘洋林两位学者提出，能够称得上基本原则的只有民主原则、公正原则和效率原则，并进一步提出民主原则体现在行政公开、行政参与两项具体原则中，程序公正原则表现在不偏不倚原则、比例原则、信赖保护原则等三项具体原则方面。O.程洁认为，包括程序中立原则。P.黄学贤，廖振权两位学者提出了与众不同的观点，他们认为效力的贯穿性与内容的根本性应当作为行政程序法基本原则的两大确立标准。然而根据对行政程序法基本原则理论研究的现状分析，在现行的研究成果中无法找到"合格"的行政程序法基本原则。正当程序更适宜作为一种程序理念，而不适合作为行政程序法的基本原则，同时实体性原则也不适宜作为行政程序法基本原则。

可以说，相比其余构成要素，学者们对行政程序法基本原则的论述仍然处于莫衷一是，观点纷呈的阶段：①意见相对较为统一的原则有：程序正当原则、程序法治原则，此外大多数学者都提出了效率原则。可以说，这三个原则已经成为学界大多数人的共识。当然黄学贤，廖振权两位学者对于程序正当原则提出了异议，认为程序正当应该是行政程序的价值而非行政程序法的基本原则。总体而言，程序正当原则、程序法治原则和效率原则基本属于学者们的共识。②学者们所提出的其余的基本原则还有公开原则，公平原则，公正原则，参与原则，依法行政原则，平衡原则，平等原则，诚信和信赖保护原则，比例原则，救济原则，听取意见原则，做出决定原则，理性化原则，补充统一原则，法制化与人性化原则，回避原则，听证原则，禁止单方接触原则，职能分离原则，行政民主原则。仔细梳理这些原则可以发现，这些原则基本可以分为两类：要么就是可以纳入程序正当、程序法治和效率三原则范畴内，如公开原则，公平原则，公正原则，参与原则，平衡原则，参与原则，平等原则，法制化与人性化原则，回避原则，听证原则，禁止单方接触原则，职能分离原则，行政民主原则，中立原则等，要么就是属于整个行政法范畴的基本原则，如依法行政原则，比例原则，行政民主原则等。因此，上述归纳的差异，主要是由于学者们对基本原则与具体原则、基本制度的界限的认识分歧造成的，另外对于行政程序法的基本原则与行政法的基本原则的界限学者们也存在认识不同。

显然，行政执法程序的基本原则需要立足于"基本"与"程序"。西方和台湾地区学者的观点对于这一问题最大的意义在于他们所提出的原则同时也是行政程序的价值要求，如萨默斯和贝勒斯都认为，程序价值包括人道和对个人尊严的尊重，这体现了西方国家与法学家们对于"人"这一个体的重视和尊重，这是非常值得我国行政法学研究学习的地方，行政执法程序法的改革与完善也应该以这一原则为指导原则进行。禁止过分原则体现了行政执法过程中权力与权利关系的处理原则，行政执法程序其实就是防止权力过分限制甚至侵害权利的一个重要的保障工具，优化和完善行政执法程序必须以这一原则为指引。禁止恣意是行政执法程序的一个基本要求，同时也是我国行政执法机关很多时候没有能够做到还需要继续改进的地方。明确性与可预测性是行政执法程序的另一个基本要求，却在很多行政执法立法中并没有能够得到很好的体现，也使我国的行政执法行为过程在很多时候完全操控于行政执法机关之手，所规定的行政执法程序没有很好地得以发挥作用。这是行政执法程序法优化和完善需要重点注意的问题之一。综上所述，行政执法程序法的基本原则可以归纳为程序正当原则、程序法治原则和效率原则。

五、行政执法程序法的价值

第三章已述，关于行政程序法的价值，并没有形成非常一致的观点。陈瑞华教授的贡献主要在于系统介绍了程序价值理论，并对之进行了点评，建议程序价值多元化，并对如何深入研究提出了建议。关于行政执法程序法的具体价值也没有非常一致的观点，总体而言，①王锡锌教授提出行政程序的价值是公正与效率这一观点是学界比较一致的共识，但公正与效率之外是否还有别的价值则观点不一。A.马怀德和刘云华两位学者则在行政程序追求公正和效率这两个价值的基础上增加了秩序作为最重要的价值之一。B.于立深教授在行政程序追求公正和效率这两个价值的基础上增加了民主作为最重要的价值之一。C.姜明安教授则在行政程序追求公正和效率这两个价值的基础上增加了依法行政。D.孙笑侠教授的观点其实是等于在细化内在价值。②还有些学者并没有肯定行政程序的价值是公正与效率。A.周安平教授主张公正与秩序并举，并没有提效率。B.杨彦虎博观点的实质就是公正，没有提效率。相比王锡锌、马怀德和刘云华，姜明安、季卫东、周安平和杨彦虎几位学者的观点都不是在阐释行政程序的内在价值，而是在阐释行政程序的工具性价值，或者至少是借助工具性价值来体现内在价值，因为无论是民主还是秩序都是行政程序的工具性价值而非内在价值。③程序的正当性价值早已广为人知，黄捷教授在程序的正当性价值之外提出了程序适度性的观点，并细化了程序适度性的衡量指标，这就是前人忽略的问题，这在程序法研究领域属于全新的创新。程序的适度性完全可以与正当性一起构成两个不同维度的评价程序优劣的标准。综上所述，行政执法程序法的价值应内在与工具性并重，行政执法程序的内在价值是公正和效率，行政执法程序的工具性价值则包括控制权力、保障权利，实现民主和秩序等。在我国，除了要强调行政执法程序传统的工具性价值外，还要更加重视行政执法程序的内在价值即程序自身的品格和理性，二者应该并重，不能过分强调一方面否定另一方面，要深入研究如何在《行政执法程序法》中实现统一。此外，程序的适度性也应被视为行政执法程序的内在价值。

六、行政执法程序法的基本制度

关于行政执法程序法基本制度的观点没有形成一致，但各个观点还是有很多共同点的如听证制度，这些观点包括：①姜明安教授认为，基本制度包括行政回避制度、行政听证制度、行政信息公开制度、说明理由制度、审裁分离制度、案卷制度。①②哈特穆特·毛雷尔教授认为，基本制度包括听证制度、阅卷制度、保

---

① 姜明安．行政执法研究[M]．北京：北京大学出版社，2004：199-204．

密制度、咨询和告知制度。[①]③章剑生教授认为，基本制度包括管辖制度、听证制度、回避制度、卷宗阅览制度、参与制度、说明理由制度、告知制度、证据制度、资讯公开制度。[②]④张引，熊等华等学者提出，基本制度包括回避、听征、案卷排他、职能分离、禁止单方接触、时效、格式化、代理、告知（说明理由）、阅卷、表明身份等制度。[③]上述观点有很多共同之处，也有一些不一致的地方，之所以出现这种情况，是因为学者们在探讨行政程序的基本制度时没有做出阶段性划分，导致其制度安排显得纷乱混杂，没有规律性。笔者以为，行政程序法基本制度应包含整个程序过程，因此在确立行政执法程序法的基本制度时可以考虑按照执法程序的开始、执法程序的进行和执法程序的完成划分为三个阶段，将行政执法程序的整个过程进行梳理，注意好前后衔接，这样就不会有所遗漏。因此，行政执法程序的基本制度可以考虑包括申请制度、管辖制度、受理制度、启动制度、信息公开制度、告知制度、参与制度、回避制度、卷宗阅览制度、说明理由制度、调查制度、证据制度、听证制度、审裁分离制度、时限制度、监督制度、救济制度、追责制度。

七、行政执法程序法的类型

行政执法程序的类型前面已经作了简单探讨，而行政执法程序法的类型则要借鉴前人关于行政程序法分类的成果。①行政程序法的分类需要建立在对行政程序进行分类的基础上，关于行政程序类型的划分，主要有以下几种观点，其中姜明安、胡建淼和哈特穆特·毛雷尔等学者的观点较为传统，江利红教授的观点则更加重视从整个行政活动的全过程去对行政程序进行划分：A.姜明安、胡建淼两位学者认为，行政程序的分类包括主要程序与次要程序，强制性程序与任意性程序，内部程序与外部程序，具体行为程序与抽象行为程序。[④]B.哈特穆特·毛雷尔教授认为，行政程序的分类包括一般行政程序或者非正式行政程序、正式行政程

① [德]哈特穆特·毛雷尔. 行政法学总论[M]. 高家伟译. 北京：法律出版社，2000：467-471.
② 章剑生. 现代行政法基本理论[M]. 北京：法律出版社，2008：336-447.
③ 张引，熊等华. 行政程序法的基本原则及相应制度[J]. 行政法学研究，2003（2）：48-54.
④ 姜明安. 行政法与行政诉讼法[M]. 北京：高等教育出版社，2011：334-336.

序、计划确定程序、行政救济程序、集团程序、多阶段行政程序。①C.江利红教授提出，可以将广义上的"行政程序"分为微观行政程序与宏观行政程序两个不同的层次，微观行政程序是指行政机关在实施具体的行政行为时所应当遵循的方式、步骤、时限和顺序，例如行政机关在作出行政处罚时必须经过的听证或听取意见等程序，而宏观行政程序是指由微观行政程序法所构成的一系列行政活动的程序，例如在作出行政处罚时，首先必须行政立法，在行政机关做出处罚之前，必须进行调查，在依据处罚的微观行政程序做出处罚决定后，还可能强制执行，可能提起行政复议，这一系列连续进行的行政活动之间过程共同构成了宏观行政程序，如果不将这种宏观行政程序纳入视野，不能全面把握行政法现象，也不能在整体上保证行政过程的合法性。②②不考虑行政程序的分类，也可以对行政程序法进行直接分类，这一观点的代表人物是杨海坤教授。他提出，根据行政法的分类可以划分行政程序法为行政组织程序法、检查程序法、行政裁决程序法、行政行为程序法和行政监督程序法，还可以按行政程序法律规范存在形态来分为一般行政程序法和部门行政程序法。③因此，行政执法程序法类型的划分应立足于理论与事务，既要侧重于学理方面，也要侧重于从具体行政执法行为的角度划分，对于行政执法程序立法重视行政执法活动中各种具有先后连续性的行为形式之间的程序关系有较强的意义。综上所述，行政执法程序的类型应该包括两个划分标准，其一是从学理方面进行分类，具有较强的理论价值；其二则是要依照行政执法行为的类型进行划分，对于行政执法程序立法的启示意义更强，有助于防止行政执法程序法分论中具体行政执法程序规定的遗漏。

第三节　行政执法程序法的立法模式与结构

行政执法程序所应包含的内容众说纷纭，需要进行全面梳理并结合立法与实

---

① [德]哈特穆特·毛雷尔. 行政法学总论[M]. 高家伟译. 北京：法律出版社，2000：452-456.
② 江利红. 论宏观行政程序法与我国行政程序立法模式的选择——从行政过程论的视角出发[J]. 浙江学刊，2009（5）：136-142.
③ 杨海坤. 论行政程序及其法律分类[J]. 政治与法律，1995（6）：39-41.

践进行论证，从而探讨行政执法程序法的立法模式与结构，这是《行政执法程序法》的立法需要解决的问题。先了解一下德国的立法体系特点，可以为要解决这一问题提供借鉴。

一、德国行政法总论体系的特色

①黄锦堂老师将德国行政法总论体系的特色总结为：A.学科的目的在于依据权利保障的观点逐步建立各种概念、范畴；B.以行政处分为核心概念建构，强调行政行为的形式；C.以干涉行政法为主，行政之民主化与效率效能的讨论不充足；②对于德国行政法总论的改革包括：A.论行政法改革之需要与改革之途径；B.论行政行为之经由行政法而为调控；C.行政行为应受到合法性、选用性、最适化与当事人或民众接受之确保之四大指引；D.行政与行政法之任务取决性肇因于国家之任务变迁；E.行政法总论作为公法咨询秩序的一个部分，未来行政法总论的建制原则为合作、共识和沟通；③黄锦堂老师最终将德国行政法总论与行政法学的改革方向归纳为：A.行政法应随时空而调整；B.行政法总论必须适度引进各论代表性的机制；C.行政法总论得区分不同的行政任务类型而讨论有关法的调控；D.行政法总论必须注意时代变迁与行政的新议题；E.行政法总论的任务是提供一个秩序理念与架构；F.行政法总论得以咨询提供、沟通、授权与灌能、合作当作主要构造，而且施政之价值不在于效率性与节约性，更在于唤醒公民经由参与而达成共识；G.行政法总论须受到宪法相关原理原则之指引。①

黄锦堂老师对于这个问题分析得很全面，也很透彻。中国大陆地区的行政法学实质上也是师从德国，因此中国行政法总论体系在很多方面都与德国行政法总论体系存在相似甚至相同之处。例如中国行政法学也要处理好权利与权力之间的关系，这是行政法学要解决的核心问题这一；中国行政法学借鉴了奥托·迈耶的理论把行政行为作为行政法学的核心概念构建起行政法学总论体系，并且随着社会的发展、时代的变迁在分论的理论构建和行政机关权力运行过程中发现了很多无法解决的问题，现在正在针对这一问题进行改革和创新，很多学者都在想办法

---

① 翁岳生. 行政法[M]. 北京：中国法制出版社，2009：54-92.

寻找新的核心概念来取代行政行为；中国传统行政法也以干涉行政行为为主要研究对象，对于行政民主化问题研究的也不够，很多学者都在研究如何在行政执法过程中增加公民的参与性，如何变管制行政为服务行政；近年来理论界才逐渐重视对于行政执法机关规制的研究，并提出了很多可供尝试性的解决方案；因为新时代下国家之任务变迁而延伸出"新行政法"学说并展开积极的探索；如何在宪法指引下进行行政法学的改革与创新。可以说，中德两国的行政法学总论体系构建面临的很多困境是相似甚至相同的，在理论上两者同出于一体，在实践中两国行政机关也共同面临着全球化和大数据时代的挑战。因此，德国的经验可以为中国行政法总论体系的改革与创新提供很多借鉴之处。行政执法程序法的改革与创新是中国行政法总论体系的改革与创新的重要组成部分，通过在宪法精神指引下的行政执法程序法的优化与完善，可以规范行政执法机关的行政行为，保障行政执法过程中的公开性与参与性。而且相比灵活多变的实体性法律规则，程序性规则具有更强的稳定性，对于时代变迁的适应性更强，在研究行政执法程序立法体系时一定要注意这一特点。

二、《行政执法程序法》的立法模式与结构

通过《行政程序法》立法模式之争可以发现，《行政执法程序法》的立法模式一样可以分为形式模式和目标模式，这是可以形成定论的，其中形式模式和目标模式又可以分为不同的模式类型。

（一）形式模式

形式模式分为法典模式与分散模式。前者是把行政执法程序法律规范集中于专门法之中，即"行政执法程序法"。后者则指没有把行政执法程序法律规范通过行政执法程序法典来表现，而是通过行政法规、规章和地方性法规等成文法规来体现。目前学界关于《行政程序法》的形式模式的观点已经基本达成一致，可以对《行政执法程序法》提供借鉴。①主张采取法典模式的主要有胡建淼、邢鸿飞、马怀德、江利红、杨海坤、刘洋林、姜明安、王万华等学者。A.胡建淼教授的观点。首先介绍了世界上行政程序法的立法情况：从 1883 年开始，德国各邦便兴起

了行政程序法典化的热潮，1883 年 7 月 30 日，普鲁士邦公布了《行政法通则》；1884 年 8 月 31 日，巴登邦颁布了《行政程序法》；1926 年，梯玉邻邦推出了《行政法》；1931 年，符腾堡邦公布了《行政程序法（草案）》；1936 年，威敦比克邦制定了《行政法典（总则）草案》；在地方行政程序立法的推动下，德国吞并奥地利后，曾以奥地利程序法为蓝本，草拟了《帝国普通行政程序法（草案）》，只因二战爆发而未及公布；二战后，内政部于 1963 年组织起草了《行政程序法标准草案》，1965 年又在此基础上形成了"慕尼黑草案"；1973 年，德国联邦政府又对慕尼黑草案作再度修改，于 1976 年最终推出了现行的《行政程序法》，该法共 8 章，103 个条文；如果说德国行政程序立法是遵循"从地方到中央"的"路径"，奥地利正好相反，因为后者是世界上最早在整个国家内完成行政程序法典化的国家；1875 年 10 月 22 日，奥地利基于 1867 年国家基本法的规定通过了《行政法院法》，此后，行政法院在审理行政诉讼案件中形成了一系列有关行政程序的判例，这为尔后奥地利制定行政程序法奠定了基础；1885 年，奥地利就有行政程序法提案，1919 年，奥地利成立共和国之后，便着手制定行政程序法，1925 年 7 月 16 日，奥地利国会最终通过了《普通行政程序法》，该法共 8 章 103 个条文，于 1926 年 1 月 1 日起生效；由于受奥地利行政程序立法的影响，西班牙早在 1889 年就制定了《行政程序基准法》，这部包含 159 个法律条文的大法典，在当时不愧为行政程序法典编纂的一大创举，现行西班牙《行政程序法》于 1958 年 7 月 31 日公布，同年 11 月 1 日施行，该法由共七篇 19 章 146 个条文加附则构成，属目前世界上条文最多的一个行政程序法典；意大利早在 1955 年就推出了《行政程序法（草案）》，可望不久能成为正式法律；瑞士联邦于 1968 年 12 月 20 日公布了《行政程序法》（VFG），该法共 5 章 81 个条文；二战后的日本国由于受占领国美国"正当法律程序"的影响，于 1964 年提出了《行政程序法（草案）》。经过了近 30 年的论证，最终于 1993 年推出了正式的《行政程序法》，该法共 6 章 38 个条文（另加附则），由于其特殊的历史背景，美国的法律渊源于英国，但美国在行政程序法的成文化方面比英国优先跨出了一步；以联邦宪法修正案第 5 和第 14 条所确立的"正当法律程序"观念为基础，美国国会于 1946 年通过了《联邦行政程序法》，同年

6月11日公布施行；与此同步，美国还推出了《各州标准行政程序法》，英国虽分别于1946年和1971年制定了《行政法规法》和《行政裁判所与调查法》，但总体上依然是以普通法形式规范行政程序，"自然公正"原则迄今依然作为一项普通法原则统率着英国的所有行政程序规则，作为大陆法系国家代表的法国是个成文法国家，但其行政法恰恰是判例法；法国创设行政程序法与创设行政法院制度比较，大为逊色。他们没有成文的行政程序法，行政程序规则均由行政法院判例确立；其他在东欧，捷克斯洛伐克于1955年制定了行政程序法，南斯拉夫和匈牙利均于1957年公布了行政程序法，波兰于1960年施行了行政程序法；最后需要提及的是，中国澳门地区和中国台湾地区分别于1994年和1990年推出了《行政程序法》和《行政程序法（草案）》。奥地利于1925年制定《普通行政程序法》，美国于1946年制定《联邦行政程序法》，西班牙于1958年制定《行政程序法》，瑞士联邦于1968年制定《行政程序法》，德国于1976年制定《行政程序法》，日本于1993年制定《行政程序法》，中国澳门地区亦于1994年制定《行政程序法》，等等，它们都属法典模式；法国是分散模式的典型代表，它在世界上首创了行政法院体制，但这种首创的结果又羁绊了它迈向行政程序法典化的进程，因为法国人已习惯于用行政法院判例，而不是以成文立法来创制行政程序规范；英国介于法典模式和分散模式之间，它与法国不同的是，它毕竟推出了部分行政程序性法规，于1946年和1971年分别制定了《行政法规法》与《行政裁判所与调查法》；与德国、奥地利、美国等不同的是，它没有制定行政程序法典；最后的结论是：既然法典模式是现今行政程序立法的高级形式，制定行政程序法典无疑是我国的最佳选择。[①]B.邢鸿飞教授提出，制定一部单行的行政程序法典，但这部法典不是所有行政行为的简单罗列，它并不规范所有的行政行为，也不解决行政程序领域存在的所有法律问题，它只规定各种行政行为所共同遵守的最基本、最主要的程序规则，只规定那些难以通过单行法规范的特定种类的行政行为。[②]C.马怀德教授

[①] 胡建淼. 我国行政程序法的模式与结构——依据对世界上行政程序法规范结构的统计与透视[J]. 政法论坛，2004（5）：10-15.
[②] 邢鸿飞. 我国《行政程序法》如何定位[J]. 南京社会科学，2003（5）：73-77.

不仅赞成制定行政程序法典，还介绍了中国目前制定行政程序法的立法背景，与英美大陆法国家在追求程序正义，提高行政效能，适应民主化浪潮等方面都十分相近，但也不难发现许多独特的背景和动因；首先，经济发展和社会转型为行政权力的扩大膨胀提供了广阔的空间，也为程序立法创造了契机；其次，行政诉讼法的施行，为行政程序法立法进程注入了动力。再次，社会公众的民主参与意识的不断增强为程序立法提供了可能性。[①]D.江利红教授在肯定行政程序法典模式的基础上，进一步提出行政程序法的立法模式可以划分为规范微观行政程序的微观行政程序法与规范宏观行政程序的宏观行政程序法，微观行政程序法是指规范具体的某一行政行为程序的法律规范，而宏观行政程序法规范的不仅是适用于各行政活动的一般性行政程序，而且，还规范各行政活动之间的程序，从宏观行政程序法的观点来看，主张注重在行政过程中各种行政活动之间的联系，将整个行政过程作为一个整体进行考察，通过对整体行政过程的动态分析，可以将典型的行政过程划分为行政立法、行政行为调查阶段、决定阶段、宣告阶段、执行阶段、救济阶段，并以行政过程中各个动态阶段为基础来构建行政法学的体系,《行政程序法（试拟稿）》和《湖南省行政程序规定》规定了行政行为各阶段的程序规范，但仅限于对同一行政行为前后程序的规定，而并没有规定行政活动中各种具有先后连续性的行为形式之间的程序关系，缺乏整体性思维;《行政程序法（试拟稿）》和《湖南省行政程序规定》中采用的是微观行政程序法的立法模式，宏观行政程序法的制定是行政法法典化的较为现实的路径。[②②]相比前面的学者着眼于从正面论证法典模式的优越性，杨海坤，刘洋林两位学者从反面论证了法典模式的必要性，阐释了为什么不应该制定行政程序法通则，提出主张制定行政程序法通则的观点，从目前来看难度要小一点，但其效果明显不如制定行政程序法典，且操作性不强，若干年后可能会重蹈《民法通则》的旧路，制定统一的行政程序法典，并不排除制定一些单行的法律法规，其优越性明显胜于制定单行的程序法律法规。

[①] 马怀德. 中国行政程序立法探索[J]. 求是，1999（1）：3-5.

[②] 江利红. 论宏观行政程序法与我国行政程序立法模式的选择——从行政过程论的视角出发[J]. 浙江学刊，2009（5）：136-142.

制定行政程序法典在我国确实会面临程序法观念淡漠，我国行政程序理论研究水平还较低，行政行为范围广泛，性质复杂且变化频繁等诸多困难，但通过努力这些困难都是可以解决的。[①]

（二）目标模式

目标模式则分为公正模式、效率模式和并重模式。目前学界关于目标模式的观点还存在分歧，并不能达成较为一致的意见。①赞同公正模式或公正模式为主，主要代表人物有周安平、路建、马怀德、吴德星、杨海坤、刘洋林等学者。A.周安平教授认为，行政程序法的目标模式是控制行政权力。[②]B.路建教授提出，我国行政程序法应选择的目标模式：公正为主，兼顾效率，因为行政程序长期被视为行政机关的办事手续，是提高行政效率，方便行政管理的工具，在缺乏正当观念的中国，公正为主兼顾效率的程序模式，也许更能为人们所接受，从西方各国行政程序立法目标模式的发展变化看，公正为主兼顾效率的目标模式已成为现代行政程序法的主要立法模式之一。[③]C.马怀德教授提出，与很多国家相比，中国行政程序立法也存在许多先天缺憾，那就是我们既无"自然公正原则""正当法律程序"可以援引，也没有明确的宪政基础和宪法依据，立法模式是追求公正的同时兼顾效率，但并不排除具体条文和个别内容体现效率价值。[④]D.吴德星博上提出，中国行政程序法应选择以权利模式为主、兼顾行政效率的模式，这种模式既可以保护公民在行政程序中的合法权益，保障其监督国家行政机关活动的权利，真正体现人民当家做主的宪法原则，又可以改善中国行政效率低下的状况。[⑤]E.杨海坤，刘洋林两位学者提出，我国行政程序法目标模式应以公正为主，兼顾效率，在公正与效率发生冲突情况下一般应注意公正优先，效率为辅，在特定情况和特定环节也可以考虑效率优先，这主要是因为我们认为我国行政法治中公正问题重于效率问题，这一模式符合社会发

[①] 杨海坤，刘洋林. 制定一部适合我国国情的行政程序法典——当前行政程序和行政程序法研究述评[J]. 求是学刊，2000（5）：68.
[②] 周安平. 行政程序法的价值、原则与目标模式[J]. 比较法研究，2004（2）：140-148.
[③] 路建. 我国行政程序法的目标模式及其选择[J]. 学术交流，2005（10）：38-40.
[④] 马怀德. 中国行政程序立法探索[J]. 求是，1999（1）：3-5.
[⑤] 吴德星. 论中国行政法制的程序化与行政程序的法制化[J]. 中国人民大学学报，1997（1）：83-88.

展进步趋势，我国的行政诉讼至少目前还无法胜任对行政不公的补救。[①][②]赞成公正模式和效率模式并重模式，主要代表人物有姜明安、胡建淼、王锡锌、郭渐强、刘薇、潘牧天等学者。A.胡建淼教授：从功能角度看，分为效率模式和权利模式，二战前的行政程序立法相对比较注重行政效率，二战后不少国家所制定的行政程序法则更注重公民的权利保障，现代的行政程序立法更追求两者的"平衡"，因为"行政不仅需要有效率，即政策所要达到的目标一定能够迅速地实现；同时行政也必须使一般公民认为在行政活动中合理地考虑到所追求的公共利益和它所干预的私人利益之间的平衡；"奥地利、西班牙、德国和日本等国的行政程序立法已为追求这种"平衡"做出了尝试和贡献；中国的行政程序立法不该是"效率模式"还是"权利模式"之间的一种"非此即彼"的选择，而必须是介于两者之间"平衡线"之上的"一轮太阳"。[②]B.郭渐强，刘薇两位学者认为，公正和效率在本质上是统一的，行政程序法的公正模式和效率模式是可以兼容的，受西方行政程序法制定和执行的实践经验启发，并结合《湖南省行政程序规定》的目标模式特征，行政程序法兼顾效率与公正的目标模式是适合我国具体国情的现实选择。[③]C.潘牧天教授提出，世界各国行政程序法的立法与实践经验表明，行政程序法目标模式的产生和发展，无论是公正模式亦或效率模式，均是一定社会条件发展的产物，必须根据本国的实践予以考量。努力寻求公正与效率的最大统合，使行政程序法目标模式由单一制向多元的综合模式方向发展，这已成为行政法制建设发展的必然。[④]D.王锡锌教授提出，行政程序的立法模式可以通过价值在制度上的落实实现平衡。[⑤]E.姜明安教授提出，中国未来行政程序法应当采用权利与效率并重模式。[⑥]

[①] 杨海坤，刘洋林. 制定一部适合我国国情的行政程序法典——当前行政程序和行政程序法研究述评[J]. 求是学刊，2000（5）：68.

[②] 胡建淼. 我国行政程序法的模式与结构——依据对世界上行政程序法规范结构的统计与透视[J]. 政法论坛，2004（5）：10-15.

[③] 郭渐强，刘薇. 关于我国行政程序法目标模式的探讨——以《湖南省行政程序规定》为例[J]. 社会科学家，2010（1）：82-85.

[④] 潘牧天. 行政程序法目标模式的实践形态评析[J]. 苏州大学学报，2007（2）：36-39.

[⑤] 王锡锌. 行政程序法价值的定位——兼论行政过程效率与公正的平衡[J]. 政法论坛，1995（3）：60-64.

[⑥] 姜明安. 制定行政程序法应正确处理的几对关系[J]. 政法论坛，2004（5）：16-22.

(三)《行政执法程序法》的结构

行政执法程序法的结构其实就是行政执法程序法的立法架构，学者们对于行政程序法如何选择结构的观点对这一问题很有参考价值。学者们的观点在这一问题上既有相同点，也有很多不同之处。相同点主要在于采取总分结构上，不同点则在于总则与分则具体内容的选择上。①主张总则以行政决定程序为主线设计。如应松年、肖凤城两位学者提出，如何具体地构建总分式结构，还需要作进一步研究，主要研究两个问题：第一，如何设计通则性规定，从理论上讲，通则性规定应当"跳出"各类行政行为，另行设计适用于各类行政行为的程序制度，但是，在具体立法中，许多国家和地区的行政程序法却以行政决定程序为主线设计通则性规定，这应当引起我们的注意和思考，在各类行政行为程序中，行政决定程序最具代表性，一是它最具完整性，行政决定基本上涉及行政活动的全过程；二是它具有终极性，行政决定能够穷尽行政活动所能做的行为；三是它具有具体性，行政决定能够对相对人的权利义务产生具体的影响，所以以行政决定程序作为通则性规定并不妨碍制定通则性规定的目的，而且以行政决定程序作为通则性规定还可以避免在分则性规定中对行政决定程序再行规定，避免条文的重复，因此以行政决定程序作为通则性规定是设计通则性规定应当考虑的一个重要方案，当然这种通则性规定只能是各类行政主体在作出行政决定时都应遵循的最基本的程序制度，或者是各类行政主体在作出行政决定时的最低程序要求，简单说这也就是正当程序的基本要求，任何行政决定都不得违反正当程序要求。①②主张《行政程序法》应该包括行政立法程序和行政救济程序的观点。A.胡建淼教授提出：《行政程序法》的内容包括行政主体及关系人，行政立法，行政活动和法律救济四部分，通过对 12 个国家和地区的成文行政程序法典的结构分析，可以得出这样的结论：作为一个完整的行政程序法典，除了开头的序言或总则以及结尾外，其它的总体结构大体包括：a.主体部分，一般规定行政主体以及利害关系人的各项权利与义务；b.行政立法部分，一般规定行政机关制定法规或抽象性规范的权限与程序；

---

① 应松年，肖凤城. 制定我国行政程序法的若干基本问题[J]. 宪治与行政法治评论，2004（1）：14-27.

c.行政执法部分,一般规定行政机关的行政处分行为、行政强制行为、行政指导行为、行政合同行为、行政规划行为等;d.法律救济部分,一般规定依职权的行政审查、行政诉愿和司法审查制度。①B.马怀德教授认为,我国行政法领域中未来的立法方向应是制定一个包括行政立法程序、行政执法程序和行政司法程序在内的统一的行政程序法典。②C.王万华教授认为,内部行政程序可以放在行政机关那一章节进行规定。D.李俊斌提出,行政程序法的立法结构不仅仅应当规定一般性程序规定,还应当对一些特定行政程序做出明确规定,但是应以一般性的法律规定为重点,并且开创一个开放型的立法先例。③③主张行政程序法典应该包括内部行政程序的观点。邢鸿飞教授提出,《行政程序法》在主要规定外部行政程序的基础上,适当规定一些内部行政程序,并不违背法理。④④关于《行政程序法》与行政单行立法的关系上。A.应松年、肖凤城两位学者提出,如何把握分则性规定的限度,行政程序法要包含行政规范、行政规划、行政指导、行政合同等各类行政行为的程序制度,作为行政程序法的分则性规定,但是这些行政行为有的已经制定相关的专门法律,有的将来可能制定专门的法律,行政程序法对这些行政行为的程序不能不规定,但又不能规定得过多,否则就会与专门的法律重复,这就需要把握一定的限度;从各国行政程序法的经验和我国其他法律处理类似问题的做法来看,可以以三种规定为限,一是原则性规定,即在行政程序法中规定可作为专门法律的基本原则的规定;二是接口性规定,即在行政程序法中规定引据性条款,作为与专门法律的衔接;三是补缺性规定,即在行政程序法中只对一些需要法律作出规定,但又不可能制定单行法的重大的基本程序制度作出规定,其他程序制度则由专门法律规定。⑤B.江利红教授提出,可以采取以下步骤构建宏观行政程序法:第一,分别将各行政活动的程序予以法定化,制定微观意义上的行政程

---

① 胡建淼. 我国行政程序法的模式与结构——依据对世界上行政程序法规范结构的统计与透视[J]. 政法论坛,2004(5):10-15.
② 马怀德. 中国行政程序立法探索[J]. 求是,1999(1):3-5.
③ 李俊斌. 论我国行政程序法的立法动因、结构与准则[J]. 中国行政管理,2010(3):26-28.
④ 邢鸿飞. 我国《行政程序法》如何定位[J]. 南京社会科学,2003(5):73-77.
⑤ 应松年,肖凤城. 制定我国行政程序法的若干基本问题[J]. 宪治与行政法治评论,2004(1):14-27.

序法，包括规范各行政行为做出时所必须的信息公开、告知、回避、说明理由、听证、时效等具体程序的规定，这就是《行政程序法（试拟稿）》和《湖南省行政程序规定》中所规定的内容；第二，注重行政活动中各种行为形式之间的联系，将针对各种行为形式的微观行政程序法按照这种行为之间的联系进行汇编，形成宏观行政程序法；第三，从我国的行政法制现状出发，为了实现法制的统一，对于《行政处罚法》《立法法》《行政许可法》《税收征收管理法》《治安管理处罚法》等以各行政行为为对象的个别法，将其中的行政程序规定纳入宏观行政程序法进行统一规范，而且，对于目前正在制定的行政强制法、信息公开法、个人信息保护法等，也应当纳入宏观行政程序法中加以考虑；第四，在制定宏观行政程序法时，必须注意与行政实体法法典化的关系，除了对各行政活动的程序做出一般性规定外，还应当规定行政法的基本原则、行政组织理论以及行政行为理论。[①]⑤关于总则与分则的立法理念上。王万华教授认为，由于选择在行政程序法中规定实体内容，中国的行政程序法典立法架构要解决实体性规定与程序性规定之间的架构和作为法典重要内容的程序性规定本身的架构这两大问题，对前者，可以行政权力为核心概念，遵循行政权力涉及的主体——行政权力的运行程序——行政权力的运行结果的思路予以架构；对后者，应以确立正当行政程序理念、突显正当行政程序制度为第一考虑要素，并根据立法惯例中"先一般、后特别"的规则，先规定行政程序的一般规定，后规定特定种类行政行为程序。[②]⑥通过地方行政程序立法来总结规律方面，熊樟林教授提出，在体例中轴上，地方行政程序规定应围绕行政行为的种类展开，各类不具有共性的行政行为独立成章，单独设定程序规则；在内容选择上，应抛弃现阶段将重大行政决策、法律责任、行政裁决等内容一并纳入调整的做法，只对某些已经成熟的重点行为进行规范；在编排逻辑上，要妥善处理总则与分则、实体与程序、一般与特别之间的逻辑关系；地方行政程序规定的体例逻辑主要有两种编排方式：第一，任意型方式，任意型方式在体例

[①] 江利红. 论宏观行政程序法与我国行政程序立法模式的选择——从行政过程论的视角出发[J]. 浙江学刊，2009（5）：138-142.

[②] 王万华. 行政程序法的立法架构与中国立法的选择[J]. 行政法学研究，2005（2）：15-23.

结构的编排上不遵循特定逻辑，有时立法者甚至为了凸显某一项制度的重要性而独立成章，实践中，任意型方式的典型是《湖南省行政程序规定》和《汕头市行政程序规定》，以《湖南省行政程序规定》为例，该法共有 10 章，分别为"总则""行政程序的主体""行政决策程序""行政执法程序""特别行为程序和应急程序""行政听证""行政公开""行政监督""责任追究""附则"，显然从各章的内容看，立法者没有刻意遵循某种逻辑。正如有的学者所言，这种做法主要是为了实现行政组织法、行政实体法与行政程序法的分立；第二，严格型方式，严格型方式在体例结构的编排上逻辑十分明显，一般会遵循诸如"先总则后分则"与"从一般到特别"的二元逻辑进行排列，并将此种思路贯穿整个立法文本，不会为某项特殊制度设置特别篇章，实践中严格型方式的典型是《西安市行政程序规定》，该法共有六章，结构十分简明，分别为"总则""职权、管辖和回避""行政处理程序""特别行政程序""重大行政决策程序""附则"。^①

（四）法典和目标模式成为共识

法典和目标模式已经基本成为学界共识，但共识外还存在不足：①行政程序法的立法模式分为形式模式和目标模式。A.胡建淼教授系统地介绍了世界主要代表性国家行政程序立法的历史，总结出行政程序法的立法模式分为形式模式和目标模式，形式模式分为法典模式与分散模式，目标模式则分为公正模式、效率模式和并重模式；B.他还归纳了行政程序立法的规律是：二战前的行政程序立法注重行政效率，二战后的行政程序法注重公民权利保障，现代行政程序立法追求两者"平衡"。②姜明安、郭渐强、刘薇、马怀德、王锡锌、潘牧天、吴德星、杨海坤、刘洋林等学者倾向于公正与效率并重的目标模式。③周安平、路建两位学者倾向于公正的目标模式，认为公正优先于效率。④与上述学者相比，其他人就如何进行立法提出了自己的具体建议。A.马怀德教授介绍了中国制定行政程序法独特的立法背景与动因，证明了行政程序立法的时机已经成熟。B.邢鸿飞教授建议行政程序法典只规定各种行政行为所共同遵守的最基本、最主要的程序规则的内

---

① 熊樟林. 地方行政程序规定的体例构造[J]. 法商研究，2016（4）：65-75.

容。C.江利红教授强调注重将整个行政过程作为一个整体进行考察，行政程序立法需要规定行政活动中各种具有先后连续性的行为形式之间的程序关系。D.王锡锌教授提出行政程序的立法模式可以通过价值在制度上的落实来实现平衡。⑤杨海坤、刘洋林两位学者还分析了行政程序法典与行政程序通则的利弊，主张制定行政程序法通则难度小，但效果不如制定行政程序法典，且操作性不强，若干年后可能会重蹈《民法通则》的旧路，因此建议采取行政程序法典的形式进行立法。综上所述，行政执法程序法典比行政执法程序通则更具有实用性与现实价值，当然这不意味着完全舍弃行政执法实体法的规定，而行政执法程序立法的目标模式采取公正与效率并重在理论上是最完美的，但是学者们却没有就具体立法中的平衡点进行阐释，而且也没有就一旦出现价值冲突之后依据何种标准进行取舍以及如何进行取舍进行研究，这是一个非常值得注意和研究的课题。笔者以为，如果在立法中确实无法实现平衡的话，考虑到行政执法实务现状，还是应该考虑采取公正优先、效率为补充的目标模式。

《行政执法程序法》的结构研究还需要深入：①应松年、肖凤城两位学者提出以行政决定程序为主线设计通则性规定未必有些以偏概全，行政决定程序具有自己的特殊性，毕竟不能代表或涵盖其他行政行为的大多数程序性规定。但是，他们关于分则的建议非常详细，也较为科学，对于行政程序立法比较有参考价值。②A.胡建淼教授建议行政程序法把行政立法程序和行政救济程序都包含在内这一观点目前还比较存在争议，没有形成一致意见，有些学者反对将行政立法程序纳入程序立法，有些学者则反对将行政救济程序纳入程序立法。B.马怀德教授认为包括统一的行政程序法典除了包括行政执法程序、行政司法程序外，还应该包括行政立法程序，与胡建淼的观点较为一致。③李俊斌提出，行政程序法的立法结构不仅规定一般性程序规定，还应当对特定行政程序做出明确规定这一观点笔者以为是正确的。总则肯定是无法涵盖分则的所有内容的，特定的行政程序自然应该有自己的特殊规定。④邢鸿飞教授提出行政程序法可以适当规定一些内部行政程序这一观点还可以继续深入探讨。笔者以为对于涉及行政行为相对人和利害关系人的内部行政行为所遵循的程序应该考虑起码做出原则性规定。⑤江利红教授提出的重视行政活动中各种行为形式之间的联系的观点非常值得肯定，因为各种行政行为如果存在关联甚至前后衔接的话，意味着约束这些行为的程序之间也存在着这种关联和衔接，在立法时需要综合考虑，以便加强程序之间的联系，保证行政程序的适度性。⑥熊樟林教授提出体例逻辑有两种编排方式非常具有价值，行政程序法应该考虑采取严格型方式，以保证法典体例结构的编排逻辑。对于这一点，笔者也是非常赞成的。综上所述，行政执法程序法典的内容需要考虑是否包括行政执法救济程序。此外，行政执法程序法应该考虑采取严格型方式，以保证法典体例结构的编排逻辑，并重视行政执法活动中各种行为形式之间的联系。完整的行政执法程序包含程序的启动、开展和裁决，包括信息公开程序、行政管辖程序、回避程序、说明理由程序、告知程序、听证程序、制定规范程序、决定程序，基本制度主要有重大行政决策机制、临机决断机制、裁量基准制度、多元化的争议解决机制、联席会议制度、行政协助制度、期限分解制度、监督评估制度等。

总体而言，行政执法程序立法构成应包括以下内容：①行政执法程序法是为实现行政执法职能为目的而设立的规范行政执法法律关系主体在行政执法活动中的程序法律规范的总和。②行政执法程序法的功能分为规范功能与社会功能，规范功能主要是控权和保权，社会功能则包括提升效率、消除矛盾、实现民主等。同时，制定行政执法程序法典时应该综合考虑各种条件，尽可能地降低程序自身不足所带来的作用和影响。③行政执法程序法的定位就是"控权法"和"保权法"，需要公法私法化，是独立于行政执法实体法的单独存在；行政执法程序法典是行政执法程序基本法，一般情况下行政执法单行法只能在不与之相抵触的前提下对其进行补充规定。④行政执法程序法的基本原则应立足于程序与基本，可以归纳为程序正当原则、程序法治原则和效率原则，必要时可以细分为具体的二级原则。⑤行政执法程序的内在价值是公正和效率，行政执法程序的工具性价值则包括控制权力、保障权利，实现民主和秩序等。在我国，二者应该并重，不能过分强调一方面否定另一方面，尤其要转变程序工具主义的传统理念，不能用工具性价值取代内在价值，要深入研究如何在《行政执法程序法》中实现统一。⑥行政执法程序的基本制度包括申请制度、管辖制度、受理制度、启动制度、信息公开制度、告知制度、参与制度、回避制度、卷宗阅览制度、说明理由制度、调查制度、证据制度、听证制度、审裁分离制度、时限制度、监督制度、救济制度、追责制度。⑦行政执法程序的类型包括两个划分标准，其一是从学理方面进行分类，具有较强的理论价值，可以确保总则与分则之间已经分则内各具体行政执法程序之间的逻辑关系；其二则是要依照行政执法行为的类型进行划分，可以更好地满足现实中行政执法实务工作的需要。⑧行政执法程序法典比行政执法程序通则更具有实用性与现实价值，中国的行政执法程序立法应该采取法典模式，而行政执法程序立法的目标模式则要具体问题具体分析，在允许的前提下可以采取公正与效率并重，但是在具体的程序中一旦出现价值冲突无法平衡的情况下考虑到行政执法实务现状，还是应该考虑采取公正优先、效率为补充的目标模式。⑨行政执法程序法典的内容应包括行政执法救济程序。在具体的结构安排上，行政执法程序法典应采取严格型方式，总则包括立法目的、基本概念、调整范围、基本原则、价值，基本制度以及与行政执法实体法之间的关系等规定，分则包含目前尚未完成立法工作的各个具体行政行为的程序规定，应对各个程序做出明确、具体、全面的细致性规定，尽可能地不给行政执法法律关系主体滥用或规避的空间，并重视相关行政执法过程中各种具体行为程序之间的联系，确保整个行政执法程序法的正当性与适度性。

　　目前，对于行政执法程序立法，显然还没有一个综合考量现有研究成果，能够兼采各研究成果所长的总体性的、全局性的成果，同时现有研究成果在很多问题上都只提出了一定的观点，却没有继续深入研究和论证下去，也依然还存在很多问题没有关注和解决。因此，在《行政执法程序法》法典尚未出台的今天，这依然是一个非常有意义和价值的研究课题，值得继续深入探讨下去。

参 考 文 献

一、著作

[1] 姜明安. 行政执法研究[M]. 北京：北京大学出版社，2004.

[2] 宋大涵. 行政执法教程[M]. 北京：中国法制出版社，2011.

[3] 祁希元. 行政执法通论[M]. 昆明：云南大学出版社，2008.

[4] 胡亚非. 行政执法导读[M]. 北京：中国质检出版社，中国标准出版社，2018.

[5] 杨生. 孙秀君. 行政执法行为[M]. 北京：中国法制出版社，2003.

[6] 韦军. 行政执法实务[M]. 南宁：广西人民出版社，2008.

[7] 李淑君. 行政执法指南[M]. 北京：法律出版社，2018.

[8] 宋行. 行政执法实务[M]. 北京：法律出版社，2011.

[9] 胡锦光. 新时代法治政府建设与行政执法规范[M]. 北京：中国政法大学出版社，2019.

[10] 夏云峰. 普通行政执法学[M]. 北京：中国法制出版社，2018.

[11] 王万华. 中华人民共和国行政执法程序条例（建议稿）及立法理由[M]. 北京：中国人民公安大学出版社，2016.

[12] 孙笑侠. 法律对行政的控制[M]. 济南：山东人民出版社，1999.

[13] 孙笑侠. 程序的法理[M]. 2 版. 北京：社会科学文献出版社，2017.

[14] 郑传坤，青维富. 行政执法责任制理论与实践及对策研究[M]. 北京：中国法制出版社，2003.

[15] 戚浩飞. 治理视角下行政执法方式变革研究[M]. 北京：中国政法大学出版社，2015.

[16] 肖金明，冯威. 行政执法过程研究[M]. 济南：山东大学出版社，2008.

[17] 卢剑锋. 行政决策法治化研究[M]. 北京：光明日报出版社，2011.

[18] 朱未易. 地方法治建设的法理与实证研究[M]. 南京：东南大学出版社，2010.

[19] 葛洪义. 广东法制建设的探索与创新：1978-2008[M]. 广州：华南理工大学出版社，2009.

[20] 陆剑锋，陈柳裕. 学者视野中的法治浙江[M]. 杭州：浙江大学出版社，2006.

[21] 罗豪才. 行政法学[M]. 北京：北京大学出版社，2000.

[22] 陈瑞华. 程序性制裁理论[M]. 2版. 北京：中国法制出版社，2010.

[23] 朱新力. 法治社会与行政裁量的基本准则研究[M]. 北京：法律出版社，2007.

[24] 林子英. 黄启乐. 难解的方程式：行政权力的划分和配置[M]. 广州：暨南大学出版社，1997.

[25] 石佑启，陈咏梅. 法治视野下行政权力合理配置研究[M]. 北京：人民出版社，2016.

[26] 忻超. 权力阳光：江苏行政权力网上公开透明运行实践模式研究[M]. 北京：科学出版社，2016.

[27] 邢孟军. 行政权力制约体系建构研究[M]. 北京：光明日报出版社，2016.

[28] 邢捷. 公安行政执法权理论与实践[M]. 北京：中国人民公安大学出版社，2009.

[29] 金国坤. 行政权限冲突解决机制研究：部门协调的法制化路径探寻[M]. 北京：北京大学出版社，2010.

[30] 关保英. 执法与处罚的行政权重构[M]. 北京：法律出版社，2004.

[31] 胡建淼. 行政法学[M]. 北京：法律出版社，2015.

[32] [日]盐野宏. 行政法总论[M]. 杨建顺译. 北京：北京大学出版社，2008.

[33] 章剑生，王万华. 行政程序法学[M]. 北京：中国政法大学出版社，2004.

[34] [德]哈特穆特·毛雷尔. 行政法学总论[M]. 高家伟译. 北京：法律出版社，2000.

[35] 季卫东. 法律程序的意义[M]. 北京：中国法制出版社，2011.

[36] 季卫东. 法治秩序的建构[M]. 北京：中国政法大学出版社，1999.

[37] 陈瑞华. 程序性制裁理论[M]. 北京：中国法制出版社，2010.

[38] 陈瑞华. 程序正义理论[M]. 北京：中国法制出版社，2010.

[39] 王锡锌. 行政程序法理念与制度研究[M]. 北京：中国民主法制出版社，2007.

[40] 黄捷. 程序法律关系论[M]. 长沙：湖南师范大学出版社，2009.

[41] 王亚新，等. 法律程序运作的实证分析[M]. 北京：法律出版社，2005.

[42] [法]卡斯代尔·布舒奇.《法义》导读[M]. 谭立铸译. 北京：华夏出版社，2006.

[43] [美]E·博登海默. 法理学：法律哲学与法律方法[M]. 邓正来译. 北京：中国政法大学出版社，2004.

[44] [美]约翰·罗尔斯. 正义论[M]. 何怀宏，何包钢，廖申白译. 北京：中国社会科学出版社，1988.

[45] 许育典. 法治国与教育行政：以人的自我实现为核心的教育法[M]. 台北：台湾高等教育出版社，2002.

[46] 应松年. 行政程序法比较研究[M]. 北京：中国人民公安大学出版社，2001.

[47] 罗传贤. 行政程序法论[M]. 台北：五南出版社，2004.

[48] [美]杰罗姆·巴伦，托马斯·迪恩斯. 美国宪法概论[M]. 刘瑞祥等译. 北京：中国社会科学出版社，2015.

[49] 童之伟. 法权与宪治[M]. 济南：山东人民出版社，2001.

[50] 皮纯协. 行政程序法比较研究[M]. 北京：中国人民公安大学出版社，2000.

[51] [德]施密特·阿斯曼. 秩序理念下的行政法体系建构[M]. 林明锵，等译. 北京：北京大学出版社，2012.

[52] 周佑勇. 行政法基本原则研究[M]. 武汉：武汉大学出版社，2005.

[53] [美]理查德·B·斯图尔特. 美国行政法的重构[M]. 北京：商务印书馆，2011.

[54] [美]B·盖伊·彼得斯. 政府未来的治理模式[M]. 北京：中国人民大学出版社，2003.

[55] [英]戴雪. 英宪精义[M]. 雷宾南译. 北京：中国法制出版社，2001.

[56] [法]托克维尔. 论美国的民主[M]. 北京：商务印书馆，1992.

[57] [英]洛克. 政府论[M]. 北京：商务印书馆，2011.

[58] [法]卢梭. 社会契约论[M]. 北京：商务印书馆，1982.

[59] [美]汉密尔顿等. 联邦党人文集[M]. 北京：商务印书馆，2004.

[60] [美]卡尔·J·弗里德里希. 超验正义——宪治的宗教之维[M]. 周勇，王丽芝译. 北京：三联出版社，2000.

[61] 肖北庚. 宪治法律秩序论[M]. 北京：中国人民公安大学出版社，2002.

[62] 章剑生. 现代行政法基本理论[M]. 北京：法律出版社，2008.

[63] 姜明安. 行政法与行政诉讼法[M]. 北京：高等教育出版社，2011.

[64] 谢生达，冉义.行政执法程序制度的理论与实践：以行政执法"三项制度"为视角[M].北京：中国法制出版社，2020.

[65] 夏云峰.行政执法重点实务业务工作[M].北京：中国法制出版社，2015.

[66] 城乡建设行政执法全书：含处罚标准、诉讼流程、文书范本、请示答复 [M]. 北京：中国法制出版社，2013.

[67] 交通运输行政执法全书：含处罚标准、诉讼流程、文书范本、请示答复[M]. 北京：中国法制出版社，2013.

[68] 公安行政执法全书：含处罚标准、诉讼流程、文书范本、请示答复 [M].北京：中国法制出版社，2013.

[69] 环境保护行政执法全书：含处罚标准、诉讼流程、文书范本、请示答复 [M]. 北京：中国法制出版社，2014.

[70] 国土资源行政执法全书：含处罚标准、诉讼流程、文书范本、请示答复 [M]. 北京：中国法制出版社，2013.

[71] 劳动人事行政执法全书：含处罚标准、诉讼流程、文书范本、请示答复[M]. 北京：中国法制出版社，2014.

[72] 医药卫生行政执法全书：含处罚标准、诉讼流程、文书范本、请示答复[M]. 北京：中国法制出版社，2013.

[73] 工商行政执法全书：含处罚标准、诉讼流程、文书范本、请示答复[M].北京：中国法制出版社，2013.

[74] 马怀德.全面推进依法行政的法律问题研究(法治政府系列丛书)[M].北京：中国法制出版社，2015.

[75] 夏云峰.行政执法解释理论与实务技术操作：行政执法决定的方法[M].北京：中国法制出版社，2020.

[76] 胡建淼.行政强制法论:基于《中华人民共和国行政强制法》[M].北京：法律出版社，2013.

[77] 徐伟红，高文英.公安机关办理行政案件程序规定理解与适用[M].北京：法律出版社，2020.

[78] 张永伟.食品安全行政执法办案指南[M].北京：法律出版社，2020.

[79] 马兆兴.权力·责任与权利·义务:教育行政执法指要[M].北京：法律出版社，2016.

[80] 公安机关办理行政案件程序规定·公安机关办理刑事案件程序规定:2014 版[M].北京：法律出版社，2014.

[81] 孙祥生.程序性基本权利法律保障研究[M].北京：法律出版社，2018.

[82] 胡锦光.新时代法治政府建设与行政执法规范[M].北京：中国政法大学出版社，2019.

[83] 钟碧莹，吴晓，谭正江.公安机关行政执法程序与适用[M].北京：中国政法大学出版社，2016.

[84] 郝倩，(比) 考夫曼.反垄断行政执法中的程序权利：中欧比较研究[M].北京：中国政法大学出版社，2016.

[85] 王东山.税收行政执法[M].北京：中国税务出版社，2014.

[86] 汪燕.选择性执法及其治理研究[M].北京：中国社会科学出版社，2014.

[87] 李志强.中国反垄断立法与执法评述[M].北京：社会科学文献出版社，2019.

[88] 唐明良.环评行政程序的法理与技术：风险社会中决策理性的形成过程 (中国地方社会科学院学术精品文库·浙江系列)[M].北京：社科文献出版社，2012.

[89] 邓国良.程序的魅力-警察行政执法程序规则研究[M].北京:中国人民公安大学出版社，2014.

[90] 黄太云、孙茂利、李仕春.执法规范与程序公正[M].北京：中国长安出版社，2012.

[91] 覃慧.治理时代行政程序法制的变革与因应研究[M].北京：北京大学出版社，2019.

[92] 张良.从管控到服务：城市治理中的"城管"转型[M].上海：华东理工大学出版社，2016.

[93] 殷啸虎.实践中的宪法[M].上海：上海社会科学院出版社，2019.

[94] [日]室井力，芝池义一，浜川清.日本行政程序法逐条注释[M].朱芒译.上海：上海三联书店，2009.

[95] 曾赟.法律程序主义对预防行政的控制:以人身自由保障为视角[M].杭州：浙江大学出版社，2011.

[96] 马泽红.法治中国视野下的公安行政执法程序规则研究[M].长春：东北师范大学出版社，2017.

[97] 李秀普.税收行政执法风险管理[M].北京:中国税务出版社，2011.

[98] 杜钢建.人权知识行政执法人员读本[M].长沙：湖南大学出版社，2012.

[99] 张文显.法学基本范畴研究[M].北京：中国政法大学出版社，1998.

[100] 中国政法大学法治政府研究院.中国法治政府评估报告（2020）[M].北京：社会科学文献出版社，2020.

[101] [英]丹宁勋爵.法律的正当程序[M].李克强，杨百揆，刘庸安译.北京：法律出版社，2015.

[102] [日]谷口安平.程序的正义与诉讼[M].王亚新，刘荣军译.北京：中国政法大学出版社，1996.

[103] 肖金明.法治行政的逻辑[M].北京：中国政法大学出版社，2004.

[104] 金国坤.依法行政环境研究[M].北京：北京大学出版社，2003.

[105] 高道蕴.美国学者论中国法律传统[M].北京：中国政法大学出版社，1994.

[106] [日]滋贺秀三.明清时期的民事审判与民间契约[M].王亚新等译.北京：法律出版社1998.

[107] 林来梵.从宪法规范到规范宪法：规范宪法学的一种前言[M].北京：法律出版社，2001.

[108] 陈慈阳.基本权核心理论之实证化及其难题[M].台北：翰芦图书出版有限公司，1997.

[109] 应松年、袁曙宏.走向法治政府——依法行政理论研究与实证调查[M].北京：法律出版社，2001.

[110] 贺志明.市域社会治理法治化研究——以长沙市为例[M].北京：中国书籍出版社，2020.

[111] 张文显.二十世纪西方法哲学思潮研究[M].北京：法律出版社，1996.

[112] [英]威廉·韦德.行政法[M].北京:中国大百科全书出版社，1997.

[113] 刘海年，李步云，李林.依法治国建设社会主义法治国家[M].北京：中国法制出版社，1996.

[114] 庞承伟.社会组织行政执法[M].北京：中国社会出版社，2011.

[115] 王丛虎.行政执法法律法规解读[M].北京：新华出版社出版，2019.

二、论文

[1] 姜明安. 论行政执法[J]. 行政法学研究，2003（4）.

[2] 姜明安. 行政执法的功能与作用[J]. 湖南社会科学，2004（1）.

[3] 莫于川. 通过完善行政执法程序法制实现严格规范公正文明执法[J]. 行政法学研究，2014（1）.

[4] 鄂振辉. 执法权与行政权辨析[J]. 北京行政学院学报，2005（6）.

[5] 王万华. 完善行政执法程序立法的几个问题[J]. 行政法学研究，2015（4）.

[6] 王万华. 我国应尽快制定《行政执法程序条例》[J]. 紫光阁，2015（2）.

[7] 欧阳志刚，李建华. 论行政执法程序的正当性内涵[J]. 求索，2011（11）.

[8] 嵇蕴洁. 新时期中国行政程序法治化建设思考[J]. 求实，2007（7）.

[9] 许洁君. 反垄断行政执法程序研究[J]. 湖北社会科学，2013（7）.

[10] 高洁. 解析档案行政执法程序的法理基础与价值目标[J]. 北京档案，2010(2).

[11] 陈江华，丁国峰. 我国反垄断行政执法程序的探讨[J]. 社会科学研究，2011(4).

[12] 马波，黄明健. 水行政执法程序及其模式设计构想[J]. 水资源保护，2005(1).

[13] 姚志成. 档案行政执法程序与公正[J]. 档案学研究，2004（1）.

[14] 张春林. 广西实施综合行政执法程序规定的思考[J]. 广西民族大学学报（社会科学版），2017（6）.

[15] 梅丽鹏. 反垄断行政执法程序合法性研究[J]. 价值理论与实践，2016（1）.

[16] 杨伟东. 行政程序违法的法律后果及其责任[J]. 政法论坛，2005（4）.

[17] 田平安、罗健豪. 民事诉讼法律责任论[J]. 现代法学，2002（2）.

[18] 李颂银. 从法律责任角度重新认识法学基本理论问题八议[J]. 现代法学，1999（5）.

[19] 刘后务. 程序性法律责任初探[J]. 求索，2004（10）.

[20] 石佑启. 行政程序违法的法律责任[J]. 法学，2002（9）.

[21] 赵蒉祥. 行政行为违反程序规范之法律效果——以台湾"行政程序法"相关规定为观察[J]. 行政法学研究，2003（4）.

[22] 张海萍. 行政程序违法及对策探析[J]. 中国行政管理，2006（1）.

[23] 曾郁，丁为群. 论行政程序违法的认定及法律责任的追究[J]. 价格月刊，2005（3）.

[24] 杨登峰. 程序违法行政行为的补正[J]. 法学研究，2009（6）.

[25] 王玎. 行政程序违法的司法审查标准[J]. 华东政法大学学报，2016（5）.

[26] 牟效波. 我国新行政立法程序的进步与保守：比较的视角[J]. 北京行政学院学报，2019（01）.

[27] 刘钢柱. 加强地方政府立法程序建设问题研究[J]. 国家行政学院学报，2016（5）.

[28] 孙潮，徐向华. 论我国立法程序的完善[J]. 中国法学，2003（5）.

[29] 宋新海. 推进地方立法程序的规范化、制度化——"地方立法程序"理论研讨会综述[J]. 理论探索，2008（6）.

[30] 宋向杰. 正当行政立法程序研究[D]. 厦门大学，2017.

[31] 赵振宇. 程序的监督与监督的程序[J]. 新闻与传播研究，2008（6）.

[32] 王果纯. 程序法治意识初论[J]. 湖南师范大学社会科学学报，2005（1）.

[33] 颜运秋，贺运生. 宏观调控程序法治化分析[J]. 求索，2005（8）.

[34] 施正文. 论程序法治与税收正义[J]. 法学家，2004（5）.

[35] 胡庆东，丁郁，徐萌. 行政程序法治化的价值分析[J]. 南京政治学院学报，2003（2）.

[36] 柳砚涛. 行政程序法治化路径研究[J]. 华南师范大学学报（社会科学版），2009（3）.

[37] 王永杰. 从实体法治到程序法治：我国法治路径研究的新进展[J]. 毛泽东邓小平理论研究，2009（6）.

[38] 禹竹蕊. 再论行政决策程序法治化[J]. 广西社会科学，2012（10）.

[39] 常征. 央地互动的立法试验——基于湖南重大行政决策程序法治化的分析[J]. 中共天津市委党校学报，2018（2）.

[40] 汤善鹏. 论立法与法治的契合——探寻程序法治的理论逻辑[J]. 法制与社会发展，2019（5）.

[41] 关保英. 行政相对人介入行政行为的法治保障[J]. 法学，2018（12）.

[42] 谢海波. 论我国环境法治实现之路径选择——以正当行政程序为重心[J]. 法学论坛，2014（3）.

[43] 艾裕双. 规范执法程序建设法治政府——四川省《凉山州行政程序规定》（试行）纪实[J]. 行政法学研究，2011（1）.

[44] 莫于川.《行政诉讼法》修改及其遗留争议难题——以推动法治政府建设为视角[J]. 行政法学研究，2017（2）.

[45] 王万华. 法治政府建设的地方程序立法推进——制定《北京市行政程序条例》的几个问题[J]. 法学杂志，2015（8）.

[46] 柳砚涛，刘林. 行政执法程序的经济分析[J]. 东岳论丛，2012（1）.

[47] 苏健俊. 论行政执法程序[J]. 政治与法律，1996（6）.

[48] 朱战威. 从效率到公正：价值转换下反垄断执法程序之嬗变[J]. 安徽大学学报（哲学社会科学版），2015（6）.

[49] 董灵，张雪. 欧盟竞争执法程序中当事人权利保障制度研究[J]. 价格刘理论

与实践，2015（6）.

[50] 郭宗杰. 论反行政性垄断的执法程序设计[J]. 价格刘理论与实践，2006（4）.

[51] 孙红军. 中国地方政府法治化：目标与路径研究[D]. 苏州大学，2016.

[52] 尹奎杰，刘怡彤. 论中国共产党反腐败程序法治化[J]. 长白学刊，2018（5）.

[53] 秦策. 监察调查程序的法治化构建[J]. 理论视野，2018（2）.

[54] 王周户. 实现行政决策程序的法治化[J]. 理论与改革，2014（6）.

[55] 郭志远. 依法治国的要义：程序法治化[J]. 安徽大学学报（哲学社会科学版），2015（4）.

[56] 石佑启. 我国行政体制改革法治化研究[J]. 法学评论，2014（6）.

[57] 戴小明. 关于行政执法法治化的探讨[J]. 中南民族学院学报（人文社会科学版），2000（4）.

[58] 史献芝. 形式法治化与实质法治化：行政问责法治化的二维分析框架[J]. 中国行政管理，2016（3）.

[59] 彭小霞，陈建. 论行政承诺的法治化[J]. 云南行政学院学报，2015（6）.

[60] 刘剑明，胡悦. 行政审批制度改革法治化的路径选择[J]. 东北师大学报（哲学社会科学版），2015（1）.

[61] 盖威，郭圣莉. 行政督查法治化的现实问题、理论依据及路径研究[J]. 中国行政管理，2015（2）.

[62] 刘伟. 在规范与实践之间：行政决策法治化的空间拓展[J]. 中共浙江省委党校学报，2013（4）.

[63] 肖北庚. 从依法决策到行政决策法治化[J]. 湖南社会科学，2012（3）.

[64] 任桂芬. 论我国行政权力运行法治化的制约因素及对策[J]. 前沿，2010（10）.

[65] 廖原. 行政内部监督法治化的阻却因素分析[J]. 学术论坛，2013（6）.

[66] 刘涛，毕可志. 中国法治的行政法治化道路[J]. 中国人民公安大学学报（社会科学版），2011（4）.

[67] 张华民. 我国行政问责的法治化思考[J]. 行政法学研究，2010（4）.

[68] 傅军. 试论行政管理的法治化[J]. 理论探索，2004（6）.

[69] 莫于川. 依法治国和依法行政法治化[J]. 理论与改革, 1997（3）.

[70] 王平. 问责权法治化研究[D]. 苏州大学, 2010.

[71] 陈章乐. 社会主义法治化初论[D]. 中共中央党校, 2002.

[72] 王玲. 俄罗斯联邦法治化进程研究——政府推进模式的选择[D]. 吉林大学, 2007.

[73] 戴永亮. 行政强制法治化研究[D]. 吉林大学, 2008.

[74] 韩舸友, 徐晓光. "变通权"与国家法制统一[J]. 中央民族大学学报（哲学社会科学版）, 2005（6）.

[75] 葛洪义. "地方法制"的概念及其方法论意义[J]. 法学评论, 2018（3）.

[76] 吕图, 刘向南, 刘鹏. 程序公正与征地补偿：基于程序性权利保障的影响分析[J]. 资源科学, 2018（9）.

[77] 江必新. 论行政程序的正当性及其监督[J]. 法治研究, 2011（1）.

[78] 吴华琛. 从"法治国家"到"法治地方"——地方法治研究述评[J]. 中共福建省委党校学报, 2013（4）.

[79] 李燕霞. 地方法治概念辨析[J]. 社会科学战线, 2006（6）.

[80] 笑侠. 局部法治的地域资源——转型期"先行法治化"现象解读[J]. 法学, 2009（12）.

[81] 葛洪义. 我国地方法制研究中的若干问题[J]. 法律科学, 2011（1）.

[82] 刘治斌. 法治路径选择中的地方法治（法制）问题[J]. 宁夏师范学院学报（社会科学）, 2011（10）.

[83] 宋志敏. 论政府社会管理创新的法治化路径———由"法治湖南"引发的思考[J]. 湖南科技大学学报（社会科学版）, 2012（1）.

[84] 梁志峰. 2011年湖南法治发展报告[M]. 北京：社会科学文献出版社, 2011.

[85] 刘丹, 彭中礼. 湖南法治政府：思想源流、路径选择与制度创新[J]. 湖南行政学院学报, 2010（2）.

[86] 资金星. 法治湖南建设的路径选择———从公民政治参与的角度[J]. 时代法学, 2011（5）.

[87] 李霞. 从经济增长驱动到法治指标驱动——中国地方法治动力机制研究 [J]. 行政法学研究，2017（6）.

[88] 付子堂，张善根. 地方法治建设及其评估机制探析[J]. 中国社会科学，2014 （11）.

[89] 李升，庄田园. 德国行政强制执行的方式与程序介绍[J]. 行政法学研究，2011 （4）.

[90] 卢扬帆. 地方法治的绩效及其评价机制初探[J]. 学术界，2017（8）.

[91] 马怀德，王翔. 法治政府评估中的公众满意度调查——以 53 个较大城市为 例[J]. 宏观质量研究，2011（3）.

[92] 朱未易. 地方法治何以可能和正当[J]. 广东社会科学，2016（5）.

[93] 周尚君. 地方法治试验的动力机制与制度前景[J]. 中国法学，2014（2）.

[94] 徐向华. 地方立法统一审议制度的法定功能[J]. 法学，2007（11）.

[95] 谢遥. 对地方法治研究三十年的整理与反思[J]. 河北法学，2018（7）.

[96] 杨国平. 对行政裁决和谐主义功能的重新审视[J]. 探索与争鸣，2010（8）.

[97] 孙笑侠. 法治发展的差异与中国式进路[J]. 浙江社会科学，2003（4）.

[98] 田成友，肖丽萍. 法治模式与中国法治之路[J]. 法学，1998（9）.

[99] 孙笑侠. 法治是一种"规则细化的生活"[J]. 现代法治研究，2016（1）.

[100] 马长山. 法治中国建设的"共建共享"路径与策略[J]. 中国法学，2016（6）.

[101] 郑智航. 法治中国建设的地方试验——一个中央与地方关系的视角[J]. 法 制与社会发展，2018（5）.

[102] 韩业斌. 法治中国与地方法治互动的路径选择[J]. 法学，2015（9）.

[103] 胡东. 改革开放 40 年行政法治建设的成就、问题与展望[J]. 学术交流，2018 （12）.

[104] 丁建军. 公民程序性权利及其价值考量[J]. 山东社会科学，2006（9）.

[105] 周永坤. 社会优位理念与法治国家[J]. 法学研究，1997（1）.

[106] 宫桂芝. 行政裁决法治化的思考[J]. 学术交流，1999（1）.

[107] 姬亚平. 行政裁决问题研究[J]. 理论导刊，2008（10）.

[108] 王锡锌. 行政过程中相对人程序性权利研究[J]. 中国法学，2001（4）.

[109] 关保英. 行政强制征收的程序控制探讨[J]. 法制与社会发展，2009（5）.

[110] 江凌燕. 非法利益的法律冲突——从我国立法尚未定论的可诉性难题谈起
[J]. 广东行政学院学报，2014（3）.

[111] 肖金明. 行政征收的理念、原则与制度[J]. 中国行政管理，2002（6）.

[112] 杨叶红. 行政征收的正当程序研究——以长株潭城市群建设进程集体土地
征收为例[J]. 湖南社会科学，2011（5）.

[113] 戴小明. 行政执法的内涵及特点探析[J]. 中南民族大学学报（人文社会科
学版），2003（4）.

[114] 孔祥发. 行政指导的程序保障[J]. 学术交流，2012（12）.

[115] 彦法，日晶. 既要统一立法也要地方立法[J]. 中国法学，1994（2）.

[116] 查志刚，任左菲. 京津冀协同发展中统一行政执法程序法制研究[J]. 河北
师范大学学报（哲学社会科学版），2016（5）.

[117] 郭曰君. 论程序权利[J]. 郑州大学学报（社会科学版），2000（6）.

[118] 郭向军. 论当代中国法治建设模式类型的互动性及其实施途径[J]. 前沿，
2008（4）.

[119] 陈柳裕，王坤，汪江连. 论地方法治的可能性——以"法治浙江"战略为
例[J]. 浙江社会科学，2006（2）.

[120] 孙祥生. 论公民程序性权利的基本内涵[J]. 学术交流，2006（6）.

[121] 孙祥生. 论公民程序性权利的性质与特征[J]. 理论导刊，2007（2）.

[122] 苏艺. 论行政案件快速办理程序的构建——以《行政处罚法》的修改为契
机[J]. 行政法学研究，2019（5）.

[123] 郭殊. 论行政强制执行程序[J]. 社会科学，2003（6）.

[124] 关保英. 论行政相对人的程序权利[J]. 社会科学，2009（7）.

[125] 刘莘，覃慧. 论我国"法制统一"的保障体系——兼评修正后《立法法》
的有关规定[J]. 江苏社会科学，2015（4）.

[126] 武戈，周云. 论我国行政处罚的听证程序[J]. 学术探索，2008（3）.

[127] 朱俊. 论中国法治建设模式转变的逻辑及其路径[J]. 重庆大学学报（社会科学版），2017（6）.

[128] 舒国滢. 中国法治建构的历史语境及其面临的问题[J]. 社会科学战线，1996（6）.

[129] 马长山. 国家构建主义法治的误区与出路[J]. 法学评论，2016（4）.

[130] 关保英. 上海自贸区行政许可程序加快研究[J]. 社会科学家，2015（10）.

[131] 陈晓春，肖雪. 社会组织参与法治社会建设的路径探析[J]. 湖湘论坛，2019（4）.

[132] 杨世增. 试论我国行政指导程序的完善[J]. 云南行政学院学报，2012（3）.

[133] 宋慧宇，仇晓光. 突出地方法治重要地位繁荣地方法治理论研究——"全国地方法治建设理论与实践研讨会"综述[J]. 社会科学战线，2012（11）.

[134] 周莹. 完善行政征收中公民权益保障制度的思考[J]. 理论前沿，2007（5）.

[135] 齐树洁，丁启明. 完善我国行政裁决制度的思考[J]. 河南财经大学学报，2015（6）.

[136] 朱未易. 我国地方法治建设的实践、问题及其路径[J]. 政法论丛，2017（3）.

[137] 丁丽红. 我国行政指导程序的缺陷与完善[J]. 河北法学，2004（3）.

[138] 刘向南，吕图，严思齐. 征地过程中程序性权利保障与农民满意度研究——基于辽宁省 6 市 30 村的调研[J]. 中国土地科学，2016（5）.

[139] 汪太贤. 中国法治模式的选择——兼评一种法治观[J]. 政治与法律，1998（1）.

[140] 崔卓兰，张婧飞. 追求过程与结果的双重价值——围绕我国行政强制立法的探索[J]. 华南师范大学学报（社会科学版），2008（3）.

[141] 曾绍东，俞荣根. 程序：正义还是不正义——司法改革中的文化传统影响[J]. 华东政法大学学报，2012（2）.

[142] 贺卫方. 程序本身是一种文化[J]. 中国图书评论. 2006（7）.

[143] 刘丽梅. 程序正义的法文化考察[J]. 社会科学战线. 2008（6）.

[144] 姜述弢. 地方立法后评估制度的法治化及对策[J]. 学术交流，2016（4）.

[145] 季卫东. 法律程序的形式性与实质性——以对程序理论的批判和批判理论的程序化为线索[J]. 北京大学学报（哲学社会科学版），2006（1）.

[146] 邓琼，龚廷泰. 法治氛围的概念分析[J]. 江海学刊，2016（2）.

[147] 谢庆，焦利. 法治政府呼唤行政程序立法——访中国政法大学终身教授、博士生导师、中国法学会行政法学研究会会长应松年[J]. 国家行政学院学报，2010（3）.

[148] 支振锋. 改善法治建设的微观环境[J]. 法制与社会发展，2015（5）.

[149] 盖涛，徐熙芝. 公务员的行政程序正义意识[J]. 长白学刊，2009（4）.

[150] 闫博慧. 关于完善中国行政执法环境的思考[J]. 河北学刊，2011（4）.

[151] 肖金明. 立法品位和行政执法错位的思考[J]. 法学，1999（9）.

[152] 王亚琴. 行政程序法律责任的归责原则[J]. 法学论坛，2005（4）.

[153] 吕尚敏. 行政执法人员的行动逻辑——基于典型行政执法事件的分析[J]. 云南行政学院学报，2010（4）.

[154] 田承春. 和谐社会构建中的公民程序法治意识塑造[J]. 四川师范大学学报（社会科学版），2008（6）.

[155] 林舒. 立法、执法与法治观念[J]. 山东大学学报（哲学社会科学版），2003（4）.

[156] 沈福俊. 立法本意与行政执法实践的冲突与协调——以行政处罚听证范围的理解与适用为分析对象[J]. 法商研究，2007（6）.

[157] 吕怡维. 立法目的的历史性变革——从"立法治民"传统到"立法为民"原则的确立[J]. 法学杂志，2018（3）.

[158] 黄捷，段平华. 论程序法治文化[J]. 湖南师范大学学报（社会科学版），2011（4）.

[159] 王春业. 论京津冀区域协同发展中的法治促进[J]. 南京社会科学，2018（1）.

[160] 杨海坤，黄学贤. 违反行政程序法行为法律责任比较研究[J]. 法学评论，1999（5）.

[161] 马璨. 我国程序法文化起源之比较研究[J]. 人民论坛·学术前沿，2011（9）.

[162] 马何祖．增强行政程序意识提高依法行政能力[J]．中国人才，2010（15）．

[163] 黄学贤．正当程序有效运作的行政法保障——对中国正当程序理论研究与实践发展的学术梳理[J]．学习与探索，2013（9）．

[164] 赵海怡．中国地方经济发展法治环境及其制度载体[J]．西北大学学报（哲学社会科学版），2019（1）．

[165] 雷娟．走出违反法定程序法律责任的误区——从六部"典型性"行政程序规范文本展开[J]．云南行政学院学报，2013（2）．

[166] 吴小英．重塑程序意识——论程序法与实体法的关系[J]．现代法学，1999（4）．

[167] 封丽霞．中央与地方立法事权划分的理念、标准与中国实践——兼析我国央地立法事权法治化的基本思路[J]．政治与法律，2017（6）．

[168] 石珍．行政执法事务繁简分流的程序构建——以s市s局的执法数据为研究对象[J]．行政法学研究．2015（5）．

[169] 胡玉鸿．以尊严价值模式重构行政执法程序[J]．浙江学刊，2011（2）．

[170] 徐晓明．建构行政许可注销程序设想[J]．理论探索，2008（1）．

[171] 杨海坤，刘洋林．制定一部适合我国国情的行政程序法典——当前行政程序和行政程序法研究述评[J]．求是学刊，2000（5）．

[172] 贺卫方．程序本身是一种文化[J]．中国图书评论，2006（7）．

[173] 邢鸿飞．我国《行政程序法》如何定位[J]．南京社会科学，2003（5）．

[174] 刘云华．行政程序法的价值与功能[J]．求实，2011（12）．

[175] 马怀德．行政程序法的价值及立法意义[J]．政法论坛，2004（5）．

[176] 颜三忠．论行政程序法的功能[J]．江西社会科学，2002（10）．

[177] 张步峰．论行政程序的功能——一种行政过程论的视角[J]．中国人民大学学报，2009（1）．

[178] 杨彦虎．行政程序价值体系的法理论证[J]．行政法学研究，2010（1）．

[179] 季卫东．程序比较论[J]．比较法研究，1993（1）．

[180] 陈瑞华．程序正义论纲[J]．诉讼法论丛，1998（1）．

[181] 陈瑞华. 通过法律实现程序正义——萨默斯程序价值理论评析[J]. 北大法律评论, 1998（1）.

[182] 陈瑞华. 程序价值理论的四个模式[J]. 中外法学, 1996（2）.

[183] 陈瑞华. 程序正义的理论基础——评马修的尊严价值理论[J]. 中国法学, 2000（3）.

[184] 陈瑞华. 法律程序构建的基本逻辑[J]. 中国检察官, 2012（5）.

[185] 于立深. 行政程序法编纂中的矛盾关系及其化解[J]. 长白学刊, 2003（3）.

[186] 周安平. 行政程序法的价值、原则与目标模式[J]. 比较法研究, 2004（2）.

[187] 王锡锌. 行政程序法价值的定位——兼论行政过程效率与公正的平衡[J]. 政法论坛, 1995（3）.

[188] 柏维春. 五权联动规范权力运行的有益探索——以吉林省为例[J]. 甘肃理论学刊, 2013（5）.

[189] 赵妍, 郑曙村. 当前我国行政三分制改革研究综述善[J]. 江苏省社会主义学院学报, 2010（6）.

[190] 汪春劼, 刘焕明. 权力运行监控机制建设中的若干思考——以江苏省为例[J]. 贵州社会科学, 2012（12）.

[191] 张瑾, 郭彩琴. 从数字城管到综合行政执法信息化：苏州工业园区的实践[J]. 中国行政管理, 2018（10）.

[192] 人民论坛专题调研组. 综合行政执法改革的新范本——青岛市黄岛区综合行政执法改革探索与实践[J]. 人民论坛, 2017（4）.

[193] 胡文苑. 规范行政执法档案服务法治政府建设——《浙江省行政执法文书材料立卷规范（试行）》发布实施[J]. 中国档案, 2016（1）.

[194] 张立国. 权力运行法治化：国家治理体系现代化的关键[J]. 吉首大学学报（社会科学版）, 2015（3）.

[195] 孟祥峰. 法律控权论——权力运行的法律控制[D]. 吉林大学, 2007.

[196] 张德祥, 韩梦洁. 权责程序透明监控问责——高校内部权力运行制约与监督机制[J]. 中国高教研究, 2018（1）.

[197] 杨连专. 权力运行异化的法律防范机制研究[J]. 宁夏社会科学, 2017（6）.

[198] 罗财发, 陈晓琴. 权力运行程序法定：源头治腐的新途径[J]. 江西社会科学, 2002（2）.

[199] 钟金意, 钱再见. 公共权力运行公开化语境下协商治理研究[J]. 上海行政学院学报, 2015（6）.

[200] 钱再见, 路坦. 法治视野下的公共权力运行公开化及其路径研究[J]. 晋阳学刊, 2016（6）.

[201] 王留一. 论行政执法决定公开：功能、问题与对策[J]. 学术论坛, 2019（9）.

[202] 杜一平, 张闯. 基于行政评价的行政权规范研究[J]. 河北法学, 2012（2）.

[203] 陈书笋. 行政执法绩效评估指标研究[J]. 社会科学, 2014（3）.

[204] 薛刚凌. 完善行政权力运行机制的思考[J]. 中国行政管理, 2002（4）.

[205] 苗连营. 论对行政权的法律控制[J]. 法学家, 1999（5）.

[206] 徐加喜. 论行政执法的法源冲突及其解决途径[J]. 政治与法律, 2012（3）.

[207] 上官丕亮. 论行政执法中的应用性法律解释[J]. 行政法学研究, 2014（2）.

[208] 杨小军. 行政执法体制改革的法律问题[J]. 政府改革, 2010（4）.

[209] 梁亮. 中国行政程序法目标模式选择——基于合法性与最佳性的二维考量[J]. 社会科学战线, 2011（4）.

[210] 胡悦, 刘剑明. 法社会学视阈下的中国行政程序[J]. 当代法学, 2009（6）.

[211] 谢海波. 论我国环境法治实现之路径选择——以正当行政程序为重心[J]. 法学论坛, 2014（3）.

[212] 张艳丽. 行政权运行机制试析[J]. 学习与探索, 2005（1）.

[213] 王习加. 公权力配置资源与预防腐败研究[D]. 湖南师范大学, 2012.

[214] 张梁. 授权与监督：国家权力配置的中国逻辑与当下拓展[J]. 理论月刊, 2019（10）.

[215] 江必新, 刘润发. 强化权力运行制约和监督的实现路径[J]. 湖南社会科学, 2014（2）.

[216] 刘源源. 建构权力运行的网络监督机制[J]. 学习论坛, 2012（11）.

[217] 万里鹏. 行政权的边界界定及其规制研究[J]. 宁夏社会科学, 2019（1）.

[218] 成志刚, 唐俊辉. 保持行政监督制度与权力格局的动态平衡——控制行政权的一条规律[J]. 中国行政管理, 2008（5）.

[219] 蔡文成. 论宪治视域中现代行政权的多元控制[J]. 云南社会科学, 2010（6）.

[220] 孙广厦. 我国行政权力运行的多维失衡与宪治困境分析[J]. 行政论坛, 2008（3）.

[221] 胡亚球. 程序安全论——公权力运行程序的价值基础研究[D]. 苏州大学, 2006.

[222] 刘军. 社会重大事件行政调查法治研究——以行政权的社会回应性为视角[D]. 武汉大学, 2013.

[223] 黄凤兰, 蒲玉龙. 论行政法律责任对行政权的控制功能[J]. 社会科学战线, 2005（3）.

[224] 许若群. 行政执法内部规控研究——兼论重大行政执法决定法制审核制度的设计[J]. 云南行政学院学报, 2019（3）.

[225] 王诚. 行政执法分类监管机制研究[J]. 政府法制研究, 2017（1）.

[226] 魏芙蓉. 论行政执法自由裁量权滥用的防范[C]. 第五届中国行政改革论坛——创新政府治理. 深化行政改革优秀论文集, 2014.

[227] 徐鹤田. 基于权力运行公开化的行政执法审计策略与实践[J]. 中国内部审计, 2016（1）.

[228] 柳砚涛, 仇婷婷. 论公民个人监督行政执法[J]. 北京行政学院学报, 2014（6）.

[229] 杨东升, 韦宝平. 重大行政执法决定法制审核制度论纲[J]. 湖北社会科学, 2017（7）.

[230] 崔卓兰, 杜一平. 行政权滥用的预测与防范[J]. 法学杂志, 2012（1）.

[231] 黄捷. 论程序化法治[D]. 华中师范大学, 2007.

[232] 袁曙宏, 杨伟东. 我国法治建设三十年回顾与前瞻——关于中国法治历程、作用和发展趋势的思考[J]. 中国法学, 2009（1）.

[233] 周继东. 深化行政执法体制改革的几点思考[J]. 行政法学研究，2014（1）.

[234] 王锡锌. 中国行政执法困境的个案解读[J]. 法学研究，2005（3）.

[235] 姚来燕. 行政执法与公民权利保障[J]. 云南行政学院学报，2008（4）.

[236] 张效羽. 互联网经济对行政执法的挑战及应对[J]. 中国党政干部论坛，2016（10）.

[237] 贺荣. 北京市综合行政执法有关问题的探索和思考[J]. 法学杂志，2010(10).

[238] 昌永岗，康良辉，穆美丽. 相对集中行政执法权探究[J]. 理论与改革，2015（1）.

[239] 李爱年，陈樱曼. 生态环境保护综合行政执法的现实困境与完善路径[J]. 吉首大学学报（社会科学版），2019（4）.

[240] 张文波. 我国环境行政执法权配置研究[D]. 西南政法大学，2017.

[241] 朱一飞. 论知识产权行政执法权的配置模式[J]. 法学杂志，2011（4）.

[242] 毕波. 知识产权海关行政执法权的配置：现状、问题与对策[J]. 学术交流，2017（01）.

[243] 崔进文. 警察行政权的失范及其控制[D]. 苏州大学，2012.

[244] 李健和. 我国警察权力配置的现状、问题与原因[J]. 中国人民公安大学学报（社会科学版），2007（5）.

[245] 郑宁波，王周户. 论城管综合行政执法体制的缺陷与完善[J]. 西北大学学报（社会科学版），2017（1）.

[246] 曾纪茂. 周向红. 城市管理综合执法体制的分类与比较[J]. 中国行政管理，2019（2）.

[247] 罗刚. 新时期卫生行政执法现状调查及对策研究[J]. 中国卫生事业管理，2016（6）.

[248] 张晓. 工商行政执法有效性研究[D]. 武汉大学，2012.

[249] 徐鹤田. 基于权力运行公开化的行政执法审计策略与实践[J]. 中国内部审计，2016（1）.

[250] 方世荣，宋涛. 行政执法主体对法律规范的非正式解释及司法审查[J]. 国

家行政学院学报，2010（6）.

[251] 胡中秋. 监督、问题、出路——谈对行政执法的司法监督[J]. 法学天地，1995（5）.

[252] 曾洁雯，詹红星. 政府职能的转变与行政执法方式的变革[J]. 湖南社会科学，2011（4）.

[253] 颜佳华. 当代中国社会转型期政府权力运行机制重塑研究[D]. 华东师范大学，2004.

[254] 赵如松. 行政执法效益研究[J]. 政府法制研究，2015（2）.

[255] 莫于川. 行政程序法治观与行政许可透明度——从制度创新努力看建设阳光政府的方向[J]. 现代法学，2008（2）.

[256] 顾爱平. 行政许可制度改革研究——《行政许可法》实施后的思考[D]. 苏州大学，2006.

[257] 张千帆. 作为元宪法的社会契约[J]. 比较法研究，2018（4）.

[258] 应松年.《行政程序法（试拟稿）》评介[J]. 政法论坛，2004（5）.

[259] 戚建刚，余海洋. 统一风险行政程序法的学理思考[J]. 理论探讨，2019（5）.

[260] 梁亮. 中国行政程序法目标模式选择——基于合法性与最佳性的二维考量[J]. 社会科学战线，2011（4）.

[261] 胡悦，刘剑明. 法社会学视阈下的中国行政程序[J]. 当代法学，2009（6）.

[262] 戴桂洪. 清末和民国时期行政程序法制的发展介评[J]. 学海，2008（3）.

[263] 应松年. 中国行政程序法立法展望[J]. 中国法学，2010（2）.

[264] 曹福来. 规范税务行政处罚程序的法律思考[J]. 税务与经济，2017（4）.

[265] 柳正权. 中国传统行政程序概念的文化解析[J]. 法学评论，2007（1）.

[266] 覃远固. 信息不对称理论下的中国政府公信力研究[D]. 对对外经贸大学，2012.

[267] 王强，孙潇. 基于委托—代理理论的政府信任风险因素分析[J]. 学术交流，2013（3）.

[268] 汤韶芸. 建设企业家政府理论及对我国公共管理的启示[J]. 云南社会科学，

2003（3）.

[269] 徐芳芳. 街头官僚理论与基层公务员绩效问责困境探究[J]. 领导科学，2018
（36）.

[270] 李青. 流程再造理论在我国公共管理中的应用与启示[J]. 经济管理，2011
（6）.

[271] 郑磊，宋华琳. 良法善治，民尊国范——"公法中的法理"暨第四届"法
理研究行动计划"学术研讨会述评[J]. 法制与社会发展，2019（1）.

[272] GarrettHardin，DavidHume：MoralandPoliticalTheorist，p．26，chap3；
PeterVanderschraaf, StrategicJustice, NewYork：OxfordUniversityPress, 2018.

[273] 叶金州. 罗尔斯式的正义观念与休谟式正义的环境[J]. 现代哲学，2019（5）.

[274] 吴泽勇. 从程序本位到程序自治——以卢曼的法律自治理论为基础[J]. 法
律科学，2004（4）.

[275] 周婧. 封闭与开放的法律系统如何可能——读卢曼《法律作为社会系统》
[J]. 社会学研究，2009（5）.

[276] 刘先江. 习近平权力制约监督思想的核心要义探析[J]. 科学社会主义，2018
（6）.

[277] 景跃进. 中国特色的权力制约之路_关于权力制约的两种研究策略之辨析
[J]. 经济社会体制比较，2017（4）.

[278] 许天翔. 功能性分权与中国特色权力制约监督理论的探索——评《权力法
治与廉政治理》[J]. 经济社会体制比较，2017（4）.

[279] 姜明安. 中国依宪治国和法治政府建设的主要特色[J]. 政治和法律，2019
（8）.

[280] 刘艺. 论我国法治政府评估指标体系的建构[J]. 现代法学，2016（4）.

[281] 周海源. 转型社会中的行政法控权技术变迁[C]. 中国行政法学研究会年会
会议交流论文，2015.

[282] 戚建刚，余海洋. 统一风险行政程序法的学理思考[J]. 理论探讨，2019（5）.

[283] 黄学贤，廖振权. 确立行政程序法基本原则的两大标准[J]. 社会科学研究，

2009（6）.

[284] 刘东生. 行政程序立法研讨会综述[J]. 行政法学研究，2005（3）.

[285] 应松年.《湖南省行政程序规定》制定和实施情况的调查报告[J]. 国家行政学院学报，2009（5）.

[286] 梁亮. 中国行政程序法目标模式选择——基于合法性与最佳性的二维考量[J]. 社会科学战线，2011（4）.

[287] 胡悦，刘剑明. 法社会学视阈下的中国行政程序[J]. 当代法学，2009（6）.

[288] 戴桂洪. 清末和民国时期行政程序法制的发展介评[J]. 学海，2008（3）.

[289] 喻少如. 合作行政背景下行政程序的变革与走向[J]. 武汉大学学报（社会科学版），2017（2）.

[290] 迪尔克·埃勒斯. 德国行政程序法法典化的发展[J]. 展鹏贺译. 行政法学研究，2016（5）.

[291] 赵彬馨.《湖南省行政程序规定》的立法后评估研究[D]. 吉首大学，2016.

[292] 于立深. 地方行政程序法的实施与实效分析——以福建、广西、湖南为例[J]. 江汉论坛，2014（9）.

[293] 姜明安. 21世纪中外行政程序法发展述评[J]. 比较法研究，2019（6）.

[294] 崔瑜，曹鎏. 行政程序、政府数据开放以及风险规制的新课题——第十七届海峡两岸行政法学学术研讨会暨第十二届东亚行政法学会国际学术大会综述[J]. 行政法学研究，2017（2）.

[295] 章剑生. 从地方到中央：我国行政程序立法的现实与未来[J]. 行政法学研究，2017（2）.

[296] 李洪雷. 中国行政法（学）的发展趋势——兼评"新行政法"的兴起[J]. 行政法学研究，2014（1）.

[297] 姜明安. 全球化时代的"新行政法"[J]. 法学杂志，2009（10）.

[298] 于立深. 行政程序法编纂中的矛盾关系及其化解[J]. 长白学刊，2003（3）.

[299] 杨建顺，刘连泰. 试论程序法与实体法的辩证关系——评"法即程序"之谬[J]. 行政法学研究，1998（1）.

[300] 张慧平. 行政程序法基本原则研究[J]. 河北法学，2004（1）.

[301] 胡建淼. 我国行政程序法的模式与结构——依据对世界上行政程序法规范结构的统计与透视[J]. 政法论坛，2004（5）.

[302] 黄学贤，廖振权. 确立行政程序法基本原则的两大标准[J]. 社会科学研究，2009（6）.

[303] 徐显明. 论法治国家的构成要件[J]. 法学研究，1996（3）.

[304] 路建. 我国行政程序法的目标模式及其选择[J]. 学术交流，2005（10）.

[305] 胡建淼. 行政程序法比较研究[J]. 比较法研究，1997（2）.

[306] 郭渐强，刘薇. 关于我国行政程序法目标模式的探讨——以《湖南省行政程序规定》为例[J]. 社会科学家，2010（1）.

[307] 黄学贤，廖振权. 确立行政程序法基本原则的两大标准[J]. 社会科学研究，2009（6）.

[308] 章剑生. 现代行政程序的成因和功能[J]. 中国法学，2001（1）.

[309] 李俊斌. 论我国行政程序法的立法动因、结构与准则[J]. 中国行政管理，2010（3）.

[310] 毕洪海. 普通法国家的行政程序正义进路[J]. 政治与法律，2015（6）.

[311] 徐博嘉，王学辉. 行政程序价值及其法治化衡量标准———以国家治理现代化为视角[J]. 哈尔滨工业大学学报（社会科学版），2016（2）.

[312] 马怀德. 中国行政程序立法探索[J]. 求是，1999（1）.

[313] 潘牧天. 行政程序法目标模式的实践形态评析[J]. 苏州大学学报，2007（2）.

[314] 江利红. 论宏观行政程序法与我国行政程序立法模式的选择——从行政过程论的视角出发[J]. 浙江学刊，2009（5）.

[315] 喻少如. 合作行政背景下行政程序的变革与走向[J]. 武汉大学学报（社会科学版），2017（2）

[316] 张引，熊等华. 行政程序法的基本原则及相应制度[J]. 行政法学研究，2003（2）.

[317] 单锋. 行政程序法基本原则的比较与借鉴[J]. 南京大学法律评论，2002（1）.

[318] 熊樟林. 地方行政程序规定的体例构造[J]. 法商研究，2016（4）.

[319] 杨彦虎. 行政程序价值体系的法理论证[J]. 行政法学研究，2010（1）.

[320] 胡扬名，吴松江. 论行政程序设计的五维目标[J]. 理论探讨，2013（5）.

[321] 吴德星. 论中国行政法制的程序化与行政程序的法制化[J]. 中国人民大学学报，1997（1）.

[322] 韩大元，王贵松. 论制定中国行政程序法的宪法基础[J]. 宪治与行政法治评论，2004（1）.

[323] 应松年，肖凤城. 制定我国行政程序法的若干基本问题[J]. 宪治与行政法治评论，2004（1）.

[324] 杨海坤，刘洋林. 制定一部适合我国国情的行政程序法典——当前行政程序和行政程序法研究述评[J]. 求是学刊，2000（5）.

[325] 王万华. 行政程序法的立法架构与中国立法的选择[J]. 行政法学研究，2005（2）.

[326] 杨海坤. 论行政程序及其法律分类[J]. 政治与法律，1995（6）.

[327] 严益州. 德国《联邦行政程序法》的源起、论争与形成[J]. 环球法律评论，2018（6）.

[328] 杨建顺. 行政强制措施的实施程序[J]. 法学杂志，2011（11）.

[329] 谢芬. 论行政强制程序的谦抑属性[D]. 湖南师范大学，2013.

[330] 靳燕飞. 论行政强制程序[D]. 湖南师范大学，2012.

[331] 刘东生. 行政程序立法研讨会综述[J]. 行政法学研究，2005（3）.

[332] 王国永. 刍议与行政权不匹配的行政执法人员管理制度[J]. 行政论坛，2013（5）.

[333] 程洁. 行政程序法中的程序中立原则[J]. 行政法学研究，1999（9）.

[334] 姜明安. 制定行政程序法应正确处理的几对关系[J]. 政法论坛，2004（5）.

[335] 赵宏. 行政法学的体系化建构与均衡[J]. 法学家，2013（3）.

[336] 于安. 我国行政法体系改革的基本问题[J]. 国家检察官学院学报，2012（4）.

[337] 李步云. 法治国家的十条标准[J]. 中共中央党校学报，2008（1）.

[338] 朱芒. 中国行政法学的体系化困境及其突破方向[J]. 清华法学, 2015（1）.

[339] 赵宏. 基本原则、抽象概念与法释义学——行政法学的体系化建构与体系化均衡[J]. 交大法学, 2014（1）.

[340] 戴桂洪. 清末和民国时期行政程序法制的发展介评[J]. 学海, 2008（3）.

[341] 王锡锌. 行政正当性需求的回归——中国新行政法概念的提出、逻辑与制度框架[J]. 清华法学, 2009（3）.

[342] 郭一君. 行政协议与民事合同的区分标准——"职责要素"标准的探讨[C]. "行政协议与新行政法"学术研讨会会议资料, 2018.

[343] 王永杰. 从实体法治到程序法治：我国依法治国的新进程[C]. 上海市社会科学界第七届学术年会论文集政治、法律、社会科学卷, 2009.

[344] 袁红冰. 论程序法的意义[J]. 贵州师范大学学报（社会科学版）, 2001（1）.

[345] 黄捷. 论程序法的三种类型[J]. 湖南师范大学学报（社会科学版）, 2018（4）.

[346] 李步云. 法的内容与形式[J]. 法律科学, 1997（3）.

[347] 毛益民, 曹伟. 集权体制下的权力制约理论与实践会议综述[J]. 中共杭州市委党校学报, 2017（2）.

[348] 吕业妮. 政府决策中公众参与制度研究——奥托·迈耶《德国行政法》的理论启示[J]. 金卡工程（经济与法）, 2011（3）.

[349] 皮纯协. 依法治国的核心环节在于依法行政[J]. 南通师范学院学报, 2001（4）.

[350] 周海源. 转型社会中的行政法控权技术变迁[C]. 中国行政法学研究会2015年年会会议交流论文, 2015.

[351] 周伟. 宪法解释案例实证问题研究[J]. 中国法学, 2002（2）.

[352] 李步云, 刘士平. 论行政权力与公民权利的关系[J]. 中国法学, 2004（1）.

[353] 张翔. 基本权利的双重性质[J]. 法学研究, 2005（3）.

[354] 郑贤君. 基本权利的宪法构成及实证化[J]. 法学研究, 2002（2）.

[355] 方新军. 权利概念的历史[J]. 法学研究, 2007（4）.

[356] 钱福臣. 现代宪治的法权配置与运作规律[J]. 法学研究, 2008（2）.

[357] 沈岿. 司法解释的"民主化"和最高法院的政治功能[J]. 中国社会科学，2008（1）.

[358] 肖北庚. 控权与护权的统一. 现代宪治发展新趋势[J]. 现代法学，2001（3）.

[359] 薛刚凌. 行政管理体制改革四十年_成就与展望[J]. 中国发展观察，2018（15）.

[360] 薛刚凌. 推进大部门制改革构建以功能为中心的政府权力结构[J]. 中国机构改革与管理，2011（5）.

[361] 胡锦光. 司法审查制的成因[J]. 法学家，1999（1）.

[362] 熊建明. 宪法实践样态的一个分析[J]. 环球法律评论，2010（6）.

[363] 高全喜. 政治宪法学：政治宪法理论，抑或政治立宪主义[J]. 清华大学学报，2015（5）.

[364] 万俊人. 政治如何进入哲学[J]. 中国社会科学，2008（2）.

[365] 朱新力. 公共行政变迁与新行政法的兴起[J]. 国家检察官学院学报，2013（1）.

[366] 胡敏洁. 合作行政与现代行政法发展的新方向——读《合作治理与新行政法》[J]. 行政法学研究，2012（2）.

[367] 周海源. 转型社会中的行政法控权技术变迁[C]. 中国行政法学研究会年会会议交流论文，2015.

[368] 于群，于强. 正当程序的标准与法治[J]. 社会科学战线，2005（4）. 李步云.法治国家的十条标准[J].中共中央党校学报，2008（1）.

[369] 贺卫方.程序本身是一种文化[J].中国图书评论，2006(7).

[370] 张丽娟.美国环境行政执法合作机制研究[D].吉林大学，2020.

[371] 杨峰.新时代行政执法的内涵价值与改革路径[J].人民论坛，2020(5).

[372] 关保英.大行政执法的概念及精神解读[J].江西社会科学，2020(9).

[373] 孙红军.中国地方政府法治化：目标与路径研究[D].苏州大学，2016.

[374] 曹鎏.管好"红头文件" 建设法治政府——对推进行政规范性文件法治化的思考[J].紫光阁，2018(11).

[375] 史文清.行政执法权力配置的几个问题[J].理论前沿，2004(20).

[376] 周佑勇.行政法的正当程序原则[J].中国社会科学，2004(4).

[377] 汪进元.论宪法的正当程序原则[J].法学研究，2001（2）.

[378] 叶敬涛.论我国城市综合行政执法的立法研究[D].南京师范大学，2014.

[379] 高文英.论警察执法公正[J].中国人民公安大学学报，2003（6）.

[380] 王超奕.实体公正维护与程序公正建设[J].人民论坛，2019（9）.

[381] 郭胜习.地方立法与"三法"的冲突与协调[J].西部法学评论，2018（4）.

[382] 陈锦波.我国行政裁决制度之批判——兼论以有权社会机构裁决替代行政裁决[J].行政法学研究，2015（6）.

[383] 王文惠.行政裁决法律制度主要问题探究[J].法学杂志，2010（2）.

[384] 卢护锋.我国行政裁决制度陷入困境的成因分析[J].东北师范大学学报（哲学社会科学版），2011（4）.

[385] 张文中.行政司法程序和行政诉讼程序衔接问题[J].人民司法，1997（7）.

[386] 张飞虎.专利侵权纠纷救济"双轨制"下行政裁决与司法裁判程序衔接相关问题的探讨[J].电子知识产权，2020（12）.

[387] 叶必丰，徐键，虞青松.行政裁决：地方政府的制度推力[J].上海交通人学学报（哲学社会科学版），2012（2）.

[388] 彭情宝.论司法审查行政裁决的强度——基于商标行政裁决"循环诉讼"的分析[J].学术论坛，2014（9）.

[389] 李友根.论法治国家建设中的科学立法——学习《中共中央关于全面推进依法治国若干重大问题的决定》的一点思考[J].江苏社会科学，2015（1）.

[390] 冯玉军，王柏荣.科学立法的科学性标准探析[J].中国人民大学学报，2014（1）.

[391] 张卉林.论专家参与在民主立法中的功能定位及制度完善[J].湖南社会科学，2017（2）.

[392] 王锡锌，章永乐.专家、大众与知识的运用——行政规则制定过程的一个分析框架[J].中国社会科学，2003（3）.

[393] 江必新，郑礼华.互联网、大数据、人工智能与科学立法[J].法学杂志，2018（5）.

[394] 朱海龙.网络社会"组织化"与政治参与[J].社会科学，2015（3）.

[395] 王名，刘国翰.公民社会与治理现代化[J].开放时代，2014（6）.

[396] 谭菊华.现代社会治理与政府治理法治化融合互动机制研究[J].人民论坛，2019（9）.